VARIÉTÉS
HISTORIQUES
ET LITTÉRAIRES

Paris. — Impr. Guiraudet et Jouaust, 338, rue S.-Honoré.

VARIÉTÉS
HISTORIQUES
ET LITTÉRAIRES

Recueil de pièces volantes rares et curieuses
en prose et en vers

Revues et annotées

PAR

M. ÉDOUARD FOURNIER

Tome VIII

A PARIS
Chez P. Jannet, Libraire
—
M.DCCCLVII

L'interrogatoire et deposition faicte a un nommé Jehan de Poltrot, soy disant seigneur de Merey, sur la mort de feu monsieur le duc de Guyse.

Nouvellement imprimé à Paris.

Avec privilége.

1563 [1].

Du 21ᵉ jour de février mil cinq cens soixante deux, Au camp de Sainct-Hilaire, près de Sainct-Mesmin.

Pardevant la royne mère du roy, MM. le cardinal de Bourbon, duc d'Estampes, prince de Mantoue, comte de Gruyères, seigneurs de Martigues, de Sansac, de Cipierre, de Losse, et l'evesque de Lymoges, re-

---

1. Cet interrogatoire, où, comme on le verra, Coligny fut très énergiquement chargé par le coupable, qui l'accusa d'avoir été son principal instigateur, donna lieu à une réplique de la part de l'amiral; en voici le titre: *Response à l'interrogatoire qu'on dit avoir esté fait à un nommé Jean*

spectivement tous conseillers du roy et chevaliers de son ordre, presens, a esté amené Jehan de Poltrot, soy disant sieur de Merey, natif du pays d'Angoumois, en la seigneurie d'Aubeterre[1], aagé de vingt-six ans ou environ; lequel, admonnesté qui l'a suscité de donner le coup de pistole dont M. le duc de Guyse fut attaint et frappé jeudy dernier, quel estoit son but et intention, ou de ceux qui l'avoient induit à ce faire, et quels deniers il en a pour ce faire receuz et espère en recevoir, a dit et confessé, se mettant à genoux devant la dite dame et luy demandant pardon, ce que s'ensuyt :

C'est assavoir, qu'environ le mois de juing ou de juillet dernier, le prince de Condé estant à Orléans

de Poltrot, soy-disant seigneur de Merey, sur la mort du feu duc de Guyse, par M. de Chastillon, admiral de France, et autres nommez audict interrogatoire, avec autre plus ample declaration dudit seigneur admiral, quant à son faict particulier, sur certains poincts desquels aucuns ont voulu tirer des conjectures mal fondées. Brantôme connut cette *Response*; il en parle ainsi dans sa *Vie du duc de Guise*, lorsqu'il arrive au crime de Poltrot : « M. l'admiral, dit-il, s'en excusa fort, et pour ce en fit une apologie repondant à toutes les depositions dudit Poltrot, que j'ay vue imprimée en petites lettres communes... là où plusieurs trouvoient de grandes apparences en ses excuses, qu'ils disoient être bonnes; d'autres les trouvoient fort palliées... » (Edit. du Panthéon littéraire, t. 1, p. 435.)

1. « Ce maraud, dit Brantôme, estoit de la terre d'Aubeterre, nourri et eslevé par le vicomte d'Aubeterre, lorsqu'il estoit fugitif à Genève, faiseur de boutons de som metier. »

et le seigneur de Soubize en sa compagnie, duquel il est serviteur, il s'en alla audit Orléans[1].

Auquel lieu le seigneur de Feuquères, le jeune gouverneur de Roye et le capitaine de Brion[2] s'adressèrent à luy, et luy dirent qu'autrefois ils l'avoyent cogneu homme d'execution et entreprinse, et que, s'il vouloit entendre à faire une bonne entreprinse qui tourneroit au service de Dieu, à l'honneur du roy et soulagement de son peuple, il en seroit grandement loué et estimé. Et les ayant iceluy confessant requis de se descouvrir davantage et luy faire ouverture de quelle entreprinse ils entendoyent parler, les asseurant que de sa part il

---

1. Ici commencent les répliques de l'amiral. Il répond « en verité et comme devant Dieu, qu'il ne sçait quand le dit Poltrot arriva au dit Orleans, ni quand il partit, et n'a souvenance de jamais l'avoir veu, ne en avoir ouy parler en sorte quelconque, jusques au moys de janvier dernier, par l'occasion qui sera dite cy-après. » Selon Brantôme, c'est M. d'Aubeterre qui, reconnoissant par la plus noire ingratitude le service que lui avoit rendu M. de Guise, lorsqu'il l'avoit sauvé du supplice des conjurés d'Amboise, avoit *suscité*, *prêché* et *animé* Poltrot. C'est lui encore qui l'avoit présenté à M. de Soubise, son beau-frère, « qui étoit gouverneur de Lyon pour les huguenots ».

2. L'amiral, dans sa réponse, nie que Brion, mort depuis au service de Guise, lui eût jamais parlé de Poltrot; mais, quant à M. de Feuquères, il avoue avoir bien souvenance « qu'environ la fin de janvier dernier, et non jamais auparavant, il luy dit, en parlant dudit Poltrot fraischement arrivé de Lyon, qu'autrefoys il l'avoit cognu homme de service durant la guere de Picardie », ce qui fut cause qu'il consentit à l'employer.

seroit tousjours prest de faire un bon service au
roy, cognoissans sa bonne volonté, ils le remirent à
M. l'admiral et luy dirent qu'il luy feroit plus amplement entendre le propos qu'ils luy avoyent touché.

Et de fait, deux ou trois jours après, les dits
Feuquères et Brion le presentèrent au dit seigneur
de Chastillon, admiral, estant logé au dit Orleans,
près la maison du prince de Condé, et estoit pour
lors le dit seigneur de Chastillon en une salle basse
dessous le dit logis ; et après que les dits Feuquères
et Brion l'eurent presenté au dit seigneur de Chastillon, il commanda à tous ceux qui estoyent en sa
salle de se retirer, ce qu'ils feirent. Et mesmés les
dits Feuquères et Brion s'en allèrent, et demeura
seul avec le dit seigneur de Chastillon, qui luy demanda, en telles paroles ou semblables, s'il vouloit
prendre la hardiesse d'aller au camp de M. de Guyse
(estant lors le camp du roy, que le dit sieur de
Chastillon appelloit le camp de M. de Guyse, près
de Bogency), et que, s'il entreprenoit d'aller au dit
camp pour l'effet qu'il luy declareroit, il feroit un
grand service à Dieu, au roy et à la republique ; et
luy ayant iceluy confessant demandé de quelle entreprinse il entendoit parler, il luy dist que, s'il vouloit entreprendre d'aller au dit camp pour tuer le
sieur de Guyse, qui persecutoit les fidèles, il feroit
un œuvre meritoire envers Dieu et envers les hommes; oyant lesquels propos, qui luy sembloyent
passer outre ses force et puissance, il dist au seigneur de Chastillon qu'il n'eust osé entreprendre si
grande charge. Ouye laquelle responce, le dit sei-

gneur de Chastillon ne l'en pressa davantage, mais le pria de tenir ce propos secret et n'en parler à personne [1].

Et depuis, le dit seigneur de Soubize partant de la dite ville d'Orleans pour s'en aller à Lyon, et iceluy confessant l'accompagna, et y demeura continuellement avec luy, jusques environ quinze jours après que la bataille fut donnée près Dreux [2].

[1]. A tout ce long paragraphe l'amiral répond : « Le contenu de cest article est entierement faux et controuvé. » Il s'élève ensuite contre ceux qui ont dicté « ceste deposition à ce povre confessant », et la meilleure preuve qu'il trouve des instigations auxquelles Poltrot a été en butte et qui l'ont poussé à « ne rien obmettre qui pût le charger », c'est, dit-il, « qu'en toute cette confession, luy amiral de Coligny n'est appelé que le seigneur de Chastillon, qui est un nom qu'il ne desdaigne point ; mais tant il y a que cela monstre clairement de quelle boutique est sortie cette confession, attendu qu'il n'est ainsi appelé en pas un lieu de ce royaume ni ailleurs, sinon par ceux qui pretendent par tels artifices le despouiller de l'estat et degré qui luy appartient. » L'amiral trouve aussi un étrange mauvais vouloir dans ces mots : « estant lors le camp du roy, que le dit seigneur de Chastillon appelle le camp de M. de Guyse, près Baugency ». Coligny avoit la prétention de croire que c'étoit son armée qui étoit l'armée royale ; aussi, dans l'*Epistre* placée en tête de cette *Response*, s'étoit-il qualifié *lieutenant en l'armée du Roy sous la charge de M. le prince de Condé*. Les paroles dites par Poltrot tendoient à changer les rôles, puisqu'en faisant de M. de Guise le seul chef des troupes du roi, elles le posoient, lui, en rebelle. C'est pourquoi cette partie de la déposition lui tenoit tant au cœur.

[2]. « Le dit seigneur admiral ne sait rien de tout cela », dit la *Response*.

Que le dit seigneur de Chastillon escrivit au dit seigneur de Soubize estant au dit lieu de Lion qu'il eust à luy envoyer iceluy confessant[1]. Et de fait iceluy seigneur de Soubize le depescha pour aller par devers le dit seigneur de Chastillon, et luy bailla un paquet à porter, sans luy communiquer ce qu'il escrivoit au dit seigneur de Chastillon; et estant arrivé près la ville de Celles, en Berry, en un lieu nommé Villefranche, il y trouva le dit seigneur de Chastillon, auquel il presenta le dit paquet[2], et, après l'avoir veu, il luy commanda de l'aller attendre au dit Orleans, ce qu'il feit[3].

Et quelque temps après le retour du dit seigneur de Chastillon au dit Orleans, s'estant presenté au dit seigneur de Chastillon pour entendre sa volonté, il demanda s'il luy souvenoit du propos qu'il luy avoit tenu l'esté precedent; et luy ayant fait responce qu'il s'en souvenoit très bien, mais que c'es-

---

1. Nouvelle dénégation de Coligny. Plusieurs fois, il est vrai, il a écrit à Lyon, à M. de Soubise; « mais, sur sa vie et sur son honneur, il ne se trouvera que jamais il ait escrit qu'on luy envoyast le dit Poltrot, lequel il ne sache avoir jamais veu ni cogneu auparavant, et ne pensoit aucunement à luy. »

2. « Le seigneur admiral est memoratif qu'il est ainsi; mais tant s'en faut que ce fust pour employer le dit Poltrot au fait dont il est question; au contraire, le dit seigneur de Soubize mandoit qu'on le luy renvoyast pour ce qu'il estoit homme de service, comme les lettres en feront foy. »

3. « Le dit admiral, dit la *Response*, ne le renvoya point à Orleans, mais luy donna congé d'y aller, pour ce qu'il disoit y avoir affaire. »

toit une chose trop hasardeuse, le dit seigneur de
Chastillon luy dist que, s'il vouloit executer la dite
entreprinse, il feroit la chose la plus belle et la plus
honorable pour le service de Dieu et le bien de la
republique qui fut onques faite, et s'efforça de luy
donner courage et hardiesse pour executer la dite
entreprinse, dont de rechef il se voulut excuser.
Mais à l'instant survint Theodore de Besze et un
autre ministre de petite stature, assez puissant,
portant barbe noire; lesquels luy firent plusieurs
remonstrances, luy demandans s'il seroit pas bien
heureux de porter sa croix en ce monde, comme le
Seigneur l'avoit portée pour nous; et, après plusieurs
autres discours et paroles, luy dirent qu'il seroit le
plus heureux homme de ce monde s'il vouloit executer l'entreprinse dont M. l'admiral luy avoit tenu
propos, parce qu'il osteroit un tyran de ce monde,
pour lequel acte il gaigneroit paradis et s'en iroit
avec les bien heureux, s'il mouroit pour une si juste
querelle. Desquelles remonstrances iceluy confessant se laisse persuader, et dit au dit seigneur de
Chastillon, qui estoit present et assistant à tous les
dits propos des dits ministres, qu'il feroit donc la
volonté de Dieu, et s'en iroit au camp du dit seigneur de Guyse pour s'efforcer de mettre la dite
entreprise à execution, dont il fut fort loué et estimé, tant par le dit seigneur de Chastillon que les
dits ministres; et luy dirent qu'il n'estoit pas seul
qui avoit fait de telles entreprises, parce qu'il y en
avoit plusieurs autres qui avoyent entrepris semblables charges; et mesme le dit seigneur de Chastillon luy dist qu'il y avoit plus de cinquante autres

gentils-hommes de bon lieu qui luy avoyent promis de mettre à effect autres semblables entreprises ; et luy feit à l'instant bailler vingt ecus par son argentier pour venir au camp de Messas [1], où lors estoit le dit seigneur de Guyse, afin de penser et adviser les moyens comme il pouvoit venir à bout de la dite entreprinse [2].

1. Messas est une commune de l'arrondissement d'Orléans, canton de Beaugency.

2. A tout cela l'amiral replique avec beaucoup d'indignation. Maintes fois, pendant ces « derniers tumultes », il a su des gens qui vouloient tuer M. de Guise, et toujours « il les en a desmeus et destournez », comme peut même savoir Mme de Guise, « laquelle il en a suffisamment advertie en temps et lieu ». — Remarquons, en passant, que ce dernier fait est attesté par Brantôme. — Quand il a su pourtant que M. de Guise et le maréchal de Saint-André « avoient attitré certaines personnes » pour tuer le prince de Condé et M. d'Andelot, son propre frère, il avoue qu'il n'a cherché à détourner ceux qui disoient « qu'ils iroient tuer M. de Guyse jusques en son camp ». Il s'est contenté de ne pas les y induire et solliciter par paroles, argent ou promesses. Pour ce qui est des vingt écus donnés à Poltrot, il reconnoît qu'à son dernier retour à Orléans, délibérant de l'employer « à savoir des nouvelles du camp des ennemys », il lui fit délivrer cette somme, mais « sans luy tenir autre langage ny propos ». Tavannes confirme ce fait : « L'admiral avoûe, dit-il, luy avoir donné argent pour espion, non pour assassin ». (*Mémoires*, coll. Petitot, 1re série, t. 24, p. 293.) Poltrot d'ailleurs n'inspiroit pas grande confiance à l'amiral. Il lui sembloit qu'il avoit des moyens trop faciles pour entrer au camp ennemi ; il l'avoit même fait remarquer à M. de Grammont. Quant à Bèze, Coligny le défend comme lui-même. Le meurtre de Vassy

Lesquels vingt escus il receut et s'en vint au dit camp de Messas, où il se presenta au dit sieur duc de Guyse, et luy dist qu'il se repentoit d'avoir porté les armes contre le roy et qu'il se vouloit doresnavant rendre à luy. Ce que le dit seigneur duc de Guyse print en bonne part et luy dist qu'il estoit le bien venu; et quand le dit seigneur duc de Guyse se partit du dit Messas pour s'en aller à Blois, iceluy confessant y alla et retourna avec luy [1].

Et quelques jours après il retourna au dit Orleans par devers le dit seigneur de Chastillon, et s'efforça de s'excuser envers luy d'entreprendre une si grande charge, parce que le dit seigneur duc de Guyse n'avoit accoustumé de sortir de sa maison sans estre bien accompagné. Mais le dit seigneur de Chastillon luy renforça le courage plus que devant et luy dist qu'il sçavoit bien ce qu'il luy avoit promis, et qu'il ne falloit point qu'il usast d'aucune excuse. Et d'abondant luy fist faire plusieurs remonstrances par le dit de Besze et l'autre ministre qui luy en avoit premierement parlé, qui luy troublèrent tellement l'esprit et l'entendement qu'il s'accorda à

ne l'a pas poussé aux représailles sanglantes. « Il n'a jamais été d'advis de proceder contre le dit sieur de Guyse que par voye de justice ordinaire. » Il a sans doute demandé à Dieu qu'il lui changeât le cœur ou qu'il en délivrât le royaume ; mais, ses lettres à Mme de Ferrare sont là pour en faire foi, jamais ses désirs ne sont allés plus loin.

1. « Ledit seigneur admiral croit qu'il est ainsy, d'autant que le dit Poltrot luy fit ce mesme rapport, non pas à Orléans, là où il ne le vit oncques..., mais dans un lieu appelé Neufville. »

faire ce qu'ils voudroyent. Et pour le confermer en ceste mauvaise opinion, le dit seigneur de Chastillon luy bailla luy-mesme cent escus sol dedans un papier pour acheter un cheval si le sien n'estoit assez bon pour se sauver après avoir fait le coup[1];

1. L'amiral ne nie pas cette nouvelle somme de cent écus donnée à Poltrot, mais, comme il l'a déjà dit tout à l'heure, et comme l'a répété Tavannes, c'est pour son service d'espion, et non pour autre chose, qu'il le paya ainsi : « L'ayant ony, dit la *Response*, le seigneur admiral jugea qu'on s'en pouvoit servir pour entendre certaines nouvelles du dit camp ; et, pour cest effect, luy delivra les cent escus dont il est question, tant pour se mieux monter que pour faire les diligences requises en tels advertissements. » L'amiral ne s'en tient pas à cet aveu, la mémoire lui est completement revenue, et il ajoute : « Davantage, le dit seigneur admiral est bien recors maintenant que le dit Poltrot s'avança, luy faisant son rapport, jusques à luy dire qu'il seroit aise de tuer le dit seigneur de Guyse. Mais le dit seigneur admiral n'insista jamais sur ce propos, d'autant qu'il l'estimoit pour chose du tout frivole, et sur sa vie et sur son honneur n'ouvrit jamais la bouche pour l'inciter à l'entreprendre. » S'il falloit en croire Brantôme, l'entretien de l'amiral avec Poltrot ne se seroit pas tout à fait passé ainsi. L'amiral auroit chargé Chastelier, « grand confident de M. de Soubize et habil homme », de lui faire envoyer *le gallant* par son patron, mais sans dire qu'il le mandoit lui-même, et surtout sans laisser penser qu'il le désiroit voir pour lui commander de faire le coup. Tout ce que vouloit l'amiral, c'est que Poltrot lui donnât à lui-même assurance de son zèle, afin qu'il sût, sans autre explication, ce qu'il devoit en attendre. Tout se fit ainsi qu'il l'espéroit, « car, dit Brantôme, après qu'il (Poltrot) luy eust représenté ses lettres et que mon dict sieur l'ad-

lesquels cent escus iceluy confessant receut, et s'en vint au dit camp de Massas pour adviser les moyens de mettre à fin la dite entreprise[1].

miral les eust lues devant luy, il luy dist : « C'est M. de « Soubize qui m'escrit, et me mande comme vous avez « grande envye de bien servir la religion. Vous soyez « bien venu. Servez la donc bien. » Brantôme ajoute : « M. l'admiral n'avoit garde, disoit-on, de se confier en ce maraud, malostru et trahistre, car il sçavoit bien que mal luy en prendroit s'il estoit pris et descouvert, et que tels marauds et trahistres, en leur desposition, gastent tout et se desbagoullent, et disent plus qu'il n'y en a quand ils sont pris. Voilà pourquoy M. l'admiral fut fin et astuce d'user de telle sobres paroles à l'endroit de ce maraud ; mais usant de ceste-là, il faisoit comme le pasteur auquel les veneurs ayant demandé s'il avoit veu le cerf qu'ils chassoyent, luy, qui l'avoit garanty dans sa grange, soubs bonne foy, il leur dist et cria tout haut, afin que le cerf qui estoit caché l'entendist, qu'il ne l'avoit point veu, en le jurant et l'affirmant ; mais il leur monstroit avec le doibt et autres signes là où il estoit caché, et par ainsi il fut pris. »

1. Dans *l'autre plus ample déclaration*, mise à la suite de la *Response*, l'amiral revient encore sur les cent écus donnés à Poltrot et rapporte l'entretien qu'il y auroit eu entre eux : « Il dit au dit Poltrot qu'il faloit qu'il s'en retournast en toute diligence pour le tenir adverty de ce que feroit ledit seigneur de Guyse, lequel luy fist response qu'il le feroit volontiers, mais qu'il n'estoit pas bien monté. Lors luy fut dit par M. l'admiral : « Je voudroye avoir quelque bon cheval, je le vous bailleroye ; mais il ne m'est pas demeuré un seul bon courtant, je les ai tous donnez à ceux que j'ay envoyés en Allemagne, devers M. Dandeiot, mon frère. » Il luy fit response que s'il avoit de l'argent il en trouveroit bien. Lors le

Et depuis le dit sieur de Guyse estant venu avec l'armée en ce lieu de Sainct-Hilaire après Sainct-Mesmin, il le suivit, ayant acheté du seigneur de la Mauvoysinière [1] un cheval d'Espaigne au dit lieu de Messas, moiennant la somme de cent escus qu'il lui bailla avec le courtaut sur lequel il estoit monté auparavant. Et fut pour quelques jours logé au chasteau de Corneil [2], distant de deux ou trois lieues du dit camp de Sainct-Hilaire, differant d'executer la dite entreprise jusques à ce qu'il vid qu'on pressoit fort la dite ville d'Orléans et qu'on faisoit tous efforts de la prendre [3]; et craignant lors que plusieurs des

dit seigneur admiral luy dit : « Qu'il ne tienne point à l'argent, je vous en bailleray, mais advertissez-moy soigneusement et diligemment de ce que fera M. de Guyse, et si d'adventure vous tuez vostre cheval, je vous donneray de l'argent pour en avoir un autre. »

1. C'est de La Mauvissière qu'il faut lire, comme l'écrit Brantôme. Michel de Castelnau de La Mauvissière, tout récemment de retour de Normandie, se trouvoit en effet alors au siége d'Orléans, où il étoit venu de la part de M. de Brissac prier le duc de Guise d'abandonner cette entreprise pour porter tout son effort vers Rouen, qui manquoit de secours. Il avoit assisté à la prise du Portereau par l'armée du duc. V. ses *Mémoires*, liv. 4, ch. 9, et l'excellente étude de M. G. Hubault (*Ambassade de Michel de Castelnau en Angleterre*, 1856, in-8, p. 11-12).

2. C'est le château de Cornay, aujourd'hui détruit. Il se trouvoit en Sologne, à quatre lieues d'Orléans, près de l'immense plaine de Cornay ou des *Quatre-Vents*, qui servit, en 1815, aux campements de l'armée de la Loire. On la trouve au midi du chemin de La Ferté, l'un des six quartiers qui formoient autrefois la paroisse d'Olivet.

3. Le Portereau étoit pris, ainsi que les tourelles qui

gens de bien qui y estoient fussent tuez et saccagez,
il resolud en son esprit de tenir la promesse; et
pour ce faire, jeudy dernier, dix-huitiesme de ce
present mois, après avoir disné en une métairie
distant de demie lieue de la maison où est logé le
dit seigneur duc de Guyse [1], il luy vint en intention
d'executer le dit jour la dite entreprise ; et de fait le

estoient la tête du pont. Restoit à s'emparer des îles ou *mottes* fortifiées sur lesquelles le pont étoit comme à cheval. Cette défense emportée, la ville demeuroit presqu'à merci et n'eût pas tenu longtemps. L'attaque des îles étoit donc résolue. « M. de Guyse, dit La Noue, avoit deliberé de les battre deux jours avecques vingt canons, puis y donner un furieux assaut. Et, comme elles n'estoient guère fortes, à mon avis, il les eust emportées. » Mais Poltrot fit son coup, « ce qui, dit encore La Noue, troubla toute la feste... Cela, continue-t-il, rabattit toute la gaillardise et l'espoir des gens de guerre de l'armée, se voyant privés d'un si grand chef ; ensorte que la reyne, lassée de tant de misères et de morts signalées, embrassa la négociation de la paix. »

1. Cette maison est celle des Vallins, dans le quartier de Caubray, à peu de distance du Rondon, l'une des plus charmantes villas qui soient assises sur les bords du Loiret. Le duc de Guise se trouvoit là tout près de son camp de Saint-Hilaire. L'église de ce nom, celle de Saint-Mesmin, et la maison des Vallins, forment en effet une sorte de triangle dont celle-ci est la pointe ; les chemins, qui se réunissent près de là et forment un carrefour dont il va être parlé, rendoient d'ailleurs au duc de Guise les communications faciles pour toutes les parties de ce quartier. C'est dans la maison de Caubray, voisine de celle que le duc habitoit et où il mourut, que Catherine de Médicis logeoit, avec le jeune roi et un autre de ses fils. C'est là qu'elle et les chefs du parti protestant réglèrent les préliminaires

dit sieur de Guise passant la rivière de Leret¹ pour
s'en aller au Portereau, il l'accompagna et suivit
jusques au dit Portereau; puis s'en retourna par le
pont et vilage d'Olivet, où sont logez les Suisses, et
vint attendre le dit sieur de Guyse au passage de
la dite rivière de Leret, en intention, soit qu'il fust
bien ou mal accompagné, d'executer son entreprise,
comme il feit; et oyant une trompette qui sonnoit
au retour du dit sieur de Guyse, quand il voulut
entrer dedans le basteau pour passer l'eau, il s'ap-
procha de la rivière, et après que le dit sieur duc de
Guise se fut descendu en terre, estant seulement
accompagné d'un gentilhomme qui marchoit devant
luy, et d'un autre qui parloit à luy monté sur un
petit mulet, il le suivit par derrière, et approchant

de la paix, qui fut, peu de temps après, ratifiée à Amboise.
Le propriétaire du château fit mettre, en souvenir de ces
événements, une inscription au-dessus de la porte de sa
salle. Elle fut effacée, puis rétablie. La voici, telle que
nous la trouvons dans la *Description de la ville et des environs d'Orléans*, par Polluche et Beauvais de Préaux, p. 78 :

    Marmore barbarico licet haud sit structa, viator,
        Hæc domus, idcirco non tibi vilis erit.
    Hic prope Guisæus dux vitæ fata peregit;
        Hospes huic mater Regia facta casa est.
    Rex comitatus eâ cum fratre hæc tecta subivit,
        Quæ coluit menses plus minus illa duos.
    Aurea de cœlo sed et hanc pax venit in ædem,
        Præconum decies hic celebrata tubis.
    Villa prius Caubræa fuit, nunc fœderis ara est :
        Pacem quisquis amas, hunc venerare locum.

1. C'est la petite rivière du Loiret, qu'on trouve appelée en 1409 *Leiret*, et en 1500 *Lerret*.

de son dit logis en un carrefour [1] où il y a plusieurs chemins tournans de costé et d'autre, il tira contre luy sa pistole chargée de trois balles, de la longueur de six à sept pas, s'efforçant de le frapper à l'espaulle, parce qu'il pensoit qu'il fut armé par le corps [2]; et à l'instant picqua le dit cheval d'Espai-

1. « Au droict d'un chemin croisé, entre deux grands noyers sur le destour de main gauche, qui conduit à son logis, estant jà my-heure de nuict. » (*Lettre de l'évêque de Riez sur la mort du duc de Guise*, Archiv. cur., 1re série, t. 5, p 176.)

2. On ne pourra plus maintenant se méprendre sur le lieu où le duc fut blessé par Poltrot. Ainsi, il n'est pas vrai, comme l'a dit Lottin dans ses *Recherches historiques sur Orléans*, t. 1, p. 448, et comme nous le lisons dans un petit livre d'ailleurs fort curieux, *Quatre jours dans Orléans*, etc., p. 120, que la rencontre se fit entre l'église Saint-Marceau et le pont Lazin, près d'Olivet, c'est-à-dire en deçà du Loiret; au contraire, c'est bien au delà, vers Sainc-Mesmin, à peu de distance du logis habité par le duc de Guise, « en un carrefour » très distinct sur la carte de Cassini, feuille 9 H. On ne s'y est pas trompé sur une gravure allemande qui parut peu de temps après le crime. Le duc y est représenté tout près de sa maison. Les hommes du corps de garde sont sous les armes, à la porte; la duchesse est à la fenêtre, qui salue son mari; et Poltrot, arrivant derrière le duc, tout près du chemin qu'il va prendre après pour s'enfuir, lâche le rouet de son pistolet. — Sauf quelques détails topographiques qu'on voudroit plus complets, le tout est très clairement raconté par Brantôme : « Il (Poltrot) accompagna souvent M. de Guise avec tous nous autres de son logis jusques au Portereau, où tous les jours mon dit seigneur y alloit, et pour ce cherchoit toujours l'occasion opportune, jusques à celle qu'il trouva, où il fit le coup, car elle étoit fort aisée, d'au-

gne sur lequel il estoit monté, et se sauva de vitesse, passant par plusieurs bois tailliz, et feit ceste nuit environ dix lieues de païs, pensant s'eslongner de la ville d'Orléans. Mais Dieu voulut qu'à l'obscurité

tant que le soir que mon dit seigneur tournoit, il s'en venoit seul avec son ecuyer ou un autre, et cette fois avoit avec luy M. de Rostaing et venoit passer l'eau du pont de Saint-Mesmin, dans un petit bateau qui l'attendoit tous les soirs, et ainsy passoit avec deux chevaux et s'en alloit à cheval à son logis, qui estoit assez loin. Estant sur un carrefour qui est assez connu, et trop pour la perte d'un si grand homme, l'autre, qui l'attendoit de guet à pens, luy donna le coup, et puis se mit à courir et crier : « Prenez-le ! prenez-le ! » M. de Guise, se sentant fort blessé et atteint, pencha un peu, et dit seulement : « L'on me de-« voit celle-là, mais je crois que ce ne sera rien. » Et avec un grand cœur il se retira en son logis, où aussitôt il fut pansé et secouru des chirurgiens, des meilleurs qui fussent en France.» — Le Maire, dans ses *Antiquitez de la ville d'Orléans*, p. 335, dit que le duc fut tué dans son logis même, « en la maison des Vaslins, sur le cousteau d'Olivet, se promenant avec la noblesse. » C'est une erreur compliquée d'une autre. Brantôme vient de nous dire que le duc étoit presque seul, et, plus loin, nous donnant la raison de cet isolement, il nous prouve que ce fut une des causes de la facilité avec laquelle le crime fut commis : « Ce qui est fort à noter, dit-il, ce bon et brave prince, pour espargner douze cents francs à son roy, cela fut cause de sa mort ; car il me souvient que le bon homme M. de Serré, qui estoit alors financier en ceste armée et grand commissaire des vivres, secretaire du roy et surintendant des fortifications et magasins de France, un très habile homme de son metier..., que M. de Guyse aimoit fort..., lui remontra qu'il devoit faire rhabiller le pont de Saint-Mesmin, qui seroit un grand soulagement pour luy, en allant et venant

de la nuit il se destourna de son chemin, et se vint rendre jusques au village d'Olivet dedans le corps de garde des Suisses, où il luy fut dit par l'un des dits Suisses ces mots : « Ho! wer do? » Entendant lesquels mots, il cogneut que c'estoit la garde des Suisses, et se retira en arrière picquant jusques au lendemain huit à neuf heures du matin, et cognoissant que son cheval estoit las et travaillé, il se logea en une cense, où il se reposa jusques au lendemain, qu'il y fut trouvé et amené prisonnier [1].

de Portereau à son logis, et pour toute sa noblesse qui l'y accompagnoit, au lieu de la grande peine, fatigue, et grand tour que nous faisions d'aller passer au pont d'Olivet, et que ce ne seroit qu'à l'appetit de quatre à cinq cent escus. M. de Guyse luy dit : « Espargnons l'argent de nostre roy, « il en a assez à faire ailleurs ; tout luy est bien de be- « soin, car un chascun le mange et le pille de tous cos- « tez. Nous nous passerons bien de ce pont ; mais que j'aie « mon petit bateau, c'est assez... » De sorte que si ce pont eust esté faict à l'appetit de peu, nous eussions toujours accompagné nostre general par le pont jusques à son logis, et ne fussions allé faire ce tour et passer à la débandade à Olivet, et par ainsy luy très bien accompaigné, ce maraud n'eust jamais faict le coup, lequel seul très bien dire qu'autrement il ne l'eust osé attaquer, que par ceste occasion qui certes estoit fort aisée. » — L'évêque de Riez, dans sa *lettre*, dit que le pont de Saint-Mesmin avoit été ainsi *rompu* par les protestants.

1. Tout ce long paragraphe ne concernant en rien l'amiral, on lit seulement dans sa réponse : « C'est article appartient particulierement au dit Poltrot, et pourtant on s'en rapporte à luy, louant Dieu cependant, de tous juste jugement. » — Les *Mémoires de Tavannes* (coll. Petitot, 1ʳᵉ série, t. 24, p. 293) confirment ce que Poltrot raconte ici : « Luy,

22   L'Interrogatoire

Et sur ce que la dite dame l'a enquis si autres estoient consentans à la dite entreprise que le dit seigneur de Chastillon et le dit ministre, a dit qu'il ne luy avoit esté parlé par autres personnes que par le dit seigneur de Chastillon et le dit Besze et son compagnon, mais qu'il estime bien que le seigneur de La Rochefoucault en sçavoit quelque chose, d'autant que quand il arriva au dit lieu de Villefranche, près de la ville de Celle, le dit seigneur de La Rochefoucault luy faisoit bon visage et luy dit qu'il estoit le bien venu [1].

Et quand au prince de Condé, estant sur ce enquis, a dit qu'il n'a jamais cogneu qu'il fust participant de la dite entreprise, ne qu'il en sceust aucune chose, et pense en sa conscience qu'il n'en sceut jamais rien, mais au contraire, la première fois que le dit seigneur de Chastillon luy parla de la dite entreprise, luy demandant si c'estoit M. le Prince qui la faisoit faire, le dit seigneur de Chastillon luy feit response qu'il n'avoit que faire de s'enquerir du dit seigneur prince de Condé [2]. Pareillement a de-

pensant se sauver et croyant avoir faict vingt lieues, n'avoit fait que tourner, fut pris proche le quartier des Suisses, caché dans une grange. » Lottin (*Recherches*, t. 1, p. 448) se guidant sur une relation manuscrite, dont, selon son habitude, il ne donne pas l'indication précise, dit aussi en parlant de Poltrot: « Après avoir erré toute la nuit, il se seroit refugié dans une petite maison voisine, où il auroit été pris par un secretaire du duc de Guise, qui estoit à sa recherche. »

1. L'amiral nie de nouveau, tant pour lui que pour M. de La Rochefoucauld.

2. L'amiral trouve en ceci une insinuation perfide; il y

claré qu'il ne luy en fut jamais parlé par le seigneur d'Andelot ny le seigneur de Soubize; ains, au contraire, ayant iceluy confessant fait entendre au dit seigneur de Soubize les premiers propos qui luy furent tenus par le dit seigneur de Chastillon, desquels il a cy dessus parlé, il luy dist qu'il n'y falloit aller par tel moyen, et que, si Dieu vouloit punir le dit seigneur de Guise, il le puniroit bien par autre voie sans user de telle manière de faire [1].

Et a le dit confessant adverti la dite dame de se tenir sur ses gardes, par ce que depuis que la bataille a esté donnée près la ville de Dreux, le dit seigneur de Chastillon, ensemble tous les capitaines et soldats estant avec luy, luy portent mauvaise volonté, disans qu'elle les a trahis, parce qu'elle leur avoit promis devant Paris beaucoup de choses qu'elle ne leur avoit pas tenus [2].

Adjoustant qu'il y avoit plusieurs personnages tant à la suitte de la cour qu'à la suitte de ce camp qui estoient envoiez par le dit seigneur de Chastillon pour executer pareilles et semblables entreprises; toutesfois n'a oui nommer les personnages que le dit seigneur de Chastillon vouloit faire tuer, mais seulement en general luy a oui dire qu'après que le

reconnoît « l'artifice de ses ennemis, taschant par tous moyens à le separer, et toute ceste armée, d'avec M. le prince de Condé, lieutenant general pour le roy en icelle. »

1. Ici, nouvelles dénégations de l'amiral, au nom de MM. de Soubize et Dandelot.

2. Pour répondre à cette allégation mauvaise, l'amiral proteste de sa fidélité à la reine et la prend elle-même à témoin, « avec les services qu'il a faits par ci-devant ».

dit seigneur duc de Guise seroit tué, il feroit faire le semblable à tous ceux qui voudroient successivement commander à l'armée, et aussi qu'il falloit faire mourir six ou sept chevaliers de l'ordre, sans autrement les nommer, sinon qu'il a entendu tout communément des capitaines et soldats estans au dit Orléans qu'ils haioient fort monseigneur le duc de Montpensier et le sieur de Sansac, et que si le dit sieur de Guise estoit tué, ensemble les dits chevalliers ausquels ils portoient mauvaise volonté, ils viendroient puis après se soubmettre sous la bonne grâce du roy, et feroient ce qu'il leur commanderoit [1].

A dit davantage qu'estant en la dite ville de Blois avec le dit seigneur de Guise, pendant que le camp estoit au dit Messas, il trouva dedans les jardins du dit Blois, près le roy, qui lors jouoit au palemaille, un homme de moienne taille, aiant barbe rousse, portant chausses rouges, et un colet de cuir dechiqueté, qui avoit la pistole bandée en la main, lequel autresfois il avoit veu au dit Orléans en la salle du dit seigneur de Chastillon [2].

Et outre qu'il a veu en ce camp quatre personnages bien montez qu'il n'a peu autrement nommer; mais en les voiant il les recognoistra, lesquels estoient en la salle du dit seigneur de Chastillon quand il parla à lui la dernière fois, et lui demanda

---

[1] « Le dit seigneur admiral respond à cest article comme du precedent. »

[2] « Le dit seigneur admiral ne sait ce que le dit Poltrot a peu voir à Blois, et n'en doit aussi respondre. »

icelui seigneur de Chastillon s'il vouloit se faire cognoistre aus dits personnages, lesquels luy avoyent promis d'executer d'autres entreprises; mais icelui confessant, craignant d'estre descouvert, pria icelui seigneur de Chastillon de ne le descouvrir envers eux, et a dit qu'en luy donnant liberté de se pourmener par ce camp il espère les montrer et enseigner[1].

Enquis ce que le dit seigneur de Chastillon, partant d'Orléans pour aller au pais de Normandie, avoit entrepris de faire et executer, a dit qu'il avoit entrepris de s'aller joindre avec les Anglois et les amener au dit lieu d'Orléans, et qu'il promit, à son partement, au dit seigneur d'Andelot, son frère, que si le dit seigneur duc de Guyse s'efforçoit de venir assiéger la dite ville d'Orléans, il viendroit à son secours et s'efforceroit de luy donner une bataille[2].

Davantage, enquis de la forme de la mort du feu mareschal de Saint-André, et en quelle manière il avoit esté tué, a dit qu'il ouyt dire, au dit Orléans, à plusieurs gentils-hommes, que d'autant que le dit seigneur maréchal de Saint-André avoit première-

1. L'amiral ne s'oppose point à ce que demande ici Poltrot. « Il veut bien qu'on le laisse pourmener par le camp, avec bonne et seure garde. »

2. Coligny retrouve là encore la mauvaise pensée des gens qui veulent le perdre; « mais, dit-il, ils devoyent plutôt enquerir de ces choses par quelques autres de son conseil que par le dit Poltrot. » Ils auroient su alors « qu'il aimeroit mieux mourir que de vouloir penser à faire entreprise contraire au devoir d'un vray et loyal sujet et serviteur de Sa Majesté. »

ment donné sa foy à un jeune gentil-homme qui est de haute stature, portant une petite barbe blonde ou rousse, et depuis pour la seconde fois il avoit donné sa dite foy au prince de Portian, le dit gentil-homme auquel il avoit premièrement donné sa foy le tua et luy donna un coup de pistole.

Et plus n'a dit, et a signé à la minutte [1].

1. « Si, dit la *Response*, le dit Poltrot, ou pour crainte de la mort, ou par autre subornation, a persisté en ses confessions fausses et controuvées, à plus forte raison le dit seigneur admiral et ceux qui par icelles sont chargez avec luy persistent en leurs responses, qui contiennent la pure et simple vérité. » L'amiral demande ensuite qu'on le confronte avec Poltrot. Il a récusé le Parlement et autres juges qui se sont manifestement déclarés ses ennemis « en ces presents tumultes »; mais qu'on attende la paix, que Poltrot, jusque là sûrement gardé « en lieu où il ne puisse être intimidé ni suborné », soit mis alors en présence de l'amiral, par ce moyen le tout pourra être « verifié et vuidé par des juges non suspects ». Si, au contraire, on procède aussitôt au jugement et à l'exécution de Poltrot, enlevant ainsi à l'amiral « et à tous autres le vray moyen de se justifier des susdites fausses accusations, ils protestent de leur integrité, innocence et bonne reputation contre les dessusdits juges et contre tous ceux qu'il appartiendra. » Ainsi se termine cette *Response*. Puis on lit : « Faict à Caen, en Normandie, ce douziesme de mars, l'an mil cinq cent soixante et deux. Ainsi signé : Chastillon, La Rochefoucaut, Th. de Bèze. » On ne tint pas compte de la demande faite ici par l'amiral, et dont Brantôme a aussi parlé; l'on passa outre au jugement et à l'exécution de Poltrot. Coligny se plaignit de cette hâte, d'autant plus qu'il avoit appris que, dans un second interrogatoire qu'on n'avoit pas rendu public, l'accusé avoit démenti ce qu'il avoit dit dans le pre-

Le xxiiiesme des dits mois et an, ces presentes confessions le jour d'hier faites par le dit Jehan de Poltrot, par devant la royne et les seigneurs du conseil et chevaliers de l'ordre du roy, ont esté relevées et repetées au dit Poltrot, ausquelles ses confessions, après serment par luy fait, il a persisté, disant qu'elles contiennent verité, et en tes-

mier. « Il se vérifiera, écrit l'amiral dans sa *Plus ample declaration*, par le tesmoignage de plusieurs gens de bien et dignes de foy, qu'estant le dit Poltrot en la conciergerie de Paris, il leur a dit qu'il avoit entièrement deschargé le dit seigneur admiral devant les juges, et a faict le semblable à l'ouye d'une infinité de personnes, lorsqu'on le menoit au supplice. » Brantôme atteste aussi que, pour le fait de l'amiral, Poltrot varioit et tergiversoit fort. D'ailleurs, comme le remarque Coligny, qu'étoit-il nécessaire qu'on le poussât au crime? N'y étoit-il pas assez porté de lui-même? Ne lui avoit-on pas entendu dire maintes fois ouvertement que M. de Guise « ne mourroit jamais que de sa main », et ne savoit-on pas qu'une fois le coup fait, et le bruit en étant parvenu en Poitou, deux parentes qu'il y avoit « dirent incontinent et d'elles-mêmes qu'elles craignoyent que ce fut le dit Poltrot, veu la resolution qu'elles sçavoient qu'il avoit de longtemps prise de ce faire? » On trouve encore, dans cette dernière *declaration* de l'amiral, cette particularité curieuse : « Le dit Poltrot estant parent proche de La Regnauldie, comme l'on dit, il pouvoit bien estre assez incité de sa propre devotion à faire ce qu'il a faict. » Nous savions par Brantôme (édit. du *Panthéon litteraire*, t. 1, p. 435) que Poltrot avoit eu pour conseiller M. d'Aubeterre, l'un des conjurés d'Amboise, mais nous ignorions qu'il fût parent du chef de ce grand complot.

moing de ce a signé en chacun fueillet à la minutte.

Ainsi signé : P. MALVAUT[1].

1. Par l'interrogatoire du coupable, par les réponses de l'amiral, on a pu s'édifier sur les faits du procès et se bien mettre à même de peser la part d'innocence ou de culpabilité qui y revient à celui-ci. Aux yeux de la veuve et des enfants du duc de Guise, malgré toutes ces explications, la complicité de Coligny ne fut pas douteuse, et ils n'eurent cesse ni répit qu'ils n'en eussent pris vengeance. Ils dirigèrent contre l'amiral des poursuites dont on trouve le détail, avec les pièces à l'appui, dans la curieuse publication de M. Louis Pâris, *le Cabinet historique*, mars 1857, p. 59-69. Des juges auroient pu terminer ce débat envenimé, mais où les prendre? « Le sieur amiral, écrivoit M. de Morvilliers à l'évêque de Rennes, le 23 décembre 1563, recuse tous les Parlemens », les autres le Grand-Conseil. Pour en terminer, le roi fut obligé de retenir à soi la connoissance du fait, « la poursuite duquel, lit-on dans l'arrest du 5 janvier 1563 qui fixe ce renvoi, il mit en surcéance pour le temps et terme de trois ans », à la condition que, durant ce délai, « les partis n'attenteroient reciproquement les ungs contres les autres », ce qui fut promis. Les trois années passées, le 29 janvier 1566, « on besogna, dit Bruslard, dont M. L. Pâris cite *le Journal*, p. 65, au jugement de M. l'admiral, sur ce que Poltrot l'avoit chargé du mandement de la mort de feu monseigneur le duc de Guise. Auparavant que d'opiner, M. l'admiral, mandé par le roy, fut interrogé par luy mesme sur la charge du dit Poltrot, lequel dit, en présence de toute la compagnie, qu'il n'avoit faict ni faict faire l'homicide, et qu'il ne l'avoit approuvé ni approuvoit; et qui voudroit dire et soustenir le contraire, il auroit menty, et luy offroit le combat. » Sur cette décla-

ration énergique, le roi renvoya l'amiral « innocent... et purgé du cas dont Poltrot l'avoit chargé. » Le cardinal de Lorraine l'embrassa au sortir de la salle du conseil ; mais Henri, duc de Guise, et Claude, duc d'Aumale, refusèrent de lui presser la main et grondèrent de nouvelles menaces. Ils se souvenoient des propos que l'amiral avoit tenus après l'assassinat, et qui, bien loin d'en être comme en ce moment une désapprobation, témoignoient au contraire de la satisfaction qu'il en éprouvoit : « Je n'en suis l'auteur nullement, disoit-il souvent, selon Brantôme, et je ne l'ay point faict faire, et pour beaucoup ne le voudrois avoir faict faire, mais, ajoutoit-il, je suis pourtant bien ayse de sa mort, car nous y avons perdu un très dangereux ennemi de notre religion. » *Ce mot*, qui étonna d'un homme aussi froid et modeste en paroles, lui nuisit fort, dit encore Brantôme ; c'est même ce qui l'ayant fait le plus soupçonner, « luy cousta la vie par amprès ». M. L. Pâris est aussi de cette opinion. En 1569, les enfants du duc de Guise parvinrent à faire condamner Coligny par le Parlement ; puis, en attendant la sanglante réalité du mois d'août 1572, ils le firent pendre en effigie à Montfaucon. La première pensée de cette vengeance ainsi satisfaite datoit de l'instant où Poltrot avoit commis son crime : « Dans notre opinion, dit M. Pâris, c'est là qu'est tout entière la question de la Saint-Barthelemy. »

*Le Faict du procez de Baïf
contre Frontenay et Montguibert* [1].

Desportes, je suis revenu,
Un pied chaussé et l'autre nu,
Pour vous dire que la fortune
En me sous-riant m'importune;
Qu'ainsi ne soit, j'avois arrest;

1. Ce *Factum* en vers, écrit par le fils du poète Antoine de Baïf, et rempli de curieux détails sur l'un et l'autre, est on ne peut plus rare. L'exemplaire d'après lequel nous le publions est le seul que nous ayons jamais vu. Nous ne savons au juste quel est le procès dont il traite, et nous ne chercherons pas trop à le savoir : l'intérêt n'est pas là; ce qui nous importe, c'est que nous trouvons ici des renseignements sur l'un des plus charmants poètes de la *Pléiade*, et que ces renseignements nous y sont donnés par son fils. Ce fils jusqu'alors nous étoit à peu près inconnu; nous n'avions trouvé trace de son existence que dans le manuscrit de G. Colletet (*Vies des poètes françois*, article *Baïf*); nous savions qu'il s'appeloit Guillaume et qu'il étoit curieux de tout ce qui intéressoit la gloire de son père, car après la dissolution de l'Académie tout à la fois littéraire et lyrique dont Baïf, Desportes et quelques autres avoient été les fondateurs, le livre d'*institution* de cette compagnie

> Arrest d'estre arresté tout prest,
> Sans cet homme plein d'artifice
> Qui vint destourner la justice,
> Mais pourtant ne l'evita pas ;

ayant disparu par la négligence du fils naturel de Desportes, il le chercha avec le plus grand soin, mais ne parvint malheureusement qu'à en trouver quelques feuilles entre les mains d'un pâtissier à qui il avoit été vendu : « Perte irréparable, dit Colletet, et qui me fut sensible au dernier point, et ce d'autant plus que, dans le livre de cette institution, qui estoit un beau vélin, on voyoit ce que le roi Henri III, ce que le duc de Joyeuse, ce que le duc de Retz, et la plupart des seigneurs et des dames de la cour, avoient promis de donner pour l'établissement et pour l'entretien de l'académie, qui prit fin avec le roi Henri III et dans les troubles et confusions des guerres civiles du royaume. » Cet établissement avoit été une sorte de précurseur de l'illustre compagnie constituée par Richelieu. C'étoit mieux même : l'Académie françoise s'y compliquoit de l'opéra ! Celui-ci, pour lequel Antoine de Baïf s'étoit associé Joachim de Thibault de Courville, *maistre de l'art de bien chanter*, comme il l'appelle en une pièce du 9ᵉ *livre* de ses *Poëmes*, étoit la partie importante, à en juger d'après ce qu'il est dit dans les Lettres patentes données par Charles IX, en novembre 1570, et que la *Revue rétrospective* a publiées pour la première fois (t. 1, p. 102-111). Après la mort de Henri III, comme nous l'a dit Colletet, rien ne survécut de ce qui représentoit la littérature dans cette première Académie. La partie lyrique fut plus vivace ; même après Baïf nous la trouvons encore debout : elle a émigré rue de la Juiverie, dans la maison d'un certain Mauduit, qui en est le directeur. Sauval, de qui nous tenons ces derniers faits (liv. IX, chap. *Académie*), nous avoit donné à penser, d'après un autre passage des *Antiquités de Paris* (t. 1, p.

Car Nemesis sçait bien son cas,
Et n'en faut point d'autre asseurance
Que ce grand chancelier de France,
Qui, poussé de juste équité,
Verra son infidelité.
Nostre homme, à trois pieds barbe grise,
Pour mettre à chef son entreprise
Et tenir le monde en erreur,
Aux passages fait le pleureur,
Comme un cocodril plein de feintes,
Effrontement jette ses plaintes,
Prescrit son terme à vendredy.
Mais après tout cela je dy,
Pour mieux jouer son personnage,
Qu'il devoit dire davantage
Et demander courtoisement
Jusques au jour du jugement:
Car, quoy qu'il allonge et qu'il cause,

112), que le fils de Baïf avoit été pour quelque chose dans cette continuation de l'entreprise lyrique. Il nous parle, en effet, d'un Claude Baliffre, surintendant de la musique du roi Henri IV, qui, sauf une légère altération de nom, pouvoit bien être pris pour le fils du fondateur de la première académie musicale; malheureusement Jaillot a prouvé que Sauval s'étoit trompé (*Recherches sur Paris, quartier Saint-Eustache*, p. 4-5), et nous, par surcroît, nous venons de faire voir que le fils du poète s'appeloit, non pas Claude, mais Guillaume. Il ne faudra donc plus dire, comme l'ont fait MM. Lazarre dans leur livre d'ailleurs si estimable, *Dictionnaire des rues de Paris*, 2ᵉ édit., p. 184, que ce Claude Baillifre, qui a donné son nom à une rue bâtie sur des terrains que lui avoit concédés le roi, étoit le fils du poète.

Il ne sçauroit gaigner sa cause,
Si ce n'est par un droict nouveau
Qu'il s'est forgé dans le cerveau.
En ce faict, que je veux descrire,
Il n'y a pas pour tous à rire ;
Toutefois le ris est commun,
Alors qu'on voit choper quelqu'un.
Or feu mon père fit des rimes,
Dont un livre s'appelle Mimes [1],
Où, s'adressant, comme je croy,
A monseigneur de Villeroy [2],

1. Une première édition des *Mimes* avoit paru en 1576, ce fut la seule que Baïf donna lui-même ; mais en 1608, c'est-à-dire un an avant l'époque où fut écrit ce *factum* rimé, son fils, ayant fait à Toulouse le voyage dont il parle ici, en profita pour publier chez Jean Jagoust une partie des œuvres de son père : *Les mimes, enseignements et proverbes de J. A. Baïf;* Tolose, Jean Jagoust, 1608, in-16. Cette édition ne fut pas la dernière. Il en parut encore une à Tournon en 1619, imprimée chez G. Linocier. C'est un in-12 de 327 pages. Dans l'*Epistre dedicatoire* à Estienne Empereur, sieur de La Croix, auditeur des comptes à Grenoble, il est dit que Linocier a ajouté à cette édition « quelque pièce qui n'a encore cy devant esté veue, l'ayant recouvré n'agùères, après l'avoir laissé eschapper, lorsque son ouvrier du Baïf la luy donna pour l'imprimer, environ trente ans auparavant ». Le bibliophile Jamet en possédoit un exemplaire. Nous tirons ces détails d'une note manuscrite de l'abbé Mercier de Saint-Léger sur l'article *Baïf*, dans la *Biblioth.* de du Verdier, édit. Rigoley de Juvigny, t. 1, p. 324.

1. G. Baïf ne se trompe pas; son père, au livre 1er des *Mimes enseignements et proverbes* (Tolose, 1619, in-16, p. 26), s'adresse à M. de Villeroy, *secrétaire du roi*, et lui

> Il dit qu'il ne veut plus se taire,
> Estant malheureux secretaire ;

fait le récit de ses vains efforts, qui, après l'avoir mené à une sorte de renommée, n'ont pu le conduire à la fortune :

> Quand je pense au divers ouvrage
> Où j'ay badiné tout mon âge,
> Tantost epigrammatisant,
> Tantost sonnant la tragedie,
> Puis me gaussant en comedie,
> Puis des amours petrarquisant,
> Ou chantant des roys les louanges,
> Ou du grand Dieu, le roy des anges...
> Je ry de ma longue folie
> (O Villeroy, de qui me lie
> L'amiable et nette vertu),
> Et je di, voyant ma fortune
> Maigre, s'il en fust jamais une :
> « Je suis un grand cogne-festu,
> Qui cogne, cogne et rien n'avance.
> J'ay travaillé sous esperance.
> Les rois mon travail ont loué,
> Plus que n'a valu mon mérite ;
> Mais la récompense est petite
> Pour un labeur tant avoué,
> Puisque je n'ay crosse ni mitre ;
> Puisque je n'ay plus que le tiltre
> D'une frivole pension,
> Bonne jadis, aujourd'huy vaine,
> Qui m'emmuselle et qui me meine
> Pour m'accabler de passion.
> Doncques le mieux que je puisse faire,
> C'est me tromper en ma misère,
> Maladif pauvre que je suis.
> Voire, au milieu de mon martyre,
> Me faut essayer la satire :
> Souffrir et taire ne me puis.

En plus d'un autre endroit de ses œuvres Baïf avoit fait

Qu'il a bien du renom assez,
Et non des thresors amassez ;
N'ayant en toute sa puissance
Qu'à Castres, bien loing de la France,
Deux offices de receveur,
Qu'il a receus par la faveur
Du feu Roy d'heureuse memoire [1].
Par là vous en sçaurez l'histoire ;
Et, pour vous faire voir l'excez
Du train de ce maudit procez,
Il faut qu'en mon chant je desgoise
Le vray subject de ceste noise.

les mêmes plaintes : ainsi au livre IX de ses *Poëmes*, dans ses vers à Belot; et dans son *Epistre* à M. de la Molle, où, entre autres choses, il avoit dit :

> Quand, malcontent, resveur, je panse
> Que vingt et cinq ans par la France
> J'ay faict ce malheureux mestier
> Sans recevoir aucun salaire
> De tant d'ouvrages qu'ay sceu faire,
> Oh! que j'eusse été coquetier !

1. Charles IX, suivant Colletet, dans sa *Vie* manuscrite de Baïf, l'avoit fait *secrétaire ordinaire de sa chambre* ; « et, ajoute-t-il, comme ce prince liberal et magnifique luy donnoit de bons gages, il luy octroya encore de temps en temps quelques offices de nouvelle creation, et de certaines confiscations qui procuroient à Baïf le moyen d'entretenir aux études quelques gens de lettres, de regaler chez lui tous les savans de son siècle et de tenir bonne table. » Baïf fit trop en conscience ces bombances littéraires dont on lui confioit les fonds. Quand, après Henri III, qui avoit repris de son frère le rôle de protecteur de cette compagnie, l'argent cessa d'être fourni, notre poète, qui n'avoit rien gardé, se trouva sans un écu.

Environ l'an quatre vingts neuf,
Que j'etois barbu comme un œuf,
Ce brave Patelin m'emmeine
Tout droit au païs d'Aquitaine,
Partant du faux-bourg Sainct-Victor.
Ainsi que Pollux et Castor
Il jura qu'il nous falloit vivre,
Et moy promptement de le suivre,
L'estimant franc et non menteur,
Mais surtout loyal serviteur.
Par son dire et sa douce mine
En Languedoc il m'achemine ;
Droit à Toloze il m'adressa,
Où dans peu de jours me laissa.
Après survint le coup du moine,
Et la mort du bon Jan Antoine[1],
Si bien que, de malheurs troublé,
Tout à coup je fus accablé,
Et, pour soulager mon dommage,

1. Ce n'est pas le 19 septembre 1589, comme le disent les *Biographies*, que Baïf seroit mort ; s'il falloit en croire Scévole de Sainte-Marthe, cité par La Monnoie dans ses notes sur la *Biblioth. franc.* de du Verdier (édit. Rigoley, t. 1, p. 440), il auroit vécu un an encore après cette date, et il faudroit fixer l'époque de sa mort au mois de juillet 1590. Scévole de Sainte-Marthe dit en effet qu'elle précéda de peu de jours l'attaque que Henri IV tenta contre les faubourgs de Paris, et qui l'en rendit maître. Selon La Croix du Maine, il auroit eu cinquante-huit ans ; Sainte-Marthe dit soixante, et c'est lui que je crois, car il avoit connu Baïf.. Il faudroit dans ce cas faire naître celui-ci en 1530, et non plus en 1532, ainsi que l'ont répété les uns après les autres les biographes, ces moutons de Panurge.

Je me resous, prenant courage :
Sans le cheval de Pacolet [1],
A Paris j'envoye un valet,
Nonobstant les mois des roupies,
Qui m'apporta bonnes copies
D'un contract fait devant Lusson.
Aussitost il esmeut le son,
On luy rescrit un mot de lettre,
Comme en procez je le veux mettre,
Et que, pour ne s'incommoder
Il faut tascher de s'accorder.
De faict le compère s'explique,

1. C'est le fameux cheval de bois qu'on faisoit galoper dans les airs à l'aide d'une cheville qu'il suffisoit de pousser. Il en est parlé dans plusieurs anciens romans, notamment dans *Valentin et Orson*, et dans l'*Histoire de Maguelone et de Pierre de Provence*. Le coursier de bois Clavilègne le Véloce, que Cervantes (Don Quichotte, ch. 40) fait bravement enfourcher par son héros ayant Sancho en croupe, n'est qu'une imitation ou plutôt une parodie du *cheval de Pacolet*. Celui-ci descendoit lui-même en ligne directe du cheval de bronze des *Contes orientaux*, qui, après avoir passé par l'une des charmantes inventions du vieux Chaucer, l'*Histoire de Cambuscan, roi de Tartarie*, est arrivé, toujours volant, jusqu'à notre Opéra-Comique. La pièce de M. Scribe, qui, opéra-comique hier, sera grand-opéra demain, sans changer son titre, *Le Cheval de bronze*, et sans rien perdre, Dieu merci, de la musique d'Auber, est une ingénieuse imitation du conte de *la Corbeille*, qui se trouve parmi les *Contes orientaux* qu'a publiés M. de Caylus (*La Haye*, 1743, 3 vol. in-12). M. Loiseleur-Deslongchamps a lui-même constaté l'emprunt. (*Essai historique sur les contes orientaux et sur les Mille et une nuits*, 1838, in-12, p. 97, note.)

Me sonde, recherche et pratique,
M'offre, afin qu'on n'en parle plus,
Pour un estat six cens escus,
Sçachant le fonds de ma finance,
Assavoir cinquante d'avance,
Le reste en trois ans peu à peu
Pour me brusler à petit feu.
Remarquez ce mot à la marge :
Ce contract fut fait à la charge
D'un bon *Requiescat in pace*
Pour tous les gages du passé.

Depuis trois fois la lune egale
Vint madame la mareschale,
Avec qui ma mère arriva,
Qui de cest accord me priva,
Et fit tant, sans aucune tresve,
Que par lettres on m'en relève,
Où, nostre bon droict poursuyvant,
L'on nous mit comme auparavant.
Par un arrest luy qui m'affronte
Est condamné de rendre compte,
Et de resigner un estat.
Voilà donc le poinct du debat.
L'autre, il est dit sans prejudice
Qu'il en doit faire l'exercice
Pendant le compte pretendu
Jusques à tant qu'il l'ait rendu,
Afin de voir qui pourroit estre
Debiteur, le clerc ou le maistre,

Je trouve d'un autre costé,
Que la puissante Majesté

D'un Roy le plus grand qui se treuve
Arriva par la porte neufve [1]
Dans Paris, sa bonne cité,
Où je l'avois bien souhaitté :
Car ceste negrite canaille [2]
S'attaquoit mesme à la muraille,
Abattant, sans droict ne raison,
Jusques au grec de ma maison [3].
J'en parle ; mais, peur de l'amende,

1. L'entrée de Henri IV dans Paris, par la Porte-Neuve, eut lieu le mardi 22 mars 1594.

2. Par *negrite* canaille Guillaume de Baïf entend parler de la garnison, en grande partie africaine, qui, au nom de Philippe II, occupoit Paris, et principalement les quartiers des faubourgs avoisinant les portes. Il est parlé de ces *Mores* et *Africains* des troupes du roi d'Espagne dans la *Satyre Ménippée,* édit. Ch. Labitte, p. 77.

3. Cette maison, dont il nous faut enfin parler, et qui étoit pour Guillaume Baïf la plus belle partie de l'héritage de son père, se trouvoit, comme il est dit dans les *Lettres patentes* citées tout-à-l'heure, « *sur les fossez Saint-Victor, aux fauxbourgs* », c'est-à-dire dans la rue actuelle des Fossés-Saint-Victor. Suivant Jaillot, dont Hurtaut et Magny, dans leur *Dictionnaire historique de Paris*, t. 1, p. 272, 324, confirment le témoignage, ce vaste logis fut ensuite occupé par la communauté des Augustines angloises. Elles le firent rebâtir dès les premiers temps de leur occupation, c'est-à-dire en 1639. Après avoir été forcées de le quitter à l'époque de la Révolution, elles y revinrent en 1806, et l'habitent encore. Leur couvent forme les nos 23 et 25 de la rue. La maison du poëte se trouve ainsi singulièrement agrandie. Elle avoit d'ailleurs été reconstruite, comme je viens de le dire ; depuis longtemps on n'y trouve rien qui rappelle son passé. La physionomie

Je ne dis pas que je l'entende.
Or, revenant à nos moutons,

que lui avoit donnée le poète étoit toute profane, et les religieuses angloises n'avoient par conséquent pu s'en accommoder. Guillaume nous parle du grec que la *negrite canaille* dégradoit sur la poétique façade : il entend par-là les devises un peu pédantes, et réellement écrites en grec, qui se lisoient sur les murs de ce cénacle de la *Pléiade*. Sauval (liv. IX, ch. *Académie*) nous en avoit déjà dit un mot, et nous le connoissions aussi par de curieuses lignes que Colletet le fils avoit mises en note auprès d'un passage du manuscrit de son père où il est question de ce logis à la grecque. C'est étant tout enfant, je veux dire un peu avant la reconstruction, faite en 1639, que Fr. Colletet l'avoit pu voir : « Il me souvient, dit-il, estant jeune enfant, d'avoir vu la maison de cet excellent homme, que l'on montroit comme une marque précieuse de l'antiquité ; elle estoit située (sur la paroisse de Saint-Nicolas-du-Chardonnet) à l'endroit même où l'on a depuis bâti la maison des religieuses angloises de l'ordre de Saint-Augustin, et sous chaque fenêtre de chambre on lisoit de belles inscriptions grecques, en gros caractères, tirées du poète Anacréon, de Pindare, d'Homère, et de plusieurs autres, qui attiroient agréablement les yeux des doctes passants. » Ces inscriptions étoient assez d'usage en ce temps-là ; c'étoit comme une sorte d'enseigne que prenoient volontiers les logis de savants. G. Colletet nous dit, par exemple, qu'Estienne Pasquier s'étoit donné ce luxe classique : « Sur le quai de la Tournelle, vis-à-vis du pont de pierre, écrit-il dans la notice qu'il lui consacre, il possédoit une maison fort agréable, sur la porte de laquelle il avoit fait graver des devises grecques et latines, qui furent, vingt ans après sa mort, effacées par un nouveau maître. » Charles IX et Henri III vinrent souvent dans la maison de la rue des Fossés-Saint-Victor pour assister aux « épreu-

A moins de cinq cens ducatons,
Sur les desbris de ce naufrage

ves de poésie et de musique » qui y avoient lieu, et pour faire ainsi acte de protecteurs de cette primitive académie. Elle étoit, avec celle qui se tenoit tout près, à l'abbaye de Saint-Victor, sous les auspices de Fr. du Harlay, et que Charles IX et Henri III visitoient souvent aussi, la véritable devancière de l'Académie françoise. (*Mém. de l'abbé d'Artigny*, t. 6, p. 200-201.) Celle-ci ne les récusoit pas; elle se faisoit même volontiers une loi des traditions qui pouvoient venir d'elles. Lorsque, par exemple, la reine Christine dut lui rendre visite, comme on étoit à se demander quel cérémonial il faudroit observer pour cette réception, on en appela prudemment à la mémoire de ceux qui pouvoient savoir ce qui se passoit en pareil cas chez Baïf, aussi bien qu'aux assemblées de Saint-Victor, et l'on s'en fit une règle. « M. le chancelier, écrit Patru à d'Ablancourt, appela M. de La Mesnardière, qui, sur cette proposition, dit que du temps de Ronsard il se tint une assemblée de gens de lettres et de beaux esprits de ce temps-là à Saint-Victor, où Charles IX alla plusieurs fois, et que tout le monde étoit assis devant lui. Il ajouta qu'on étoit couvert, si ce n'est lorsqu'on parloit directement au roi. » M. Sainte-Beuve, à qui nous devons de connoître une partie de ce qui précède, relève avec raison l'impudence de Moncrif, qui, dans son *Choix d'anciennes chansons*, p. 33, s'imagine de dire, à propos de Baïf: « Peut-être le premier poète qui a imaginé d'avoir une petite maison dans un faubourg de Paris. Une academie qu'il y etablit, dans de certains jours, n'etoit peut-être qu'un pretexte. » — « Il faut bien être de son XVIIIe siècle pour avoir de ces idées-là », dit M. Sainte-Beuve. Un peu plus loin, il fait encore cette remarque, par laquelle nous clorons l'histoire toute littéraire de ce vieux logis: « C'est dans ce couvent des Angloises, bâti sur l'emplacement de la maison de Baïf,

J'entreprins le petit voyage.
A Paris estant arrivé,
Je n'ay ne chien ne chat trouvé ;
Au palais je ne voy paroistre
Pas un que je puisse cognoistre.
Lors je m'enqueste à l'environ
Ce que fait monsieur de Tiron [1].
J'apprens qu'à Rouen il commande
A la bonne race normande [2].

que par la suite (*volventibus annis*) a été élevée Mme Sand. (*Tableau histor. et crit. de la poésie françoise et du théâtre françois au XVIe siècle*, édit. Charpentier, p. 422-423.) Mme Sand a longuement parlé elle-même de cette maison, qui la vit enfant. (*Hist. de ma vie*, in-12, t. 6, p 105.)

1. C'est Philippe Desportes, abbé de Tiron, comme on sait.

2. Desportes, après avoir, en 1587, passé quelque temps triste et découragé chez Baïf, où de Thou le vint voir (*Mém. de la vie de Jacq.-Aug. de Thou*, 1714, in-12, p. 168), s'étoit décidé pour le parti de la Ligue, pensant peut-être que mieux valoit être rebelle que ne rien faire. C'est à Rouen, près de l'amiral de Villars, qui y *régnoit* pour la sainte Union, qu'il s'étoit retiré. Dans le parti contraire, sa défection étoit honnie. Les auteurs de la *Ménippée* le placent parmi les traîtres, et disent, parlant de lui : « Athéiste et ingrat comme le poète de l'amirauté. » (*Édit. Ch. Labitte*, p. 9.) Il s'en moquoit. Conseiller intime de M. de Villars, principal ministre « de ce moderne roi d'Yvetot », comme la *Ménippée* appelle l'amiral (p. 231), il menoit tout à sa guise en Normandie, gouvernoit le gouverneur, faisoit secrètement des traités avec le roi, ainsi que nous l'apprend Palma-Cayet (*Coll. Petitot*, 1re série, t. 45, p. 352), et de cette façon se consoloit d'autant mieux de la perte de ses bénéfices qu'il se ménageoit les moyens de les recouvrer plus tard, ce qui fut en effet.

Là je pique droict, sçachant bien
Qu'à mon nom il vouloit du bien.
Si tost que j'arrive il m'embrasse,
A sa table il me donne place,
M'engage à luy, je vous promets,
Si fort que j'y suis pour jamais,
Tenant pour souveraine gloire
De rendre honneur à sa memoire,
Et de servir qui l'aymera
Tant que possible me sera.
Avec luy je fus une année.
Cependant ma cause est menée
Sur la ligue recommençant ;
Autre accord l'on vient pourchassant ;
Sur quoy ma mère, craignant pire,
De moy procuration tire,
Pensant pour du temps se garder
Venir ailleurs s'accommoder.
Pour quelque mois elle sejourne,
Et puis à Paris s'en retourne,
Ayant le mesme accord passé,
Qui par justice fut cassé,
Coloré d'une autre manière ;
Mais s'il vaut mieux, ce n'est de guère :
Car, de mil escus qu'il donnoit,
En ceste somme il comprenoit,
Par un trop grossier artifice,
Les quatre cens de mon office,
Qu'il devoit exercer pour moy,
Et m'en descharger vers le roy.

Icy pis encores m'arrive,

De tous biens fortune me prive :
L'un me demande cent escus,
Les autres moins, les autres plus ;
Vingt et deux procez je me compte,
Tout pour rente ou reste de compte ;
Boulanger, patissier, boucher,
Estoient sans fin à mon coucher ;
Le matin nouvelles aubades,
Le plus souvent faire à gourmades
Avec quelque triste sergent,
Et le tout à faute d'argent.
Voilà comment le temps je passe,
Tandis que mon homme en amasse ;
Et, m'ayant ainsi attrapé,
De mon traict mesme il m'a frapé.
En tel estat, sans que je meure,
Environ sept ans je demeure ;
Desbrouillé non pas trop encor,
Un beau matin je prens l'essor :
Droict à Toloze je m'advance,
Bourse vuide à beau pied sans lance,
Comme Tomassi me perdit ;
Mais partout je trouvay credit.
Là je me prepare à combattre
Au mois de Bacchus six cens quatre,
Quand il fournit le vin nouveau
Pour nous reschauffer le cerveau :
Aussitost, et sans rien attendre
A bon conseil je me vais rendre ;
Coneillan, Ferrier, Pumisson,
M'ont fait la petite leçon ;
Et le tout vray comme la Bible

Ils trouvent ma cause infaillible.
Dès lors je m'adresse à la Cour
Par lettres, et, pour faire cour,
En droict la cause est appointée,
Non sans estre bien pelotée.
Chasque advocat met son esprit
A bien rediger par escrit;
Tout est prest, mais un grand mystère
Ils ont fait de mon baptistère :
Car sur les actes principaux
Frontenay s'est inscrit en faux.
La Cour voit sa chicanerie,
Et n'est le moindre qui n'en rie ;
Mais luy ne s'est point estonné,
Encores qu'il soit condamné.

 Depuis, comme une vieille mule
Hargneux et quinteux, il recule,
Et par contrainte estant pressé,
Enfin son compte il a dressé
Pardevant le feu sieur Filère,
Qu'on nous donna pour commissaire,
Nomme pour luy monsieur Puget,
Moy Blandinières, sans objet;
Et pour le tiers, en mon absence,
Comme entendu sur la finance,
Monsieur Austric ils ont nommé.
A tout je me suis conformé.
Ses comptes près de la closture,
Il s'est mis en autre posture,
Nouvellement fait le plaintif,
Et, pour l'estat alternatif,

Soustient effrontement, sans honte,
Qu'il n'est tenu d'en rendre compte.
Sur quoy n'ayant un an tenu,
Un autre arrest est survenu,
Suivant sa bonne renommée,
Condamné à l'accoustumée.

Ne pouvant plus de ce costé,
Il en a quelque autre inventé.
Un Monguibert il me suscite,
Qui me trame nouvelle fruite.
Ce qu'il est je n'en diray rien;
Le connestable 1 le sçait bien;
Tant y a, cest homme vient joindre,
Et par lettres royaux se plaindre,
Exposant, pour donner couleur,
Qu'il est des tailles contrelleur,
Que Frontenay retient ses gages,
Et sous ce pretexte fait rages
Pour nous tirer à Mont-pelier.
Lors de monsieur le chancelier,
Pour le dernier de mes refuges,
J'ay lettre en reglement de juges,
Et, sur nos faicts bien employez,
Sommes à Toloze envoyez,
Où ce Monguibert se resveille;

1. C'est-à-dire chef de la *connétablie* qui jugeoit de tous les crimes commis par les gens de guerre, sur les routes ou ailleurs. G. Baïf, en disant que Monguibert étoit un justiciable de ce tribunal, donne à entendre qu'il ne valoit pas mieux qu'un voleur de grands chemins.

Nouvelle sauce il m'appareille,
Pour m'achever d'assassiner.
A Castres l'on vient m'assigner;
Un procureur pour moy compare;
Mais cependant je me prepare;
Avec des lettres du grand seau
J'ay mis leur dessein à vau l'eau.
Ces compagnons je vous assigne,
L'un et l'autre fait bonne mine;
Ils ont comparus au conseil,
Pensant avoir le nom pareil
Que d'avoir rencontré Servoles,
Qui fit si bien par ses bricoles,
Et sur quelque formalité,
Qu'en ce lieu tout fut arresté,
Où deux bons arrests l'on me casse.
Pour cela point je ne me lasse.
On leur donne deux mois de temps,
Dequoy les voilà fort contens.
Cependant la bonne justice
Deffend, pour conserver l'office,
A Frontenay d'en disposer,
Afin qu'il n'en puisse abuser,
A peine d'amande arbitraire,
Nullité, s'il vient au contraire.
C'est arrest ainsi fut deduit
En decembre mil six cens huict.
Le terme est long à qui desire;
Mais à la par-fin il expire,
Et, bien que l'on n'y pense point,
Le temps meine tout à son poinct.
Voicy donc la seconde charge,

Et ne se trouve escu ne targe [1]
Qui puisse en ceste occasion
Les parer de forclusion ;
Mais, par une longue requeste,
Que leur advocat tenoit preste,
Donna charge ce vieux resveur
De remonstrer que la faveur
Qu'à Toloze chacun me porte
Les empeschoit de telle sorte
Qu'il n'estoit pas en leur pouvoir,
Bien qu'ils y fissent tout devoir
Par bemol, becare ou nature,
D'en tirer nulle procedure ;
Chose aussi fausse en verité,
Comme il gèle au fort de l'esté,
Ou qu'ils ont veu blanchir un More
Avecques les pleurs de l'Aurore.
Au rapport du sieur de Chaalay
Pourtant ils ont nouveau delay,
Le conseil, par misericorde,
Deux mois bien entiers leur accorde,
Et pour toutes perfections,
Ou bien sur les productions
Qui seront au greffe produites,
Sans esperance d'autres fuites,
Tout le procèz se jugeroit
En l'estat qu'il se trouveroit.
Le temps se coule en telle sorte
Que pour eux l'esperance est morte.
Les derniers deux mois sont passez,

1. Sorte de bouclier.

Et pensois que ce fust assez ;
Ma forclusion est acquise,
Aux mains du greffier je l'ay mise,
L'on peut voir si je suis menteur,
Le sieur d'Amboise est rapporteur,
Ma cause en bonne forme instruite
Devant le conseil est deduite ;
Plusieurs des seigneurs font l'arrest.
Comme, au resultat, il est prest,
Je ne sçay quel malheur m'arrive
Qui me le retient et m'en prive ;
Mais je sçay, quoy qu'il en sera,
Qu'un chancelier le signera,
Et d'un œil flambant et sevère,
Cognoissant la façon de faire
De tous ces hydres assemblez
Ils seront du tout accablez,
Et les Muses eschevelées,
Qui souloient courir desolées,
Et solliciter pour Baïf,
D'un visage ouvert et naïf
Diront jusqu'aux terres estranges
De ce chancelier les louanges,
Si l'on peut chanter dignement
De nostre siècle l'ornement,
Le vray soleil de la justice,
L'effroy de l'humaine malice,
L'honneur de la pure vertu,
Sous qui tout vice est abattu.

 Des-Portes, que sur tous j'estime,
J'ay reduit ce factum en rime :

Vous en serez le protecteur,
Venant de vostre serviteur.
Assez bien vous savez l'affaire,
Voilà pourquoy je me veux taire;
Car pour les faicts non advenus,
Je les quitte à Nostradamus.

A Fontainebleau, le 14 juin 1609.

Fin.

Fragmens de mémoires sur la vie de Madame la Marquise de Maintenon, par le Père Laguille, jésuite[1].

grippa d'Aubigné est tenu communement, dans le Béarn et dans le Poitou, pour fils bâtard de la reine Jeanne d'Albret, étant veuve, et de son secrétaire. Le Dictionnaire de Moreri le dit bâtard d'une maison de qualité, et lui-même, dans ses memoires,

---

1. Ces *fragments de mémoires*, perdus dans une publication du temps de l'empire, Archives littéraires de l'Europe, no XXXVI (31 décembre 1806), p. 363-377, n'ont été connus que de M. Walckenaer, qui s'est contenté de les mentionner dans la 5e partie de ses *Mémoires sur la vie de Mme de Sévigné*, p. 437, et de nous, qui en avons fait largement usage pour notre notice sur les maisons de Scarron à Paris (*Paris démoli*, 2e édit., p. 313-354). M. Walckenaer nous les donne, avec raison, pour fort curieux, « en ce que, dit-il, l'auteur cite des témoins contemporains. » C'est ce que dit aussi, dans sa note préliminaire, Chardon de La Rochette, qui s'en fit le premier éditeur pour le recueil nommé tout à l'heure. Il les publioit « d'après une copie prise sur l'original de la main de l'auteur en 1737. » Cet auteur n'est pas inconnu, seulement c'est par des travaux

declare que la manière avec laquelle il étoit traité
et elevé par le gentil homme au quel 'il avoit été

d'un tout autre genre qu'il avoit recommandé son nom.
Chardon de La Rochette lui consacre une partie de sa note,
et fait en quelques lignes sa biographie à peu près complète. Nous y ajouterons quelques détails : Louis Laguille
étoit né à Autun, le 1er octobre 1658 ; il entra chez les
jésuites le 1er septembre 1675, fit profession le 2 février
1692, et enseigna d'une façon fort distinguée la philosophie
et les mathématiques. Il ne tarda pas à être l'un des principaux de la compagnie ; il fut deux fois *provincial* dans la
province de Champagne et une fois dans celle de France
ou de Paris. C'est là sans doute qu'il fut à même de s'initier à tous les faits intimes qu'il raconte ici. En 1714, il
fut un des membres du congrès de Bade, et, par son zèle,
par son éloquence, — il étoit en effet fort bon prédicateur,
— il aida beaucoup au rétablissement de la paix. Il n'étoit
pas toujours d'un zèle aussi conciliant. L'abbé d'Olivet
nous donne même à penser qu'il poussoit fort loin l'intolérance contre ceux qui étoient assez téméraires pour ne
pas soumettre leurs opinions aux siennes. Dans une lettre
inédite que l'abbé écrit au président Bouhier, et qui doit
être du mois de juillet 1719, il lui parle « d'un certain
P. Laguille, qui est à Dijon, moine orgueilleux, dit-il,
qui, pour faire sa cour aux sots du collége de Paris, a
horriblement persécuté le bon père Hardouin... » Il mourut
en 1742, à Pont-à-Mousson, n'ayant pas moins de 84 ans.
Les ouvrages qu'il a laissés sont assez nombreux ; on en
peut voir la liste dans la *Bibliothèque de Bourgogne*, par
Papillon, in-fol., t. 1, p. 365. Les principaux sont une
*Histoire d'Alsace ancienne et moderne, depuis César jusqu'en
1725*, Strasb., 1727, 2 vol. in-fol. ; *Exposition des sentimens catholiques sur la soumission due à la bulle Unigenitus*,
1735, in-4 ; *Préservatif, pour un jeune homme de qualité,
contre l'irreligion et le libertinage*, Nancy, 1739, in-12.

confié lui avoit toujours fait croire qu'il étoit d'une naissance plus distinguée qu'il ne paroissoit. Il est certain qu'Henri IV l'aimoit et lui en donnoit des preuves. Dans le Poitou on tient par tradition qu'il se mêloit d'astrologie judiciaire[1] ; on en raconte plusieurs faits singuliers, entre autres de s'être vanté en Béarn d'avoir annoncé la mort d'Henri IV le jour même qu'elle arriva[2].

Ce seigneur Agrippa d'Aubigné fut marié à Niort. Là il vecut fort petitement et presque dans l'obscurité. Il eut un fils ; ce fils fut père de Mme de Maintenon et du marquis d'Aubigné, père de Mme de

---

1. Lui-même avoue qu'il s'étoit, fort jeune encore, occupé des sciences occultes, mais avec dessein de ne s'en jamais servir, « et, dit-il, s'amuser aux théoriques de la magie, protestant pourtant de n'essayer aucun experiment ». (*Mémoires de Théod. Agrippa d'Aubigné*, édit. Ludov. Lalanne, p. 13.)

2. D'Aubigné se trouvoit à Paris lorsque Jean Chastel fit son attentat contre Henri IV. Un jour que celui-ci lui montroit sa lèvre entamée par le couteau de l'assassin : « Sire, lui dit-il, vous n'avez encore renoncé Dieu que des lèvres, il s'est contenté de les percer ; mais quand vous renoncerez du cœur, il percera le cœur. » Tout le monde admira le mot, et d'Aubigné plus qu'aucun ; il crut franchement avoir fait une prédiction. Quand la nouvelle de la mort du roi lui arriva, comme on assuroit que le « coup estoit à la gorge, il dit devant plusieurs, qui estoient accourus en sa chambre avec le messager, que ce n'estoit point à la gorge, mais au cœur, estant assuré de n'avoir menty. » (*Id.*, p. 94, 114.) Je ne sache pas qu'il ait fait d'autre prédiction de cet événement.

Noïailles[1]. Ce fils[2] fut assez bien elevé; il reçut de son père, dit-on, quelques teintures de son art d'astrologie. Il fut marié à une demoiselle de Niort qui lui apporta assez peu de biens. Quelque temps après son mariage, il prit ombrage de la familiarité trop grande qu'il remarqua entre sa femme et un jeune homme de ses parens. Sa jalousie augmenta, de sorte qu'après avoir averti sa femme de cesser le commerce qu'elle avoit avec cet homme, il fit semblant d'aller à la campagne pour quelques jours. Il partit en effet, mais dès le soir même, étant rentré à l'imprevu, il les trouva seuls. Emporté à cette vue, il les tua et se retira[3].

Comme en ces temps de troubles et de guerres civiles il n'etoit pas difficile d'obtenir grâce, surtout pour un fait pareil, il retourna à Niort, où il menoit une vie fort commune, ayant peu de bien. Il chercha quelque emploi dans les troupes; il n'eut pas satisfaction sur cela de M. d'Epernon, auprès

---

1. Ce nom est écrit ainsi dans tout le cours du fragment. (*Note de Chardon de la Rochette.*)

2. Constant d'Aubigné, baron de Surimeau, né vers 1584, « fut nourry par son père avec tout le soin et despence qu'on eust pu employer au fils d'un prince ». (*Mém. de d'Aubigné*, p. 151.)

3. Nous connoissions ce premier mariage de Constant d'Aubigné, mais nous ne savions pas qu'il avoit eu cette fin tragique. Lui-même, dans une lettre écrite à son frère, Nathan d'Aubigné, le 6 mars 1637, parle de ce mariage, mais pour dire seulement qu'il n'en naquit aucun enfant. (*Mémoires* de La Beaumelle sur Mme de Maintenon, t. 6, p. 32.)

duquel il avoit agi et fait agir. Mecontent du refus qu'il en avoit reçu, il se plaignit, et fit plus : car, se mêlant de poésie, il composa une satire contre ce seigneur. La pièce ou la nouvelle en ayant eté portée au duc, celui-ci, qui étoit haut, fier et puissant, fit enlever d'Aubigné, et ordonna qu'on le conduisît dans son château de Cadillac et qu'on le mît dans un fond de fosse. Il y avoit dejà plus d'un an que d'Aubigné étoit arrêté et renfermé, sans que qui que ce soit s'interessât pour le faire elargir, et sans pouvoir l'obtenir lui-même, ayant affaire à un homme trop puissant. Il en étoit chagrin; son chagrin cependant n'empêchoit pas que pour se divertir il ne composât de temps en temps quelques chansons. Ces chansons, jointes à un air agreable et engageant, firent que la fille du geôlier, qui le voyoit assez souvent depuis qu'à sa prière son père lui avoit donné plus de liberté, le prit en affection. Voyant que d'Aubigné y repondoit assez sincerement de son côté, elle crut sa fortune faite si elle pouvoit l'engager à l'epouser. Elle lui en fit la proposition, sous promesse de faciliter son evasion et de suivre partout sa fortune. D'Aubigné, qui souffroit depuis long-temps, qui ne voyoit pas d'esperance d'une delivrance prochaine, qui n'avoit pas de bien, et qui d'ailleurs trouvoit cette fille à son gré, accepta la proposition, conclut le mariage, et, du consentement tacite du père et de la fille, ils partirent tous deux et se retirèrent à Niort, où ils se marièrent dans les formes[1]. Il rentra ensuite dans le

---

1. Tous ces faits ont besoin d'être un peu redressés pour redevenir complétement vrais. C. d'Aubigné se remaria en

peu de bien qu'il avoit, qui consistoit en partie dans une maison qui étoit proche des halles ; là il vecut assez doucement.

Chaque année il y a à Niort trois foires considerables, où se rendent nombre de marchands, même de Hollande ; comme ces foires se tiennent dans des saisons fort proches les unes des autres, plusieurs marchands laissent d'une foire à l'autre les marchandises qu'ils n'ont pu vendre, et les deposent dans quelque maison sûre et commode jusqu'à leur retour. Un marchand de Lyon confia de cette manière quelques ballots de marchandises au sieur d'Aubigné. A son retour, ayant trouvé de la diminution dans ses effets, il en fit du bruit et cita le sieur d'Aubigné en justice. Dans ce même temps il eut une autre mauvaise affaire, ayant été trouvé coupable ou fortement soupçonné de fausse monnoie,

---

1627, c'est-à-dire bien avant d'être mis en prison, non pas à Cadillac, mais au *Château-Trompette ;* seulement, comme il épousa la fille de M. de Cadillac, gouverneur de la forteresse où il fut enfermé deux ans après, l'on comprend la double erreur commise ici par le jésuite biographe, et que plusieurs autres historiens ont partagée. La Beaumelle (t. 6, p. 32) l'a réfutée, mais sans dire ce qui l'avoit tout naturellement fait naître. Quant à la cause donnée ici de l'incarcération de d'Aubigné, elle est différente de celle que nous connoissions, mais elle est au moins aussi vraisemblable. C. d'Aubigné semble, sauf l'honnêteté, qui étoit bien moindre en lui, avoir beaucoup tenu de son père ; il devoit donc être d'humeur satirique, et il n'est pas étonnant que M. d'Epernon, qui d'ailleurs y prêtoit fort, se trouvât le premier point de mire de ses chansons.

et pour ces deux accusations il fut arrêté et enfermé dans une tour du château de Niort[1]. Ce fut dans cette prison où sa femme, qui ne l'abandonna jamais, accoucha de son second enfant, qui est Mme de Maintenon : car on a appris sûrement que ce fut là, et non sur mer, comme le croyoient quelques uns, où elle vint au monde, le 20 mars de l'année 1636[2], M. l'évêque d'Angoulême en ayant montré l'extrait baptistaire à M. l'abbé de Roquette[3], de qui je l'ai appris. Mme de Maintenon

---

1. La Beaumelle et les autres disent que la captivité de Constant d'Aubigné à Niort n'étoit qu'une continuation de celle qu'il avoit faite au Château-Trompette. Je préfère la version du P. Laguille. La cause qu'il donne, avec détails, de cette nouvelle incarcération, me paroît aussi fort admissible. Personne n'en avoit parlé; l'on pensoit que Constant portoit encore dans cette prison la peine de je ne sais quelles intelligences entretenues par lui avec le gouvernement anglois au sujet d'un établissement qu'il projetoit à La Caroline. Ce qu'on lit ici est bien plus net, et surtout on ne peut mieux d'accord avec ce qu'on sait des habitudes des petits nobles de province à cette époque. Combien, comme d'Aubigné, étoient pillards, contrebandiers et faux monnoyeurs !

2. Jusque alors on avoit pensé que Mme de Maintenon étoit née le 27 septembre 1635; la voilà donc rajeunie de cinq mois. Ce qui est certain, c'est qu'il est déjà question d'elle dans la lettre citée tout-à-l'heure, et que son père écrivoit à Nathan d'Aubigné le 6 mars 1637 ; il dit à son frère qu'il a trois enfants de son second mariage : deux fils, dont l'aîné a sept ans et demi, et une fille.

3. C'est le *pauvre homme* de Louis XIV, celui qui servit en quelques points pour le *Tartufe* de Molière. Il fut évêque

parlant, il y a vingt ans, à la superieure de la maison de la Providence, qu'elle a fondée à Niort, et lui demandant en quel quartier de la ville étoit leur maison, celle-ci le lui ayant marqué : « C'est justement, reprit-elle, devant le château dont je dois me souvenir. »

Après que le sieur d'Aubigné eut été retenu quelque temps ainsi dans le château, ses affaires étant accomodées, il en sortit[1]; mais, se trouvant à bout et ne pouvant presque plus subsister, lui ayant été proposé d'aller dans les îles de l'Amerique, que l'on commençoit en ce temps là d'habiter, il accepta l'offre qu'on lui fit de la part de M. de Cerignac, seigneur en chef de l'île de La Grenade, d'aller commander dans cette île, grande, à la verité, et fort belle, mais couverte de bois et habitée de peu de François, et tous pauvres. Ayant vendu le peu de bien qui lui restoit, il partit avec sa famille et se mit en mer. M. d'Aubigné ne put resister au mauvais air du pays; il mourut au bout de trois ans ou environ[2]. On dit dans le pays qu'avant de mourir,

---

d'Autun, et le P. Laguille, né dans cette ville, avoit en effet dû le connoître.

1. En 1639.

2. On pense qu'il mourut en 1645, mais il est probable que ce fut au moins un an plus tard. On s'accorde à croire en effet que sa mort suivit de près un voyage que sa femme fit en France avec ses enfants pour régler quelques affaires; or, le 18 juillet 1646, elle y étoit encore : on le sait par une lettre d'elle portant cette date, et dans laquelle elle remercie Mme de Villette d'avoir bien voulu se charger de sa fille, « cette pauvre galeuse ! » (La Beaumelle, t. 6, p. 34.)

affligé de laisser des enfans sans bien et sans secours, il les fit venir pour leur donner sa benediction. Il dit à son fils : *Pour toi, tu es un garçon, tu te tireras bien d'affaire.* Regardant ensuite sa fille, après quelques reflexions : *Vas*, lui dit-il, *je ne suis plus en peine de toi, tu seras un jour puissamment pourvue*[1].

Après la mort du sieur d'Aubigné, son epouse, avec ses deux enfans, repassa à La Martinique[2], et de là à La Guadeloupe, où elle se retira chez un assez bon habitant, qui étoit de Niort, appelé Delarue ; elle y demeura près de deux ans, menant une vie fort petite. C'est de cet habitant qu'on a su ce fait. De là elle passa à l'île de Saint-Christophe pour prendre un bâtiment qui pût la transporter en France avec ses enfans. En attendant ce passage, elle mou-

Pour que Constant d'Aubigné pût adresser à ses enfants les dernières paroles qu'on lui prête ici, il falloit donc qu'ils fussent de retour près de lui ; et par conséquent aussi tout me fait croire, comme je l'ai dit, qu'il ne mourut pas avant la fin de 1646.

1. Toute petite, Françoise d'Aubigné avoit donné à son père une excellente opinion de son esprit. Enragé huguenot, il la croyoit trop spirituelle et trop raisonnable pour être de la religion que sa mère, bonne catholique au contraire, lui avoit donnée. « J'ai ouï dire à Mme de Maintenon, écrit Mme de Caylus, que, la tenant entre ses bras, il lui disoit : Est-il possible que vous, qui avez tant d'esprit, puissiez croire tout ce qu'on vous apprend dans votre catéchisme ? » (*Les souvenirs de Mme de Caylus*, 1805, in-12, p. 11.)

2. Ce n'est donc pas là, comme on le voit, mais sans doute à La Grenade, que d'Aubigné seroit mort.

rut[1]. Ses enfans furent retirés durant quelque temps par une demoiselle nommée Rossignol, qui eut soin de les faire passer en France[2]. On a appris cette circonstance de cette demoiselle.

Etant arrivés à La Rochelle[3], ils y demeurèrent pendant quelques mois, logés par charité, obligés de vivre d'aumône, jusque-là qu'ils obtinrent, par grâce, que de deux jours l'un on voulût bien leur donner au collége des Jesuites de cette ville du potage et de la viande, que tantôt le frère, tantôt la sœur, venoient chercher à la porte. C'est ainsi que l'a raconté plusieurs fois le R. P. Duverger, jesuite, doyen à Xaintes, mort en 1703, ce père ayant été non seulement temoin de ce fait, mais leur ayant

---

1. On avoit cru jusqu'ici que Mme d'Aubigné étoit morte après avoir ramené en France sa petite famille. Mme de Caylus dit positivement: « Mme d'Aubigné revint veuve en France avec ses enfants. » Puis elle n'en parle plus; elle oublie même de donner la date de sa mort, et pour cause sans doute : elle ne la savoit pas. Elle tenoit de Mme de Maintenon tout ce qui se trouve dans ses *Souvenirs*, et celle-ci ne devoit pas certainement lui avoir raconté avec de longs détails cette période si misérable de son enfance. J'aime donc mieux en croire le Père Laguille, qui, d'ailleurs, cite ses témoins.

2. On lit en marge : « On ajoute ici que la dite demoiselle Rossignol, qui a vecu jusques à la grande faveur et fortune de la dame, s'étant aventurée à luy demander une grâce en luy rappelant le temps passé, ne reçut ni grace ni reponse » (*Note de Chardon de la Rochette.*)

3. Saint-Simon dit aussi que, « revenue seule et au hasard en France », sa première *abordée* fut à La Rochelle.

donné lui-même leur petite pitance, étant regent de troisième 1.

Personne, durant quelques mois, ne reclama ces enfans; cependant, à la fin, quelques gens de connoissance les firent conduire à Angoulême, chez M. de Montabert. Après quelque temps, ils passèrent chez M. de Mioslan 2; la fille fut demandée ensuite par M. d'Alens, gentilhomme huguenot. C'est chez lui que lui arriva une petite aventure que l'on a apprise de Mme de Gabaret, qui la sut immediatement d'une vieille demoiselle qui étoit presente à l'aventure. M. d'Alens demeuroit à la campagne et recevoit souvent compagnie des gentils hommes ses voisins. Entre ceux-ci il en venoit un de temps en temps qui se mêloit de dire la bonne fortune. Y étant un jour, il dit à quelques demoiselles ce qu'il jugea à propos. La petite Francine, curieuse comme les autres, se presenta pour apprendre son aventure. Le gentil homme, voyant sa main, fit l'etonné; il la considère encore une fois, et plus il la considère, plus il admire ce qu'il pretend voir. On le presse de parler. *Voilà*, dit-il, *des signes d'une grande fortune, je n'ose dire qu'elle approchera de la couronne*. On en rit, et ce fut tout 3.

---

1. Tous ces faits, très curieux, étoient restés inconnus, ainsi que ceux qui sont relatés dans le paragraphe suivant.

2. C'est *de Miossens* qu'il faut lire sans doute. Le comte de Miossens, tué en duel en 1672 par Saint-Léger-Corbon, étoit frère du maréchal d'Albret. Cette famille, on le voit, commença de bonne heure à protéger Françoise d'Aubigné.

3. On lit dans le *Segraisiana*, p. 12, le détail d'une pré-

M. de Villette, mort chef d'escadre, petit gentilhomme de Poitou, la prit à son tour chez lui, la regardant comme sa parente[1]. Lui ayant trouvé de l'esprit, il en eut soin durant quelque temps, et, ayant eu occasion d'en parler à madame de Noïailles[2],

diction du même genre qu'un maçon nommé Barbé lui fit un jour dans la chambre de Scarron, où il venoit souvent, le vieux malade s'amusant beaucoup de ses divagations de prophète. Quoique l'esprit de Françoise d'Aubigné fût assez solide pour ne pas céder à l'illusion de pareilles chimères, elle ne laissa pas que d'en être frappée. Elle y songea dans ses jours de peine. « Me voilà très loin de la grandeur predite », écrit-elle, par exemple, au commencement d'une lettre à Mme de Chantelou, le 28 avril 1666.

1. Sa femme, Mme de Villette, n'étoit pas moins que la sœur de Constant d'Aubigné, et par conséquent tante de Françoise. C'est elle qui l'avoit gardée pendant le voyage de 1646, ainsi que je l'ai dit dans une note précédente. Il est donc étonnant qu'elle eût mis cette fois si longtemps à la reprendre. Les autres historiens, notamment M. de Monmerqué dans la *Biographie universelle*, disent qu'aussitôt après son retour d'Amérique, elle la recueillit dans son château de Murçay; cet empressement me semble plus probable que l'espèce d'indifférence dont ce qu'on lit ici tendroit à la faire accuser. Mme de Villette étoit une fervente calviniste ; elle abusa de l'hospitalité qu'elle donnoit à sa nièce pour lui faire embrasser sa croyance.

2. Lisez *de Neuillant*. Il est singulier que le P. Laguille se soit aussi étrangement trompé. Il aura confondu le nom de la mère avec celui d'une des filles, qui fut la maréchale de Navailles ; encore étoit-ce pour mal écrire aussi le nom qu'il prenoit pour l'autre. Françoise Tiraqueau, comtesse de Neuillant, femme du gouverneur de Niort, avoit tenu sur les fonts de baptême Françoise d'Aubigné, avec Fran-

SUR LA VIE DE Mme DE MAINTENON. 65

il lui donna quelque envie de la voir. Elle plut à la dame, qui la retint avec elle, et la mit avec mademoiselle de Neuillans, sa fille, aujourd'hui abbesse de Notre-Dame à Poitiers[1]. Elle demeura durant quelque temps en Poitou, chez cette dame[2]. Madame de Noïailles ayant fait un petit voyage à Paris, elle y mena avec elle la jeune Francine. Cette dame logeoit à la rue des Petits-Pères, dans le même quartier où logeoit le fameux Scarron[3]. Sa maison

çoise d'Aubigné, avec François de La Rochefoucauld, père de l'auteur des *Maximes*. Elle pensoit avoir ainsi répondu de son âme devant Dieu, etc.; catholique aussi fervente que Mme de Villette étoit obstinée huguenote, c'est ce qui lui fit tout tenter pour retirer chez elle sa jeune filleule, et pour la remettre dans la religion où elle l'avoit introduite, et d'où elle la trouvoit violemment sortie. Elle fut d'autant plus ardente à cette conversion qu'elle faisoit ainsi sa cour à la reine mère. Après beaucoup d'efforts elle réussit ; Françoise d'Aubigné n'abjura, toutefois, complétement, que lorsqu'elle fut à Paris, au couvent des Ursulines.

1. Scarron lui adressa son *Epistre burlesque*.
2. « Je commandois dans la basse-cour, disoit depuis Mme de Maintenon, et c'est par ce gouvernement que mon règne a commencé. » Saint-Simon parle aussi de sa misère chez Mme de Neuillant.
3. Nous venons de voir qu'il connoissoit Mlle de Neuillant; il devoit donc connoître aussi la mère. Segrais dit, comme le P. Laguille, que l'intimité s'établit par le voisinage. « Mlle d'Aubigné, nouvellement revenue d'Amérique, dit-il, demeuroit vis-à-vis de la maison de Scarron. » (*Segraisiana*, p. 126.) Scarron, rue des Saints-Pères, habitoit l'*hôtel de Troie*. Il étoit venu dans ce quartier pour être tout proche de la Charité, où il alloit tremper son *très*

etoit le rendez-vous de quantité de personnes d'esprit et de qualité. Madame de Noïailles s'y trouvoit quelquefois, se divertissant avec lui ; une fois : *Monsieur Scarron*, lui dit-elle, *il faut que je vous marie.* Après quelques plaisanteries sur cette proposition, Scarron, après quelques reflexions, ne paroissant pas fort eloigné du dessein qu'on avoit, s'informa de qui on vouloit parler ; on la lui nomma, on lui en fit le caractère, et on l'assura que la demoiselle paroissoit avoir de l'esprit et l'esprit bien fait.

On dit à cette occasion que, madame de Noïailles ayant assuré que la demoiselle avoit fort bonne grâce, M. Scarron avoit désiré la voir, et que, lui ayant été menée par la dame, comme ledit sieur étoit fort incommodé et avoit le dos si fort vouté et la tête tellement baissée qu'il ne pouvoit se tenir assez droit pour la considerer, elle fut obligée de se mettre à genoux pour se faire voir[1]. On traita après cela serieusement, mais cependant secretement, du mariage, à cause des parens dudit Scarron, pendant quoi on la mit en pension aux religieuses ursulines de la rue Saint-Jacques. Elle pouvoit avoir alors quinze ou seize ans, m'on dit quelques-unes de celles qui l'ont vue dans ce monastère, entre autres la mère Le Pilleur, de laquelle j'ai appris ce que dessus, et en particulier ce qui suit : c'est que, ladite demoiselle ayant obtenu per-

sec parchemin en des bains de tripes, qu'on disoit d'une efficacité souveraine.

1. « Pour le voir, dit aussi Tallemant, il fallut qu'elle se baissât jusqu'à se mettre à genoux. » (Edit in-12, t. 9, p. 124.)

mission de sortir de temps en temps, elle ne put si bien cacher les visites qu'elle rendoit au sieur Scarron qu'on n'en eût connoissance dans le monastère, et du mariage qui se pratiquoit. Sur tout cela, les religieuses resolurent de la mettre hors de leur maison, ne leur convenant point de garder une fille dans ces circonstances [1]. On l'auroit en effet chassée, si un père jesuite, fort connu dans la maison, auquel on donna connoissance de ce qui se passoit de la part de la demoiselle, n'eût empêché l'affront qu'on etoit sur le point de lui faire, assurant que la demoiselle etoit sage et qu'il n'y avoit rien à craindre.

Le mariage fut conclu et déclaré environ l'an 1649 ou 1650 [2]. Madame Scarron vivant parfaitement bien et en parfaite union avec son mari, tout infirme qu'il étoit, elle avoit pour lui de si grands soins et tant de complaisances que ledit sieur Scarron, pénetré de la bonne et aimable conduite de son epouse, ecrivit à un de ses amis une lettre fort touchante sur le compte de sa femme, dans laquelle il lui marque son inquietude et l'apprehension qu'il a de la laisser sans bien et sans ressource. La lettre est du mois de mars 1652 [3]. M. Scarron vecut encore

1. Si l'on défendoit aux religieuses de faire des visites, on leur permettoit au moins d'en recevoir, et de fréquentes. V. notre édit. du *Roman bourgeois*, p. 209.
2. Cette dernière date est donnée comme certaine par le *Segraisiana*, p. 150.
3. Nous n'avons pu retrouver cette lettre de Scarron, qui, sans doute, n'a jamais été publiée. Nous en connoissons une, toutefois, où le pauvre cul-de-jatte écrit à

huit ans après cette lettre ecrite, n'étant mort, selon Moreri, que l'année 1660 [1].

Après cette mort, madame Scarron se trouva fort embarrassée, parce que le défunt, quoiqu'issu d'une famille fort honorable, n'avoit pour tout bien que ses meubles et sa pension de deux mille francs qu'il touchoit en qualité de *malade de la reine* [2]. Par sa

M. de Villette : « Mme Scarron est bien malheureuse de n'avoir pas assez de bien et d'equipage pour aller où elle voudroit. »

[1]. Loret annonce cette mort dans son numéro du 16 octobre 1660. Elle avoit eu lieu neuf jours auparavant. Nous devons à l'obligeance de M. J. Ravenel de connoître l'extrait mortuaire du pauvre poète; le voici, tel qu'il se trouve sur le registre de la paroisse Saint-Gervais : « 7 octobre 1660. Ledit jour a esté inhumé dans l'eglise desfunct messire Paul Scarron, chevalier, decedé en sa maison, rue Neuve-Saint-Louis, marais du Temple. » Cette curieuse mention, que nous avons déjà transcrite dans *Paris démoli*, 2ᵉ édit., p. 372, prouve que Scarron ne mourut pas rue de la Tixeranderie, comme on le croyoit d'après Saint-Foix, et comme nous l'avions longtemps pensé nous-même.

[2]. Cette pension n'étoit que de 1500 livres. Scarron la touchoit sur l'ordonnance de M. de Lionne et sur la signature de M. de Tubœuf, au bureau de M. de Berthillat. On connoît l'*épître* où Scarron remercie la reine, et se vante de sa conscience à bien remplir la charge accordée :

> ...Votre malade exerce
> Sa charge avec integrité ;
> Pour servir Votre Majesté
> Depuis peu l'os la peau lui perce.
> . . . .
> Et l'on peut jurer surement
> Qu'aucun officier de la reine
> Ne la sert si fidelement.

mort, la pension demeuroit éteinte, et, n'ayant pu subsister sans contracter quelques dettes, les meubles furent incontinent saisis par les créanciers. M. et madame Scarron etant connus et estimés de nombre de gens de qualité, ceux qui apprirent l'état où elle etoit furent touchés et cherchèrent à lui rendre service. Entre les autres, le marquis de Pequilin[1], qui commençoit alors de paroître à la cour, en parla à la reine, lui dit qu'il avoit vu executer les meubles d'une jeune dame qui lui avoit fait pitié[2]. La reine, ayant voulu savoir cette aventure, et ayant appris le nom de la dame, en eut compassion elle-même, et ordonna que la pension lui fût continuée[3]. La bonne volonté de la princesse dura peu;

---

[1]. C'est Lauzun, qui fut d'abord, comme on sait, marquis de Puyguilhem. Il touchoit de près à Mme de Sainte-Hermine, que nous trouverons tout à l'heure parmi les personnes qui s'intéressèrent le plus efficacement à Mme Scarron. Celle-ci d'ailleurs étoit un peu leur parente : Lauzun étoit un Caumont, les Sainte-Hermine tenoient aussi à cette famille, et l'on sait enfin que la fille aînée de Théodore Agrippa, tante de Françoise d'Aubigné, avoit épousé un Caumont d'Adde.

[2]. Ségrais, qui étoit absent de Paris quand Scarron mourut, ne revint dans la maison du pauvre défunt que pour voir aussi ce qui apitoyoit si vivement Lauzun. « Quand j'arrivai devant sa porte, dit-il, je vis qu'on emportoit de chez lui la chaise sur laquelle il étoit toujours assis, et qu'on venoit de vendre à son inventaire. » (*Segraisiana*, p. 150.)

[3]. La reine la porta même à 2,000 fr. (*Id.*, p. 148.) Mme de Caylus dit que c'est à la prière de M. de la Garde que la reine rendit la pension.

la pension ne fut payée que pendant peu de temps, et la dame Scarron, se voyant denuée de toute commodité et ayant peine à subsister[1], se vit souvent obligée de changer de logement. M. de Montchevreuil[2], qui la regardoit comme sa parente, la retira chez lui, ayant peine à souffrir qu'une femme de son âge menât ce train de vie à Paris.

[1]. Une lettre de la sœur de Scarron, recueillie par M. Matter (*Lettres, pièces rares ou inédites*, 1846, in-8, p. 333), fait aussi mention de cette misère de la veuve. « Ma belle-sœur, dit-elle, s'est mise à la petite Charité, fort affligée de la mort de son mari. » Tallemant dit : « à la Charité des femmes ». C'étoient les *hospitalières* de la chaussée des Minimes, ou les *filles bleues*, comme elle-même les appelle dans une lettre à l'abbé Gobelin. Saint-Simon parle aussi de cette misère réduite presqu'à l'aumône. (Edit. Hachette, in-8, t. 15, p. 49.) Selon lui, c'est à la Charité de Saint-Eustache que s'étoit mise la veuve Scarron, « logée dans cette montée » où Manon, qui la suivit en tous ses divers états, et qui devint Mlle Balbien quand sa maîtresse fut devenue Mme la marquise de Maintenon, « faisoit sa chambre et son petit pot-au-feu dans la même chambre ».

[2]. Il étoit cousin de Villarceaux. La Beaumelle (t. 1, p. 205) nous dit que Mme Scarron fit de fréquents séjours à Montchevreuil ; il convient que Villarceaux dut souvent l'y rencontrer, et il s'en tient là. Saint-Simon n'est pas si contenu ; il en dit de belles à ce sujet, lorsque, le roi ayant épousé la marquise, il revient tout indigné sur M. de Montchevreuil, qui fut l'un des témoins du mariage clandestin, lui, s'écrie-t-il, qui prêtoit jadis la maison « où Villarceaux entretenoit cette reine comme à Paris, et où il payoit toute la dépense ». (T. 13, p. 16.) En tout cas, cette dépense n'étoit pas grosse, puisque la dame restoit à la *Charité*, et qu'il falloit partout lui chercher un sort.

Dans ce temps-là commença le commerce du roi avec madame de Montespan. En 1664[1] environ, celle-ci devint enceinte, et, M. de Montchevreuil ayant appris de madame de Sainte-Hermine que la dame cherchoit quelqu'un de confiance à qui elle pût en sûreté remettre le soin de son enfant, il lui parla de madame Scarron. Madame de Sainte-Hermine la presenta à madame de Montespan, qui l'agréa, l'admit dans sa maison et commença à lui donner sa confiance[2]. Ce fut elle, en effet, qui assista presque seule aux premières couches de cette

1. Lisez 1666.

2. Les lettres de Mme de Maintenon relatives à son installation près de Mme de Montespan nous présentent le maréchal d'Albret comme ayant été son seul introducteur. V. *Lettres* du 26 avril 1666 à Mlle d'Artigny, et du 11 juillet 1666 à Mme de Chantelou. Il n'y auroit toutefois rien d'impossible à ce que M. de Montchevreuil se fût entremis pour obtenir cette position à Mme Scarron. J'y trouverois même la raison de la reconnoissance qu'elle lui témoigna toujours, à lui et à sa femme, et qui fait dire par Saint-Simon : « Il se sentit grandement de ces premiers temps. » J'aime mieux voir dans cette gratitude survivant à la misère une façon de lui tenir compte de l'honorable service qu'il lui rend ici, selon le P. Laguille, qu'un remercîment forcé des sales complaisances auxquelles il se seroit prêté, selon Saint-Simon. Quant à Mme de Sainte-Hermine, il est encore plus vraisemblable qu'elle dut être utile à Mme Scarron : elle étoit d'une très noble famille du Poitou, et avoit de l'influence à la cour. Sa famille, qui, je l'ai dit, tenoit à celle de d'Aubigné, avoit toujours voulu du bien à Françoise; elle ne l'oublia pas. Il est souvent parlé des Sainte-Hermine dans les *Lettres* de la marquise et dans les *Souvenirs* de Mme de Caylus.

dame, qu'on voulut rendre secrètes à cause du trop grand éclat que le roi apprehenda d'abord que fît cette sorte de galanterie. Le premier enfant disparut, n'ayant pas jugé à propos de le produire en public, afin de n'être pas obligé de le reconnoître[1]. Ce fut madame Scarron qui en prit soin, conjointement avec un nommé Dandin[2], de qui on a appris

1. Saint-Simon ne parle pas de ce premier-né des amours de Louis XIV et de Mme de Montespan. Suivant lui, ce furent M. le duc et Mme la duchesse qui en naquirent d'abord. (Edit. Hachette, in-8, t. 13, p. 12.) Mme de Caylus, au contraire, n'oublie pas cet aîné des bâtards; elle entre aussi dans de curieux détails sur les accouchements clandestins auxquels Mme Scarron assistoit seule : « On l'envoyoit chercher quand les premières douleurs pour accoucher prenoient à Mme de Montespan. Elle emportoit l'enfant, le cachoit sous son echarpe, se cachoit elle-même sous un masque, et, prenant un fiacre, revenoit ainsi à Paris. Combien de frayeur n'avoit-elle pas que cet enfant ne criât! Ses craintes se sont souvent renouvelées, puisque Mme de Montespan a eu sept enfants du roi! » (*Souvenirs*, 1805, in-12, p. 57.)

2. Étoit-il de la famille de ce Georges Dandin, *sellier*, qui, ayant prêté, sans le vouloir, son nom à Molière, se trouva immortel sans le savoir? Monteil l'a trouvé cité pour un carrosse de six cents livres sur les *comptes* du trésorier de M. le duc de Mazarin. (*Traité des matériaux manuscrits*, t. 2, p. 128.) Il est probable toutefois que le Dandin dont il est parlé ici étoit, comme l'autre, un artisan; c'est en effet dans quelque famille du commun que Louis XIV avoit jusqu'alors eu l'habitude de faire élever ses enfants naturels. Le fils qu'il avoit eu de Mlle de La Vallière, au mois de décembre 1663, avoit été caché dans le ménage d'un ancien valet nommé Beauchamp, qui de-

cette circonstance. L'enfant fut elevé jusqu'à l'âge de deux ans, au bout desquels il mourut[1]. Il étoit si beau que tous ceux qui le voyoient, ne pouvant s'empêcher de l'admirer, disoient que ce n'etoit pas là un enfant du commun. Après la mort de cet enfant, madame de Montespan en ayant eu d'autres, qu'elle engagea le roi à ne pas laisser, comme le premier, dans l'obscurité, et qui furent en effet reconnus, madame Scarron fut chargée du soin de les elever, et les a en effet elevés tous[2].

---

meuroit « rue aux Ours, sur le coin de la rue qui tourne derrière Saint-Leu Saint-Gilles ». V., dans la *Revue rétrospective* (1re série, t. 4, p. 251-254), un fragment de Colbert relatif à cette naissance. Il est extrait d'un manuscrit ayant pour titre : *Journal fait par chacune semaine de ce qui s'est passé, qui peut servir à l'histoire du Roi, du 14 avril 1663 au 7 janvier 1665.*

1. Mme de Caylus dit qu'il mourut à l'âge de trois ans. Où Mme Scarron avoit-elle caché ce premier enfant ? Saint-Simon dit que tout d'abord on lui donna une maison au Marais; et il a, je crois, raison. En 1667, en effet, c'est-à-dire lorsqu'elle étoit en plein dans ses premières fonctions de gouvernante, nous la retrouvons *rue Neuve-Saint-Louis*, et, tout nous le fait croire, dans le logis où Scarron étoit mort. Pourquoi, ayant tant besoin de mystère, étoit-elle revenue dans un quartier de Paris où on la connoissoit si bien ? C'est ce que je ne puis m'expliquer. Il n'en est pas moins certain qu'un acte dont M. P. Lacroix possédoit la minute, et qui est daté du 6 juillet 1667, lui donne l'adresse que je viens d'indiquer. (*Catalogue analytique des autographes... provenant du cabinet du bibliophile Jacob*, 1840, in-8, p. 44.)

2. Pour ceux-là elle s'étoit mieux cachée que pour le

Dans le temps qu'elle étoit ainsi attachée au service de madame de Montespan, et occupée dans sa maison, elle eut par occasion rapport au roi; on dit que ce fut au sujet de quelques lettres qu'elle écrivit à ce prince, au nom et par ordre de la dame [1]. Ces lettres ayant paru fort spirituelles et

premier. « C'est une chose étonnante que sa vie, écrit Mme de Sévigné; aucun mortel, sans exception, n'a commerce avec elle. » (*Lettre du* 26 *décembre* 1672.) Un an après, pourtant, le mystère s'est un peu relâché; elle peut aller voir Mme de Sévigné, et celle-ci peut se permettre de la ramener dans sa cachette. « Nous trouvâmes plaisant d'aller ramener Mme Scarron à minuit au fin fond du faubourg Saint-Germain, fort au delà de Mme de La Fayette, quasi auprès de Vaugirard, dans la campagne; une grande et belle maison où l'on n'entre point; il y a un grand jardin, de beaux et grands appartements, etc. » (*Lettre* du 4 décembre 1673.) M. d'Argenson parle aussi de cette grande demeure, située, dit-il, « quelques maisons après la barrière de la rue de Vaugirard. » Il y étoit souvent allé voir M. et Mme de Plélo, et en 1740 il y étoit retourné faire visite au marquis de V...; elle tomboit alors en ruines. (*Mémoires du marquis d'Argenson*, édit. elzévir., t. 2, p. 167.) Mme de Caylus, qui ne met pas toujours dans ses récits autant d'exactitude que de charme, dit par erreur que la maison de la rue de Vaugirard ne fut achetée, par ordre de Louvois, que pour les derniers bâtards du roi, dont Mme de Maintenon ne fit pas l'éducation. (*Souvenirs*, p. 73.)

1. Mme Scarron rendoit ainsi à Mme de Montespan le service que Mme Paradis, mère de l'académicien Moncrif, avoit rendu à plus d'une grande dame de son temps. « Elle écrivoit avec la même facilité dont son fils a fait preuve, dit M. d'Argenson (*Mém.*, t. 1, p. 120), et se rendit utile,

d'un style tout different de celles de la dame de Montespan, ce prince voulut savoir de quelle main elles venoient; il l'apprit, et dès lors il sentit, dit-on, de l'inclination pour madame Scarron [1]. Il la vit, elle lui agréa, et ce fut après la mort de la reine, arrivée en 1683 [2], qu'il s'attacha à elle, et, quelque temps après, madame de Montespan s'etant retirée et même eloignée de la cour, le roi lui donna l'appartement de la reine [3]. A l'occasion de ce grand changement, qui fit tant de bruit à la cour et par tout le royaume, M. le marechal de La Feuillade lui dit avec son air plaisant : *Vous êtes delogée, Madame, mais ce n'est pas sans trompette.* Ce qui augmenta le bruit, et même le murmure, parmi les courtisans et les princes, c'est qu'un jour, dans une ceremonie publique, après que les princesses eurent

dans quelques sociétés de femmes, en écrivant pour elles leurs lettres. »

1. Une des lettres que Mme Scarron auroit ainsi écrite pour Mme de Montespan court les Recueils ; elle est visiblement fausse. La Baumelle l'a donnée, mais seulement, dit-il, pour ne rien omettre. Selon lui, c'est Gayot de Pitaval qui l'a forgée. (*Lettres de Mme de Maintenon*, 1757, in-12, t. 1, p. 58.)

2. « Le roi l'épousa, dit Saint-Simon, au milieu de l'hiver qui suivit la mort de la reine. (Edit. Hachette, in-8, t. 13, p. 15.)

3. « La satiété des noces, ordinairement si fatale, et des noces de cette espèce, dit Saint-Simon, ne fit que consolider la faveur de Mme de Maintenon. Bientôt après, elle éclata par l'appartement qui lui fut donné à Versailles au haut du grand escalier, vis-à-vis de celui du roi, et de plain-pied. » (*Id.*, p. 16.)

passé dans leur rang, le roi ordonna à madame de Maintenon, qui avoit changé de nom, de marcher avant toutes les duchesses[1]. La conduite du roi, sage et juste en tout ce qu'il fait, donna dès lors à juger quelle étoit la dignité de la dame, et toute la France et l'Europe ont su depuis ce temps ce qu'elle a remué et entrepris pour engager Sa Majesté à déclarer le rang qu'elle tenoit auprès de lui, et à la faire reconnoître pour ce qu'elle étoit; à quoi cependant elle n'a jamais pu parvenir[2].

Il y a peu d'années que madame de Maintenon envoya à madame de Noïailles, abbesse de Notre-Dame de Poitiers, une fille de Saint-Cyr. *Cette demoiselle*, lui écrivit la dame, *a bonne vocation pour la religion, et pour votre maison en particulier; mais je n'ai que deux mille francs à vous donner pour sa dot, etant obligée d'en fournir beaucoup d'autres.* » A la fin de la lettre elle ajoutoit ces mots : « *Vous pouvez bien, Madame, avoir quelque souvenance de moi : je n'ai pas oublié que j'ai mangé de votre pain.* »

Le marquis d'Aubigné[3], frère de madame de Maintenon, fut placé page chez le marquis de Pardaillan, gouverneur de Poitou; il en sortit quand

---

1. Ce n'est pas tout : le roi présent, elle restoit assise ; et quand le dauphin ou Monsieur venoient lui rendre visite, à peine se levoit-elle un instant.

2. C'est dans Saint-Simon qu'il faut lire comment, à deux reprises, elle fit les plus grands efforts pour arriver à cette déclaration, et comment, ayant échoué deux fois, elle dut se résigner à rester reine anonyme.

3. Charles d'Aubigné, né en 1634.

sa sœur commença de paroître à la cour[1] ; et, quand elle fut avancée chez madame de Montespan, on lui fit epouser la fille d'un riche procureur d'Angoulême ou du pays voisin[3]. Il en eut pour dot cinquante mille ecus[2] ; il obtint ensuite, pour une somme fort modique, le gouvernement de Cognac.

1. En 1666, il étoit déjà capitaine d'infanterie et cavalerie dans le régiment du roi ; en 1672, on le fit gouverneur d'Amersford, avec 10,000 francs d'appointements ; « mais, comme sa sœur le lui écrivoit le 19 septembre, ce n'étoit qu'un chemin à autre chose ». L'année d'après, les ennemis ont pris son gouvernement ; on lui en donne vite un autre, celui d'Elbourg. L'année suivante, autre changement : il est gouverneur de Bedfort. Il reste trois ans dans ce poste, et, en 1677, il obtient celui de gouverneur de Cognac. Le P. Laguille dit qu'il l'acheta ; Mᵐᵉ de Maintenon ne parle pas de ce détail.

2. C'est de Mˡˡᵉ de Floigny sans doute qu'on veut parler ici. Il fut en effet question de la marier au marquis d'Aubigné. Elle apportoit cent mille francs de dot ; le marquis vouloit davantage : l'affaire, quoique très avancée, manqua. L'année suivante, d'Aubigné trouva enfin à se pourvoir. Il épousa, le 23 février 1678, Geneviève Piètre, fille de Siméon Piètre, conseiller du roi en ses conseils, procureur de Sa Majesté et de la ville de Paris. Le P. Laguille ignoroit la rupture du premier mariage et la conclusion du second ; des deux, il n'en a fait qu'un.

3. S'il falloit en croire les plaintes du marquis, la dot n'avoit pas été aussi forte ; mais il étoit si insatiable ! Peut-être seulement la dot se fit elle attendre. « Mais vous la toucherez tôt ou tard », lui écrit sa sœur, le 12 juillet 1678 ; puis elle ajoute, pour lui faire prendre patience : « Vous avez une femme devote, jeune, douce, et qui vous aime. Une plus riche vous auroit été moins soumise. »

Madame d'Aubigné, peu après son mariage, reçut un present de sa belle-sœur : c'etoit un collier d'environ deux mille écus. Elle n'eut qu'une fille, qui est aujourd'hui madame la duchesse d'Ayen de Noïailles[1]. Madame de Maintenon la prit auprès d'elle dès l'âge de cinq ans, et a pris soin depuis ce temps-là de son education et de son etablissement. Madame d'Aubigné, peu considerée et encore moins aimée de son mari, n'a jamais paru qu'une fois à la cour. Elle y fut reçue fort froidement de sa belle-sœur, et on lui fit entendre qu'il lui convenoit de retourner en province. Elle partit aussitôt, et même sans qu'elle pût prendre congé de la dame. Rentrée chez elle, elle y vecut tout à fait retirée, mais au reste fort contente, et peu touchée du désir de la cour. Son epoux, qui etoit resté à Paris[2], où

1. Elle naquit à la fin d'avril 1684. Mme de Maintenon s'en occupa beaucoup tout d'abord. « Dites à la nourrice qu'elle nourrit mon heritière », écrit-elle à son frère, peu de jours après sa naissance c'etoit vrai. Un mois après elle écrit encore au sujet de la petite; elle s'inquiète de son baptême, du nom qu'on lui a donné : « elle le voudroit joli. » C'est celui d'Amable qu'on lui donna. Enfin, déjà préoccupée d'une avenir dont elle eut le temps de prendre soin, et qu'elle fit fort beau : « Si, dit-elle, je vis assez pour marier ma nièce, elle le sera bien ! » En 1698, — vous voyez qu'elle avoit hâte, car la petite ne faisoit qu'atteindre ses quatorze ans, — elle la maria au comte d'Ayen, depuis maréchal et duc de Noailles. La magnifique terre de Maintenon fut sa dot.

2. Un mois après la naissance de sa fille, il y vivoit déjà, malgré sa sœur. « Je vous ai conseillé de ne pas vous établir à Paris, lui écrit-elle le 18 juin 1684... »; puis

il vivoit comme tout le monde sait, obtint le gouvernement de Berry ; ni lui ni elle n'y entrèrent jamais [1]. Il reçut ensuite le cordon bleu [2], et ce fut preferablement à M. de Pardaillan, qui s'y attendoit. On dit que ce seigneur parut bientôt consolé de cette préférence, sur ce qu'il n'estimoit pas en cette occasion une marque d'honneur, estimable d'ailleurs, qu'il auroit eue commune avec son domestique. Le marquis d'Aubigné, après avoir mené une conduite peu réglée et peu sensée, se retira enfin, dans ses derniers jours, à Paris. Madame de Maintenon l'engagea d'entrer dans une communauté de séculiers, gens d'honneur et de naissance, où l'on vivoit d'une manière assez régulière [3]. Le sieur Madot, prêtre alors de Saint-Sulpice, trouva moyen d'entrer dans sa confiance et de le mettre un peu en règle ; il en eut soin jusqu'à sa mort, qui fut assez

sachant bien qu'avec un pareil homme on insistoit toujours en pure perte, elle ajoute : « Mais un conseil n'est pas une defense. » Il se le tint pour dit, et ne retourna plus en province. Sa femme y resta. Lui menoit grande vie dans son hôtel de la rue des Saints-Pères ; il alloit jusqu'à l'insolence : ne disoit-il pas *le beau-frère* quand il parloit du roi ? Du moins c'est Saint-Simon qui l'assure.

1. C'est très vrai.
2. Mme de Maintenon lui obtint le cordon du Saint-Esprit à la promotion de 1688.
3. Combien de temps ne l'en pria-t-elle pas ? « Vous n'êtes pas à Paris pour aller à l'Opera, mais pour faire votre salut », lui écrit-elle dès le mois d'octobre 1685. Il fut au moins dix ans à faire la sourde oreille ; enfin il céda, comme il est dit ici.

chretienne[1], et qui merita au sieur Madot, qui l'avoit occasionnée, l'evêché de Belley, et ensuite celui de Chalons-sur-Saône, pour recompense.

[1]. Il mourut à Vichy le 22 mai 1703. Depuis plus de vingt ans Fagon l'y envoyoit prendre les eaux. Sa sœur, à en croire Mme de Sévigné, fut on ne peut pas plus affligée. (*Lettre du 17 juin 1703.*)

La surprise et fustigation d'Angoulvent[1], *poëme heroïque addressé au Comte de Permission*[2] *par l'Archipoëte des pois pilez.*

A Paris. — M.DC.III.

Avec permission.

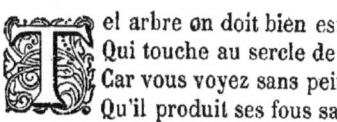el arbre on doit bien estimer
Qui touche au sercle de la lune,
Car vous voyez sans peine aucune
Qu'il produit ses fous sans semer.

1. V., sur ce farceur, notre t. 7, p. 37, note.
2. Bluet d'Arbères, c'est-à-dire natif d'Arbères, dans le pays de Gex, se disant comte de Permission, est l'un des plus étranges fous de ce temps-là, mais fou aussi peu désintéressé que maître Guillaume, par exemple, et se faisant, comme lui, un gagne-pain de sa folie. Il avoit d'abord été charron, et, dit l'Estoille, « montoit en Savoie l'artillerie du duc, où on disoit qu'il se connoissoit fort bien ». Lassé de ce métier, il vint à Paris, peut-être avec mission secrète d'espion, car on étoit en guerre avec M. de Savoie, et de ce fol rien ne m'étonneroit. Le fait est qu'il s'installa au centre des nouvelles, sur le Pont-Neuf, et se fit à sa manière le courtisan de tous ceux de qui l'on pouvoit re-

Var. VIII.

Divin Bacchus, de ta fureur saisi,

cevoir ou apprendre quelque chose. Pour se donner une contenance ou un prétexte de gueuserie, il fit de petits livres, « quoiqu'il ne sçût ny lire ny escrire, et n'y eût jamais apprins », comme il le dit dans l'*Institution et recueil de toutes ses œuvres*. Je n'entrerai point dans le détail de ces livrets extravagants, illustrés de figures plus bizarres que le texte même. Ils n'intéressent que les bibliophiles ; et tous, soit qu'ils les aient achetés à prix d'or, soit qu'ils aient dû se contenter de les envier, savent à quoi s'en tenir sur leur compte. Ce sont des *oraisons*, des *sentences*, des *prophéties*, le tout on ne peut plus amphigourique. Il en publia un recueil in-12 en 1600, avec dédicace à Henri IV. Il ne s'y contente pas du titre de comte de Permission, il y prend celui de *chevalier des Ligues des XIII cantons suisses*. Ses folies imprimées n'alloient pas à moins de 180 livrets ou morceaux numérotés. On n'en connoît guère que 107, y compris les livres 104, 113, 141 et 173, retrouvés depuis vingt ans à peu près, et la dernière pièce : *Le Tombeau et Testament de feu Bern. de Bluet d'Arbères, dedié à l'ombre du prince de Mandoy, par ceux de la vieille Academie*, 1606, in-8. La bibliothèque Sainte-Geneviève possède l'un des exemplaires les plus complets. Le recueil des 107 livrets connus n'est entre les mains d'aucun des plus riches bibliophiles, et c'est un de leurs grands chagrins. J'ai vu l'une des plus rares et des plus curieuses pièces dans le cabinet de M. Le Roux de Lincy. Elle sert de supplément à la 61e, et commence par : *Libéralités que j'ai reçues*. On y voit comment M. de Créqui a donné au comte de Permission « quatre écus et demi en cinq fois »; comment il reçut de Jacques Le Roy « deux escus et une rame de papier »; de Mme d'Entragues, une bague de grande valeur; de M. de Beauvais-Nangy, un bas de chausse de soie; de Mme de Payenne (de Poyane?), une aune de toile blanche pour faire des rabats; du duc de Nemours, « la

J'oze chanter un prince cramoisi¹,
Prince superbe alors que la fortune
L'eslevoit haut au cercle de la lune,
Et que, suivy de ses joyeux suppos,
Entre les plats, les pintes et les pos,

fleur de ses amis », douze ducats, dont il se fît faire un superbe habit de frise noire. Le roi n'est pas oublié parmi ces bienfaiteurs : il donne cent livres de gages à Bluet d'Arbères, puis une chaîne d'or de cent écus, et, de plus, trois cent quarante écus en diverses fois. Qu'il seroit curieux, après cela, que le comte de Permission eût été un espion du duc de Savoie! Ce qui est à peu près assuré, ce dont tout le monde convient, même l'Estoille (*Journal de Henri IV*, 25 août 1603), c'est qu'il étoit beaucoup moins fou qu'il ne vouloit le paroître. Il eut tout au moins le bon sens d'économiser les profits de son extravagance. Un beau jour, tout compte fait, en additionnant jusqu'aux plus menus objets, « la bouteille d'huile que M. Cenamy lui avoit donnée pour sa salade », les mille chateries que lui prodiguoit Mᵐᵉ de Conti, etc., il se trouva qu'il n'avoit pas récolté moins de quatre mille écus. A trente ans de là, comme le remarque Nodier dans son curieux article sur Bluet d'Arbères (*Bulletin du bibliophile*, nov. 1835, p. 32, etc.), Corneille ne gagna pas tant avec le *Cid*, *Horace* et *Cinna!*

1. C'est-à-dire magnifique. Au 16ᵉ siècle, et même, comme on le voit ici, au commencement du 17ᵉ, tout ce qui étoit beau se disoit *en cramoisi*. V. Henri Estienne, *Dialogue du nouveau langage françoys italianisé*. Pour *fier*, *superbe*, on disoit *rouge*. Dans *L'Amant rendu cordelier à l'observance d'amour*, on lit *les plus rouges* (pour *les plus fiers*) *y sont pris*. Brantôme se sert du même mot à propos de l'insolence des Suisses contre M. de la Trémouille à Novare. Du mot *rouge* ainsi employé on fit le mot *rogue*, par une simple transposition de lettres.

Bourru d'esprit, il contoit les merveilles
De ses hauts faits, decoiffant les bouteilles.
Infortuné, qui ne prevoyoit pas
De quel malheur estoyent suivis ses pas;
Que des destins les faveurs sont volages,
Et que les fous ne sont pas tousjours sages.
L'ouvrage est grand, mais rien n'est malaisé
Quand de ton feu l'esprit est embrasé.
Ayde-moy donc, renforce ma memoire,
Qu'aux Pois pilez[1] j'emporte la victoire.
Voylà le but de mon ambition,
D'Angoulevent chantant la passion,
Qui, forcené des ardeurs de nature,
Courut luy-mesme à sa male advanture,
Estant poussé par sa fragilité
Aux doux attraits d'une tendre beauté,
Quand par desastre une laide bossue
Sous beau-semblant luy dresse maigre issue.

 Cet avorton, semence d'escargot,
 Trouve en chemin ce magnifique sot,

---

1. C'est-à-dire « à la comédie aux Pois pilez », comme on lit dans *le Baron de Fœneste*, édit. Mérimée, p. 155. Ménage a rencontré juste pour l'étymologie du nom de ces farces. On appeloit *pois pilés*, dit-il, le marc des pois dont on avoit fait de la purée, et il n'étoit pas étonnant qu'on désignât par le même nom ces farces, qui n'étoient que salmigondis. Une phrase des *Lettres de Malherbe à Peiresc* (p. 24) lui donne raison, en prouvant qu'en effet *pois pilés* s'employoit dans le sens qu'on lui attribue ici : « C'est assez, Monsieur, écrit Malherbe ; il faut finir nos fâcheux discours, qui sont plutôt *pois pilss*, c'est-à-dire une purée, un salmigondis, qu'une lettre. »

Et doucement par sa cape l'arreste,
Puis d'un clin d'œil, d'un branlement de teste,
Luy fait le signe, en luy disant tout bas :
« Venez, Monsieur, le maistre n'y est pas,
Et ma maistresse est seule retirée,
Qui vous attent pronte et deliberée ;
Portez sans plus de l'argent à foison,
On guarira vostre demangeaison. »

Or sur ce point la gloze nous remarque
Que la grandeur de ce brave monarque
Est de donner tout ce qu'il peut avoir,
Si quelque femme est pronte à son vouloir ;
Et ce vouloir est qu'en bizarre sorte
Il soit foitté tant que le sang en sorte [1],
Tout en cadance, et d'un bras reposé.
De telle humeur ce prince est composé.
Ainsi faisant, sa faveur il octroye,

[1]. Notre maître farceur, on le voit, étoit initié aux raffinements de libertinage que la main pudique de Mlle Lambercier révéla à Jean-Jacques Rousseau enfant, et qu'il ne voulut plus désapprendre. Engoulevent mettoit en pratique ce que d'autres mirent en traité, notamment Meibomius et Doppet. Voici le titre de leurs petits livres si étrangement érotiques : *J. H. Meibomii De flagrorum usu in re venerea*, Londini, 1665, in-24 ; *Traité du fouet et de ses effets sur le physique de l'amour*, par D..., s. l., 1788, in-18. Pendant la Régence, le rôle du fouet s'étoit déplacé : on ne se faisoit plus fouetter, on fouettoit. « Fouetter ses maîtresses et les battre à coups de verges, écrit la mère du régent, est un raffinement de débauche dont il y a de nombreux exemples. » (*Nouvelles lettres de madame la duchesse d'Orléans*, édit. G. Brunet, 1853, in-18, p. 282.)

86 LA SURPRISE ET FUSTIGATION

Et, bien qu'il soit fort humble de monnoye,
Si donne-t-il ce qu'il peut amasser,
Passionné de se faire fesser,
Voire il promet plus qu'il ne sçauroit faire :
C'est à quoy tend le nœud de cet affaire.
Son excellence est de pouvoir choisir,
Un cœur contant, qui n'ait autre desir
Qu'à bassiner d'amoureuse manière,
Comme a bien faict ceste bonne barbière ;
Mais il faudroit qu'il touchast le teton
Et qu'elle prinst à plein poing son mouton.

De ces faveurs ce prince est idolâtre.
Quand il rencontre une cuisse folastre,
Dont la vertu ne suit point le guidon
Des bons soldats du gentil Cupidon,
Sobre du cul, difficile à la couche,
Et qui ne veut que personne la touche,
Tout son desir en elle est arresté.

Or, pour le jeu qui luy fut appresté,
Vous en sçaurez la plantureuse histoire
De point en point ; mais premier il faut boire.

Ce docte prince, en humeur triomphant,
Est un magot, sous le masque d'enfant,
Qui tout son corps et son esprit adonne
Pour engeoller quelque nisse [1] personne.
Mais en ce fait il fut un aprenty

1. *Nescia*, ignorante, niaise :

Tant ne fut *nice*, encor que *nice* fût
Madame Alix, que le jeu ne lui plût.

(La Fontaine, *Le faiseur d'oreilles.*)

Et ne sceut point son *cave signati*,
Car la bossue et la belle barbière
Au goguelu¹ firent passer carrière.
Or il vouloit, pour se faire estriller,
Au paravant que se deshabiller,
Voir tout par tout, redoutant la surprise ;
Mais la maistresse, en ce jeu bien aprise,
Estant encore en coiffure de nuit,
Monstre un desir de l'amoureux deduit,
A luy s'adresse, à qui la chair fretille :
« Venez, galand, çà, que je vous estrille ;
Vous mentez donc? est-ce là ce velours?
Là ce balet, qu'il ait sur ses atours. »
Il luy respond d'une basse parole :
« Ferez-vous bien la maistresse d'escole?
Je suis mauvais, j'ay failly mechamment ;
Si j'ay menty, corrigez hardiment. »
Et, tout gaillard, esperant chère entière,
Pront, obeït aux mots de la barbière.
Mais il n'eut pas si tost les chausses bas,
Ah! mes amis, oyez le piteux cas,
La sentinelle, en amours bien experte,
A conjuré de ce prince la perte :
S'estant posée en lieu trop descouvert,
Elle a faict prendre Angoulevent sans vert,
Et, pour mieux faire encore la pipée,
Feint d'emporter le manteau et l'espée.
Il s'en courrousse, et la barbière exprès

1. Galant, muguet, joyeux drôle, toujours en *ses gogues*
ou en goguette. On le prenoit souvent, comme ici, en ironie. V. Rabelais, liv. IV, ch. 65, et liv. V, ch. 13.

En se faschant soudain courut après.
Luy, chausses bas, que la fureur transporte,
Les poursuivit jusqu'au pas de la porte,
Où, rencontrant un momon [1] gracieux
De gens masquez, qui faisoient les doux yeux,
Et le mary, qui vient en taille douce,
De gros osiers donne mainte secouce
Dessus les bras, sur le cul, sur le dos,
L'initiant comme prince des sots.
Vous eussiez dit, en les voyant combatre,
De mareschaulx qui se plaisent à batre,
L'un après l'autre, en cadance suivant,
Et que l'enclume estoit Angoulevent.
Il crie, il bruit, d'eschaper il se paine;
Mais c'est en vain : ils reprennent halaine,
Et, de plus beau fustigant rudement,
Font de son corps des chausses d'Allemant [2];
Et le barbier, qui voit besongne faitte,
Droit sur la rue aux fenestres se jette,

1. On se servoit du mot *momon*, comme ici, pour désigner une bande de masques, ou, comme dans *le Bourgeois gentilhomme*, acte V, sc. 1, pour désigner le mannequin, sorte d'idole carnavalesque, que les masques traînoient avec eux. On connoît la fameuse farce attribuée à Sigongne : *Le Balet des Andouilles portées en guise de momon*, 1628, in-8.

2. Les chausses à l'allemande étoient toutes couvertes de ces crevés, *descoupures* et *esgratignures* dont la mode avoit fait si grande fureur au 16e siècle, et que Marie de Romieu recommandoit comme le suprême de l'élégance dans les accoustrements. V. son *Instruction pour les jeunes dames*, 1573.

A haute voix s'escriant bien et beau :
« Ah ! mes amis, voyez ce maquereau !
Venez le voir, ce malheureux infâme !
Il est venu pour desbaucher ma femme. »

A ce grand bruit les voisins sont venus ;
En longue extase après s'estre tenus,
Ils ne pouvoyent lequel des deux eslire,
Ou de pleurer, ou bien s'ils devoyent rire,
Voyant sa peau grenue en maruquin[1],
Du tout semblable à l'habit d'Harlequin;
Ses yeux roüillez en face rubiconde,
Tant effarez qu'ils faisoient peur au monde.
Enfin l'un d'eux, qui veit son action
Trop desplorable, en eut compassion,
Prend son pourpoint, dessus le dos luy jette;
Le patient ratache l'esguillette,
Trousse bagage, et se sauve hardiment.
Et sçavez-vous quel fut son pensement ?
Tout aussi-tost, ce n'est point baliverne,
Il eut recours tout droit à la taverne,
Où prenant cœur, s'estant un peu remis,
Il s'en va droit à l'un de ses amis,
Qui, de pitié, le voyant de la sorte,
Cinq ou six jours chez luy le reconforte;
Fait informer de tant d'extorsion
Qui luy fut faite. Après la passion
Que tout au long il avoit entendue,
Quand on luy feit la trousse pretendue,
Assez matin, sortant de Saint-Medard,
Le vendredy que luy vint ce hazard,

1. Maroquin.

Vous en rirez, si je vous dis en somme
Sa bonne grace envers le galant homme,
Qui fut courtois, eut soin d'Angoulevent :
Pour tout loyer il luy fendit le vent [1].

  Ayant descript la cabale secrette
De ce monarque, il est temps que je traicte
Ce que deveint le cours de son procès,
Et comme il feit reparer cest excès.
Or, pour avoir justice bonne et briefve,
Droict au baillif de Sainte-Geneviefve
Et l'un et l'autre ils se sont adressez,
Et par decrets vivement traversez ;
Tant qu'à la fin, ce prince magnifique,
Qui ne sceut oncq' la forme de pratique,
Sur un defaut, comme il n'y pensoit pas,
Par un huissier est mené pas à pas.
Interrogé, le juge le relasche ;
Mais sa grandeur d'un tel affront se fasche,
Bouffe en colère, et dit qu'il appellet :
Par ce moyen tout vient au Chastellet.

  Le Chastellet dignement se prepare
Pour opiner dessus un fait si rare.
Mesme l'on tient qu'ils devoyent arrester
Qu'Angoulevent se feroit defoiter,
Satisfaisant à ceste humeur estrange

---

1. *S'enfuir*. Cette expression, selon Cotgrave, correspondoit à cette autre : *fendre l'ergot*, et celle-ci, selon M. Francisque Michel, semble répondre à la métaphore populaire *je me la casse, je me la brise*, pour dire *je me sauve*. (*Etudes de philologie comparée sur l'argot*, p. 147.)

Qui fait par fois que tant il se demange.
Mais le barbier et compagnons loyaulx,
Et la barbière, eurent lettres royaux
Pour evoquer, dont la Cour est saisie,
Ce gros procès farcy de fantaisie,
Qui, sur le champ, dos à dos les a mis.
Et plus y perd qui plus y aura mis.
Voilà comment se passa tout l'affaire
Jusqu'où j'en sçay ; pour ce je me veux taire,
Laissant là bas ce prince reculé,
Entre les sots bien immatriculé.

FIN.

Le Musicien renversé [1].

Je sçay maintenant par usage
Que la fortune en ses revers,
Et par ces roulements divers,
Abaisse les plus grands courages.

J'estois demy soleil en F... [2],
Demy principe de clarté ;
Ores on m'en void escarté
Pour un peu tropd'outre-cuidance [3].

1. Cette pièce, très rare, à ce point que nous n'avons jamais vu que l'exemplaire qui nous a servi pour la copie, est relative à la disgrâce de l'un des favoris de Louis XIII, qui, nous le ferons voir, doit être Barradas. Nous avons suivi le texte avec la plus grande exactitude, en regrettant de n'y pas mettre partout la clarté.
2. France.
3. C'est, en effet, ce qui avoit perdu Barradas. « J'ai, écrit Malherbe, ouï dire à Mme la princesse de Conti qu'elle avoit vu qu'un jour le roi, par caresse, lui jeta quelques gouttes d'eau de naffe au visage dans la chambre de la reine. Il se mit dans une telle colère qu'il sauta sur les mains du roi, lui arracha le petit pot où etoit l'eau..., et le lui cassa à ses pieds. » Malherbe ajoute : « Ce n'est pas là l'action d'un homme qui vouloit mourir dans la faveur. »

Toute la cour à ma parole
Changeoit d'avis et de dessein;
Plus triste qu'un poignard au sein,
Le Roy me donne une bricolle,

Bricolle qui me met en passe
Pour jamais plus ne revenir,
Au bien duquel le souvenir
Tous malheurs mille fois surpasse.

J'etois dispensateur des vies,
Des valeureux soulagement;
On me punit pour seulement
L'avoir de volonté ravie!

Que la fortune est inconstante!
Que ses mouvements sont puissants!
Que ses changements sont cuisans,
Quand ils arrivent outre attente!

(*Lettre à Peiresc*, 19 décembre 1626.) Sa disgrâce, encore une fois, et ce qu'on lit ici le confirme, ne dut pas avoir une autre raison. Ce qu'on trouve raconté dans le *Menagiana*, l'histoire du chapeau de Louis XIII tombé par terre, et sur lequel pisse le cheval de Barradas, ce qui met le roi dans une furieuse colère et cause par suite le renvoi du favori, me paroît être une invention. (*Menagiana*, 1715, in-8, t. 1, p. 254.) On trouve dans Tallemant, édit. in-12, t. 3, p. 66, d'autres preuves de l'orgueil impudent de Barradas. Sa faveur n'avoit pas duré plus de six mois; on en fit le proverbe *fortune de Barradas*, pour dire une courte fortune. (Amelot de la Houssaye, *Mémoires histor.*, t. 2, p. 12; voy. aussi *Coll. Petitot*, 2ᵉ série, t. 49, p. 42, 43.)

Arre abas¹ aujourd'hui, dit-elle,
Arre abas de cette amitié,
Qui, t'appellant chere moitié,
Ne verra jamais sa pareille.

Mille carresses et complaisances
Les P.² mesmes te faisoient :
Car ceux-là qui te desplaisoient
Sortoient bien-tost hors de cadence.

De peur qu'elle ne se relie,
Ores te faut deposseder
De ce que tu peux posseder,
Parquoy elle estoit plus unie.

En rage, remply de cholere,
Voy maintenant S...³,

1. Il y a certainement un jeu de mots ici sur le nom de Barradas.
2. Les princes.
3. Quel est le nom qui correspond à cette initiale ? Je ne sais. Peut-être est-ce *Simon*, mais il ne suffit pas à la mesure. En y ajoutant *Rouvray* ou *Rouvroy*, on a le vers complet, et la rime est à peu près suffisante. On se trouve aussi d'accord avec l'histoire. C'est en effet Simon de Rouvroy, ou, comme l'appelle Malherbe, le *sieur Simon*, qui fut le successeur de Barradas dans les bonnes grâces de Louis XIII. V. la *Lettre à Peiresc* citée tout-à-l'heure. Il y gagna de pouvoir *canoniser* son nom, comme on disoit, et de s'appeler Saint-Simon, puis de devenir duc et pair, titre dont fut si fier son fils, l'auteur des fameux *Mémoires*. V. Tallemant, édit. in–12, t. 3, p. 65 ; Amelot de La Houssaye, *Mémoires*, t. 2, p. 12. Le père et le fils, celui-ci surtout, eurent beau faire sonner haut leur naissance,

Cete infortune tu soufrays
Par son envie traversière.

Que si, luy dy-je alors, la Parque
Qui trame le fil de tes jours
N'en arreste bien-tost le cours,
Je te feray passer la barque.

Le R.[1] est une epinette
Dont je gouvernois les accors ;
J'avois eu la clef par le cors[2]
Qui me fait maintenant faillette.

Si j'eusse bien sceu la musique,
Pour accorder cet instrument
Et ne chanter si hautement,
Chacun ne me feroit la nique.

C'est des tons divers l'ignorance,
Et du moyen de s'en servir,

---

on n'y croyoit pas. « Cette famille, dit Mathieu Marais, qui n'est pas bien ancienne, et qui se pique d'une noblesse fausse, a bien besoin d'honneurs. » (*Journal de Marais*, Revue rétrosp., 30 nov. 1836, p. 194.)

1. Royaume.
2. N'y a-t-il pas là une allusion, sinon à la manière dont Barradas s'étoit mis en crédit, du moins à la cause si bizarre de la fortune de Saint-Simon. « Le roi, selon Tallemant (*ibid.*), prit amitié pour lui parce qu'il rapportoit toujours des nouvelles certaines de la chasse, ne tourmentoit pas trop les chevaux, et parce que, lorsqu'il portoit en un *cor*, il ne bavoit pas trop dedans. »

Qui fait maintenant asservir
Mon cœur, mon bras et ma vaillance.

Celuy qui donne la mesure
Cogneut mon ton trop elevé :
Tu n'a pas, dit-il, espreuvé
Que vaut en musique cesure.

Que si quelqu'un par aventure
Entre en ma place en ce concert,
Qu'il sache que le tenor sert,
Et seul est exempt de cesure.

Que s'il veut toucher l'espinette,
Il faut cognoistre les ressorts,
Et n'imiter pas les efforts
De quelque eclatante trompette.

Car c'est irriter la fortune,
Ceste implacable deité,
Tousjours diverse à l'unité,
En diversité tousjours une.

Fin.

Histoire admirable d'un faux et supposé mari, advenue en Languedoc l'an 1560 [1].

A Paris, pour Vincent Sertenas, tenant sa boutique au Palais, en la gallerie par où on va à la chancellerie.

1560.

Avec privilége royal.

AU LECTEUR.

Sonnet.

Les histoires qu'on lit les plus prodigieuses,
Ou du tems des chrestiens ou celui des ethniques,
Les escrits fabuleux des poètes antiques,
Les peintures qu'on void par tout si monstrueuses,

---

1. Ce supposé mari n'est pas autre que le faux Martin-Guerre, le fameux Arnauld du Thil. Son histoire, restée connue de tout le monde, ne passe pas généralement pour être aussi ancienne. Sa popularité soutenue l'a pour ainsi dire rajeunie, si bien que ceux qui la racontent la croient volontiers d'hier. Il étoit bon de la remettre à sa vraie date, par la publication d'un récit contemporain : c'est ce qui nous a déterminé à donner cette pièce, d'ailleurs fort rare. Cette aventure fit grande émotion à l'époque où elle se passa ; Henri Estienne en parle dans la préface de son

Les finesses qu'on dit les plus ingenieuses,
Ou en Plaute, ou Terence, ou en nouveaux comiques,
Les plus estranges cas des argumens tragiques,
Les transformations d'Ovide merveilleuses,

Tous les enchantemens et la sorcellerie,
Toutes illusions, toute la tromperie,
Bref tout ce qui fut onc' des plus grands imposteurs,

Apologie pour Hérodote (édit. 1735, t. 1, p. 29), et la donne pour une excellente preuve du système qu'il soutient, à savoir qu'il n'est fable du vieil historien grec dont la vraisemblance ne puisse être prouvée par quelque fait moderne. Montaigne fait aussi mention de cette bizarre histoire, et dit même avoir assisté aux débats auxquels elle donna lieu. Toujours sceptique, il va jusqu'à douter de la justice de l'arrêt qui en amena le dénouement. Devant cette sentence, comme en toutes choses, il dit son fameux *Que sais-je?* (*Essais*, liv 3, ch. 11.) « Je veis en mon enfance, écrit-il, un procez que Corras, conseiller de Toulouze, feit imprimer, d'un accident estrange : de deux hommes qui se presentoient l'un pour l'aultre. Il me soubvient (et ne me soubvient aussy d'aultre chose) qu'il me sembla avoir rendu l'imposture de celui qu'il jugea coulpable, si merveilleuse et excedant de si loing nostre cognoissance et la sienne, qui estoit juge, que je trouvay beaucoup de hardiesse en l'arrest qui l'avoit condamné à estre pendu. Recevons quelque forme d'arrest qui die : « La Cour n'y entend rien », plus librement et plus ingenuement que ne feirent les Aeropagistes, lesquels, se trouvant pressez d'une cause qu'ils ne pouvoient developper, ordonnèrent que les parties en viendroient à cent ans. » Jean de Coras, dont vient de parler Montaigne, est le même qui, malgré la protection du chancelier de L'Hôpital, fut vivement poursuivi comme calviniste, et, peu de temps après la Saint-Barthélemy,

Si tu lis cest escrit, ne te sembleront riens
Après le faux mary par cauteleux moyens
Trompant femme, oncle, tante, et seurs et senateurs.

finit par être pendu à Toulouse, aux branches de l'orme du
Palais. Il avoit, comme nous l'a dit Montaigne, écrit longuement sur le procès qui nous occupe. Son ouvrage à ce
sujet, ou plutôt ses commentaires, que Du Verdier qualifie
de *très doctes*, furent imprimés à Paris et à Toulouse *par
diverses fois* (*Bibl. franç.*, édit. R de Juvigny, t. 1, p. 482).
En voici le titre, d'après l'une des meilleures éditions :
*Arrest memorable du purlement de Tholoze, contenant une his-
toire prodigieuse d'un supposé mary, enrichi de cent et onze
annotations par M. Jean de Coras;* Paris, Galiot du Pré,
1572, in-8. Hugues Sureau (*Suræus*) en fit une version latine, imprimée à Francfort, chez Wechel, 1588, in-8. On
peut lire, sur cet ouvrage, ce qu'en a dit Jean Coras, le poète,
dans la notice latine qu'en sa qualité de membre de la
même famille, il a consacrée au jurisconsulte toulousain,
et consulter aussi les *Mémoires de littérature* de Sallengre,
t. 2, 1ᵉ partie, p. 224. — L'histoire de Martin-Guerre
eut du retentissement jusqu'à l'étranger, surtout dans les
Pays-Bas. Hubert Goltz donna à Bruges, en 1565, une
édition du commentaire de Coras ; et Jean Cats fit de cette
aventure le sujet d'un poème en hollandois que Caspar Bar-
læus traduisit en vers héroïques latins. Je n'ai pas besoin
de dire que tous les recueils de *causes célèbres* en ont répété le récit avec plus ou moins d'exactitude. La relation
la plus circonstanciée est celle qui se trouve dans les *Imposteurs insignes* de J B. de Rocols, 1728, in-8, t. 1, p. 318.
Nous y recourrons pour l'éclaircissement de plusieurs faits.

u diocèse de Rieux, sous le ressort du parlement de Toulouse, y a une petite ville nommée Artigue[1], assez près du comté de Foix, en laquelle vindrent par cy devant demourer deux frères, l'un nommé Sance[2] et l'autre Pierre Guerre, qui estoient des environs de Bayonne ; et après avoir longtemps audict Artigue travaillé à faire de la tuille et de la brique, ils devindrent assez aisez pour gens de petit estat. Le dict Sance fut là marié, et de ce mariage eut quatre filles et un fils nommé Martin, lequel estant encore bien jeune fut marié à Bertrande Rolse, laquelle aussi estoit agée à peine de dix ans, tant est le desir non pas seulement aux grands seigneurs, mais aussy aux mécaniques, de marier leurs enfans de bonne heure pour voir en eux revivre leur nom et regenerer leur postérité. En ce mariage demeurèrent huict ans entiers sans avoir d'enfans, tellement qu'on estimoit que la dite Bertrande fust liez (comme ils appellent) par quelque sorcière[3]. Mais enfin il advint qu'ils eurent un fils, qu'ils nommèrent Sance, ainsi que le père grand. Et desjà avoient esté dix ans ensemble fort amiablement et sans avoir jamais eu aucune riote et

---

1. C'est Ardigat, dans le département de l'Arriége, arrondissement de Pamiers.
2. Sanche ou Sanchez.
3. Je savois bien qu'en pareil cas, parlant des hommes, on disoit *lier l'aiguillette*, mais j'ignorois que la même métaphore fût employée pour les femmes. Elle perd de sa justesse en changeant de sexe, et finit même par ne plus être compréhensible.

debat, jusqu'à ce qu'une petite flammèche de malheur s'esleva quy alluma un si grand feu que toute la famille en fut embrasée : quy fut que le dit Martin desroba à Sance, son père, un boisseau de froment. Cela de soy estoit bien peu de chose, mais ce fut une occasion et comme signe d'exciter une terrible tragedie : car ledit Martin, pour crainte de la severité de son père, dès lors s'absenta du pays et se retira en Espagne, où il fut soldat soubs l'empereur Charles V, et depuis le roy Philippe son fils, par l'espace de douze ans [1], tant que naguères estant à la prinse de la ville de Sainct Quentin [2], ledict Martin eust une jambe emportée d'un coup de canon, quy fut cause que le dict roy Philippe luy donna une place de religieux-lay en une commanderie de Rhodes, pour y avoir son vivre et vestements en sa vie durant [3]. Sur ces entrefaites, et s'estant desjà passé

1. D'après la relation donnée par Rocoles, il auroit d'abord été laquais du cardinal de Burgos et de son frère, qui l'emmenèrent en Flandre. Là il se fit soldat, combattit et fut blessé, comme il est dit ici.
2. On sait que ce siége se termina par la défaite des François, le 10 août 1557, et par la prise de la ville.
3. Ce n'est pas seulement en Espagne qu'existoient ces places de *moine-lai* ou *oblat*, données, dans les cloîtres, aux soldats invalides. Nous en trouvons aussi l'institution en France. C'est le roi qui en disposoit, mais son droit étoit restreint aux bénéfices électifs de fondation royale, ducale ou comtale, qui avoient plus de 1,200 livres de revenus. Les couvents trouvèrent avantageux de convertir en argent cette prestation onéreuse. Au lieu d'avoir à héberger des invalides, ils se soumirent à une taxe de vingt écus, qui fut ensuite portée à cent, et même à cent cin-

huit ans qu'il n'avoit escrit de ses nouvelles ny à sa femme ny à aucun des siens, tant qu'on ne savoit où il estoit ny ce qu'il faisoit, un nommé Arnauld Tily[1], natif du village de Pin de Sagias, en comté de Foix, prit faussement le nom de Martin Guerre, pensant (comme il advint après) que par là il pourroit jouyr de la femme et des biens dudict Guerre, dont il avoit fort grande envie. Arnauld estoit de mesme corsage que Martin, et avoit au visage, aux yeux, aux mains, des signes tous pareils ; à quoy on doit aussi beaucoup que quand le dict Martin s'absenta il n'avoit point encore que bien peu de barbe ; tellement qu'avec le temps, au retour, estant creüe, elle pouvoit couvrir et deguiser la dissemilitude quy y pouvoit estre. Estant ledict Arnaud faux Martin en ce point asseuré et d'un esprit vif et composé à tromperie, il n'entra pas en la maison de la femme qu'il pretendoit abuser, que premièrement quel il s'y faisoit il n'eust senty. Il arriva en un village assez près, où il s'ar-

---

quante livres. La fondation de l'Hôtel des Invalides ne les affranchit pas de cette contribution de bienfaisance ; elle la fit régulariser, au contraire : en vertu d'un édit de 1704, toutes les pensions faites aux *oblats* furent comprises parmi les fonds affectés à l'entretien de l'Hôtel ; elles furent toutes portées à cent cinquante livres, et il n'y eut plus un seul bénéfice royal qui en fût exempt. Henri III, plus qu'aucun autre de nos rois, avant Louis XIV, s'étoit occupé de ces pensions et de l'asile à donner aux invalides dans les couvents. V. Isambert, *Anciennes lois françoises*, t. 14, p. 599.

1. Arnauld du Thil, dit Pansette, lit-on dans la relation donnée par Rocoles, p. 20.

resta, tant pour se reposer, estant trevaillé du chemin, que pour se remettre en bon-poinct, se sentant attenué et fort maigre d'une griève maladie. Là il faisoit entendre à l'hoste qu'il estoit Martin dessus mentionné, luy racontant durant son absence supposée toute la vie qu'il avoit censé mesnée loin de sa femme ; et luy demandant (en faisant le pleureur) comme sa dite femme et toute sa famille et ses parents se portoient. Le bruit fut incontinent par tout le village que Martin Guerre estoit revenu, et ne tarda guères que cela vint jusques à ses sœurs, qui coururent soudain pour le recevoir en l'hostellerie. Le bruit que les femmes avoient ainsy entendu et le plaisir qu'elles en recevoient gardoit les peu advisées que elles ne cogneussent la verité ; et de faict elles le saluèrent et caressèrent comme le frère Martin ; et après retournèrent incontinent vers la femme Bertraude pour luy annoncer le retour de son mary, qui estoit au village prochein ; de quoy fut fort joyeuse et se hasta d'y aller : car je vous laisse à penser quel plaisir elle avoit du retour de son mary, après luy avoir, en son absence, gardé si longuement fidélité et s'estre gouvernée fort vertueusement. Quand elle fut arrivée devers luy, de prime abordée elle se retint comme esbahie et ne vouloit aprocher ; mais, comme doubteuse, se retiroit en arrière. Il l'apella en paroles amiables et par son nom, et commença par luy remettre en mesmoire ce qu'ils avoient fait durant leurs amourettes avant d'estre mariez, voire les petits propos qu'ils avoient tenu la première nuict de leur mariage, et specialement en quel coffre il avoit laissé ces chausses blanches le jour qu'il la quitta. Il poursuivoit pour en dire plus, quand Bertrande se laissa tout à coup tomber à son col en le baisant, le serrant fort etroitement et luy disant : « Ah! mon mary, vous me revenez doncq' voir après m'avoir delaissée si longuement! » Bertrande alors s'excusa fort de ce qu'elle ne l'avoit recogneu tout d'abord, le priant de luy pardonner, et que la barbe qui luy estoit venu si forte estoit seule cause de son hesitation. Un oncle de Martin Guerre, ayant aussy ouy ce bruict, y arriva, et, l'ayant fort regardé entre deux yeux, ne pouvoit croire que ce fust luy, jusqu'à ce que ce faux Martin luy vint à rememorer tout ce qui s'estoit passé entre eux quand ledit oncle avoit eu charge de ses affaires. Ce qu'ayant entendu, il le vint embrasser, louant Dieu de ce que son nepveu estoit de retour en santé vers ses parens. Par ces moyens, le fin affronteur fist accroire à la femme qu'il estoit son mary, à l'oncle qu'il estoit son nepveu, aux sœurs qu'il estoit leur frère, et aux voisins qu'il estoit Martin Guerre. Il demeura toutes fois encores quelques jours en ladicte hostellerie pour achever de se guerir de sa maladie, qui estoit la verolle[1]. Et pourtant ne faisoit-il cependant aucune instance de vouloir cohabiter avec sa femme. C'est à savoir qu'un tel homme de bien faisoit conscience de donner la maladie à une femme de laquelle il vouloit bien neantmoing faire perdre l'âme en contaminant le chaste lict par execrables actes de paillardise dont la semblable ne fut onques ouye. Cependant toutefois la femme ne laissoit de

[1]. Ce détail manque dans les autres relations.

le solliciter, traicter et penser comme appartient à
une femme de bien, de tout ce quy estoit necessaire
pour recouvrer sa santé. Incontinent qu'il commença
à se bien porter, il fut conduict par Bertrande en
sa maison, et receu et traicté comme son mary bien
veneu. Et demeura par l'espace de quatre ans avec
elle si paisiblement, et se conduisant si bien en toutes affaires, qu'on n'eust pu avoir de luy aucun soupçon de mal. En ce temps là ledict faux Martin eust
deux filles de Bertrande, dont l'une mourut et l'autre
pour le jourd'hui est encore vivante. Or est il que
Sance, le père du vray mary cy devant, avant ce cas
advenu, alla de vie à trepas, laissant à son filz, lors
absent, quelque peu de bien qu'il avoit aux environs
de Bayonne, d'où il estoit veneu. Ce faux Martin y
voulut aller et bailla ce bien à ferme [1]. Mais Dieu,
quy ne laisse rien impuny, se monstra bientost ven-
geur d'une telle mechanceté, et mesme alors que
ce faux Martin pensoit avoir le mieux composé et
asseuré toutes ses affaires : car en ces environs il y
eut une métairie bruslée appartenante à un gentilhomme, quy en accusa ledict faux Martin, lequel, pour
raison de ce, fut mené en prison à Thoulouze. Et là
estant, sa partie, pour mieux faire valoir sa cause (on
ne sçait par quelle fantaisie), vint à mestre en avant
une chose quy sembloit bien peu appartenir à son
affaire : c'est à savoir, que ledict Martin entretenoit

---

1. La relation donnée par Rocoles (p. 321) dit que le
bien de Martin se trouvoit près d'Andaye, dans le pays des
Basques, « lequel bien du Thil dissipa, l'ayant vendu à
diverses personnes ».

une femme quy estoit à un autre[1]. Bertrande, nonobstant, ne laissoit de solliciter soigneusement pour retirer ce faux Martin de la captivité où il estoit, et pour autant que la partie n'avoit pas grandes preuves sur ce qu'elle avoit avancé et argué, ledict faux Martin fut eslargy. Mais, estant revenu en la maison, Bertrande ne luy faisoit plus si bon visage qu'auparavant, ayant conceu quelque soupçon de luy, laquelle toutefois le cachoit et renfermoit en elle et ne le faisoit voir ny divulguer. Ceste soupçon s'ogmenta d'autant, qu'un soldat[2] en passant avoit dit qu'il connoissoit bien Martin Guerre, mary de Bertrande, et qu'il l'avoit veu au siége de Sainct Quentin, où il avoit eu une jambe emportée, et qu'il estoit encore vivant. Ce qu'ayant dit et affirmé, ledit soldat laissa par escript en presence de gens pour tesmoignage, et qu'ils ne s'estoient veus depuis. L'oncle de Martin ce pendant, au nom de sa niècc, qui n'en savoit rien, faisoit informer contre ce faux Martin; ce qu'ayant sceu, elle l'approuva. On ne sçait si l'oncle faisoit cela pour le bien de Martin, que son frère lui avoit recommandé à sa mort, ou pour la haine qu'il portoit à ce faux Martin. La cause de la haine pouvoit estre que ce faux Martin demandoit au dict oncle le compte de l'administration qu'il avoit eue de ses biens pendant son absence[3]. Quoy

---

1. Il n'est point parlé dans le récit de Rocoles, ni dans aucun autre que je sache, de cette première arrestation et de ces premiers soupçons.

2. Ce soldat étoit de Rochefort, selon l'autre relation.

3. C'est du moins ce qu'alléguoit le faux Martin-Guerre. « Il allègue, lisons-nous dans le récit de Rocoles (p. 324),

que ce fust, ou plus tost la main de Dieu qui y besongnoit, le dict faux mary fut mené prisonnier ès prisons de Rieux[1], et là y eut plus de cinquante tesmoings produits contre luy, avec lesquels Bertrande confessa publiquement la vie infame et impudique qu'à son desceu elle avoit menée avec luy, dont elle se repentoit amèrement. Plus urgent tesmoignage dict un hostellier d'une ville prochaine[2], qui l'ayant veu passer par là, et l'appelant Arnauld, par son nom, il luy vint soudain dire en l'oreille et le prier qu'il ne le decelast point, et que cy après il l'appelast Martin Guerre, duquel il avoit pris la femme. Là dessus vint encore plus ferme affirmation d'un oncle du dict Arnauld, quy, voyant que son nepveu estoit en voie de perdition (comme il sçavoit), ne cessoit de pleurer autour de luy en luy remontrant sa faute[3]. Ce faux Martin toutefois ne s'eston-

qu'on lui fait ces misères pour se dispenser de lui donner 7 à 8,000 livres de bien que retient P. Guerre, l'oncle, et dont il ne veut se dessaisir. D'abord on a commencé par les menaces, même par les coups, à ce point qu'un jour, si sa femme n'eût été là et ne l'eût couvert de son corps, P. Guerre et ses beaux-fils l'eussent tué à coups de barre. »

1. Chef-lieu de canton du département de la Haute-Garonne, arrondissement de Muret.

2. Cet hôtelier, dans la relation de Rocoles, est appelé Jean Espagnol, hôte de Touges.

3. Les autres récits ne parlent pas de ce témoignage de l'oncle, mais on y apprend qu'Arnauld du Thil avoit été reconnu par plusieurs personnes, qui ne sont pas désignées ici. « Il avoit fait signe, lit-on dans la relation de Rocoles (p. 331), à Valentin Rongié, qui le reconnoissoit pour ce qu'il estoit. » Pelegrin de Libéral l'avoit aussi

nant de rien, monstrant toujours un mesme visage, et racontant plusieurs particularitez, tâchant de persuader qu'il estoit veritablement le vrai mari, protestant devant Dieu, lequel il supplioit de faire veoir à des juges non suspects son innocence en ce qu'on luy mestoit à sus. Et faisoit à cela beaucoup pour luy qu'il avoit de tesmoings de son costé bien en pareil nombre que les autres et de meilleure qualité[1], mesmes les sœurs de Martin, lesquelles estoient si obstinement abusées, qu'il n'estoit pas aisé de leur faire si tost croire le contraire[2]; y aidoit aussy l'estime de tout le voisinage[3], et le consentement de la femme avec laquelle il avoit cohabité quatre ans, n'estant pas croyable qu'elle eust peu si longuement estre trompée ; et, ce quy estoit chose fort estrange, il cognoissoit toutes les affaires de la maison[4]; aussy

reconnu, et lui avoit donné deux mouchoirs, dont un pour son frère Jean du Thil.

1. Sur cent cinquante témoins convoqués, trente étoient tout-à-fait pour le faux Martin, soixante déclaroient qu'ils n'osoient se décider, mais qu'en tout cas la ressemblance étoit miraculeuse. Les autres étoient contre lui, et soutenoient qu'il n'étoit pas Martin Guerre, mais bien M. Arnauld, dit Pansette.

2. On lit la même chose dans la relation donnée par Rocolles. Il paroît même que deux des maris de ces sœurs disoient comme elles.

3. Ceci ne se trouve point d'accord avec le récit de Rocolles. Arnauld avoit, au contraire, à ce qu'il paroît, une très mauvaise réputation, ce qui lui nuisit fort, car, selon l'axiome latin, *Malus semper presumitur malus.*

4. Et il ne s'en tenoit pas là. Il entroit avec tous en de pareils détails sur leurs affaires. « A ceux qui faisoient

que l'oncle du vray Martin, estant entré en pique
(comme est dit dessus) avec ledict faux Martin, rendoit pire la cause de ses adverses parties. Finalement, ce quy a accoustumé d'estre sainctement gardé
pour finir toute querelle et debat, quy est de s'en
rapporter au serment, fut proposé par ledict faux
Martin, disant que, si Bertrande vouloit jurer quy ne
fust son mary Martin, il se soumettroit à la mort
telle qu'elle luy seroit appliquée et infligée. A quoy
on ne peut oncques contraindre ladicte Bertrande.
Pas ne sçait si elle avoit honte et faisoit conscience
de jurer (elle qui toutefois procuroit bien la mort
d'autruy); ou qu'elle eust encore l'opinion que c'estoit le mary veritable quy l'avoit si longtemps cherie
et apreciée. Toutefois elle ne voulut effectuer le serment à la requête quy luy fust baillée. Mais à la fin,
le juge de Rieux, ayant examiné diligemment ce faict,
condamna ce faux Martin, et comme adultère et affronteur insigne, à avoir la teste trenchée et les quatre membres separés du corps. Pour cela ne s'esmeut
il de rien, ny changea de couleur; ains, comme celuy
quy se confioit à son innocence, à laquelle il se vantoit estre faict grande violence, en appela au parlement de Thoulouze. Les juges, assez sévères en pareilles matières, furent esbahis d'un si estrange cas ;
toutes fois, pour bonnes raisons feirent recommencer le procez de nouveau. Bertrande fut appelée devant messieurs dudict parlement, et là l'accompagna

quelques difficultés à le reconnoître, il leur récitoit les
choses passées, et disoit à chacun quelque particularité de
leurs connoissances et aventures »

l'oncle de Martin sans y avoir esté appelé. Ce quy fit penser aux juges qu'il y estoit venu pour mieux emboucher Bertrande et la garder de tout deceler, et qu'on ne disoit pas sans cause que toute ceste menée estoit dirigée par luy[1] : parquoy il fut ordonné que Bertrande seroit mise en seure garde et que ledict entreroit en la prison. Leurs tesmoings furent produits d'une part et d'autre, tant qu'on ne savoit quy avoit les plus veraces et equitables[2]. Le faux Martin fut amené devant ses juges, où Bertrande luy fut pareillement confrontée, laquelle commança à

---

1. Cet oncle continuoit de poursuivre le faux Martin avec acharnement. On avoit même découvert qu'il conspiroit contre lui, jusque-là qu'il avoit marchandé avec P. Loze, consul de Pable, « s'il vouloit fournir une partie de la somme, dont il donneroit le reste, pour faire mourir le prisonnier. »

2. Le plus grand nombre se déclara pour Martin, ou plutôt n'osa se prononcer. Ceux qui lui étoient contraires disoient, et les autres en convenoient presque, que le vrai Martin étoit plus noir, homme grêle de corps et de jambes, un peu voûté, ayant grosse la lèvre inférieure, petites dents, nez large et camus, un ulcère au visage et une cicatrice sur le sourcil droit ; tandis que le faux Martin étoit petit, trapu, fourni de corps, avec la jambe grosse, ni voûté, ni camus, et n'ayant pas de cicatrice. On fit venir le cordonnier qui les avoit tous deux fournis de souliers, et il déclara que Martin chaussoit à douze points, et Arnauld à neuf seulement. On disoit encore que Martin tiroit fort bien des armes et de la fleurette, ce qu'Arnauld ne savoit pas faire. D'ailleurs, le petit Sanche, fils de Martin, n'avoit aucune ressemblance avec Arnauld. Le juge tiroit de là une conclusion dite sommaire apprise.

dire qu'elle cognoissoit bien que son honneur luy avoit esté ravy par les finesses d'autruy, et qu'elle en avoit une telle infamie, qu'en toute sa vie elle ne sçauroit l'effacer, et qu'elle prioit Dieu et la justice de luy vouloir pardonner et d'avoir pitié de sa miserable fortune, affirmant que, si tost qu'elle avoit peu s'apercevoir de la meschanceté de son pretendu et faux mary, elle s'estoit estrangée de luy, dont sa conscience luy en portoit tesmoignage; que depuis ne luy avoit donné repos ne jour ne nuict; ce qu'elle disoit humblement en baissant la vue assez honteusement et avec une grande craincte. Le faux Martin, au contraire, avec un visage asseuré et joyeux, appeloit doucement sa femme, disant qu'il ne luy vouloit aucun mal, sachant bien qu'elle l'accusoit y estant portée et incitée par autruy; et se tournant à mesdire de l'oncle du vray mary, disant qu'il estoit autheur de tout ceste tragédie. Tout ce que Bertrande avoit auparavant desclaré separement au juge des premières choses quy estoient entervenues entr'elle et son mary, ce faux Martin le racompta aussi de mot à mot, sans y rien obvier, mesmement comme, par l'insinuation de quelqu'invisible sorcière[1], ils avoient esté liez huit ans ne faisans que languir, sans pouvoir faire renaistre leur generation par le devoir de mariage, et qu'estant en desespoir, une bonne vieille leur avoit donné le moyen de deslier l'ensorcellerie, tant enfin qu'ils peurent voir en naistre

---

1. Il est dit aussi dans la relation de Rocolles que la confrontation d'Arnauld avec Bertrande fut à son avantage, en ce que leurs réponses concordèrent en tout point.

un fils, et disoit les moyens, le temps, le lieu, les personnes quy avoient esté employez à ceste affaire quand leur fils fut né, en quelle maison, le prestre quy le baptisa et en quelle eglise; et disoit tout cela avec une telle asseurance, et par si bon ordre, qu'il ne sembloit pas seulement le raconter aux juges, mais le leur representer et faire voir à l'œil. Passant plus oultre à ce qui ne pouvoit estre cogneu que du mary, dict ce qu'ils avoient faict auparavant leur union matrimonialle le jour des nopces, quel prestre les avoit espousez et mariez, quy avoit assisté au banquet, quelle robbe avoient porté les convives, les propos qui avoient esté tenuz au soir, que fut le don qu'on leur porta pour le chaudeau, quelles gens estoient entrez en la chambre, et ce qu'ils avoient fait avant son partement, y adjoustant (ce quy est estrange et diaboliquement incomprehensible) qu'un jour estans allez aux nopces de leurs parens, pour autant que le lieu estoit trop etroict pour les conviez, il fallut que Bertrande se coucheast avec une sienne cousine, et qu'ils avoient ensemble accordé que, quand chacun seroit endormy, il s'en iroit auprès d'elles [1].

Il dit aussi la cause de son departement et les maux qu'il avoit endurez pendant son voyage, les villes où il avoit git et demeuré, tant en Espaigne qu'en France, ce que cy après par le rapport du vray mary fut entierement attesté comme veritable; et de faict Bertrande n'y pouvoit rien con-

1. Ces détails ne se trouvent pas dans les autres relations.

tredire. Seulement elle adjousta qu'il pouvoit avoir appris toutes ces choses de son mary avecque lequel peut estre avoit il esté camarade en la guerre. Il s'est sceu toutesfois depuis que jamais il n'avoit hanté ledict mary [1]. Lorsque ces choses et aultres adviennent par l'arrivée du vrai Guerre [2], le faux Martin cesse ses menteries et fait amende envers chacun. Il s'adresse à l'oncle, auquel il dict des choses appoinctant et remettant ensemble pour vivre paisiblement en gens de bien, et disant audict

---

1. La relation de Rocolles dit le contraire, et c'est à la version qu'elle donne qu'il faut, je crois, se ranger : « Arnauld, y lisons-nous (p. 320), avoit été camarade de Martin dans les troupes de l'empereur Charles V, commandées par Charles de Lamoral, comte d'Egmond..., et, sous prétexte d'amitié, il avoit appris de lui plusieurs choses privées, particulièrement de luy et de sa femme. »

2. « Sur le conflit de tant de diverses raisons, répugnances des conjectures et des preuves..., Dieu... fit comme par miracle paroistre le vrai Martin Guerre. » On le confronta avec du Thil, et celui-ci n'y mit pas d'abord autant de douceur et de sincérité qu'on le dit ici. Il fut au contraire plus obstiné que jamais, s'emporta contre ce mal venu, l'appelant affronteur, méchant, bélître, « se soumetant lui-même, ajoute la relation de Rocolles, à estre pendu s'il ne justifioit que le survenant avoit esté acheté à deniers comptant et instruit par P. Guerre... » Il lui fallut pourtant céder devant les preuves, qui toutes tournèrent à l'avantage du vrai Martin. C'est alors qu'il fit les plus complets aveux. L'idée de ce qu'il avoit fait lui étoit venu, dit-il, de ce que des amis de Martin l'avoient pris pour lui. Il avoit appris d'eux tout ce qu'il vouloit savoir. Bertrande, dans leurs entretiens, lui avoit dit le reste.

mary qu'il avoit merité un grief chastiment d'avoir laissé sa femme si jeune et ne luy avoir escrit de si longtemps, par quoy elle n'avoit peu savoir s'il estoit vif ou mort ; à Bertrande, qu'elle ne pouvoit être sans grande faulte de s'estre laissé si aisément tromper et d'y avoir perseveré si longuement, et que pour cela elle debvoit demander pardon à son mary[1]. Par ce moyen ils furent reconciliez, oubliant toutes choses passées, promettant de faire toute leur vie bon mesnage. Et pour ce qu'il a esté dict cy devant que le dit Martin avoit esté au service du roy d'Espagne et par ainsy digne de mort pour avoir porté les armes contre son prince[2], cela luy fut neantmoings pardonné en consideration de la paix desirée entervenue entre les princes[3] par alliances et mariages quy s'en sont ensuivis pour la confirmation d'icelle. Le lendemain, quy fut le.... jour de septembre mil cinq cent soixante, en la mesme assemblée de juges et en grande affluence de peuple, la sentence fut prononcée publiquement contre le faux Martin. C'estoit qu'Arnauld Tylie, nud, en chemise, la torche au poing, au portail de l'eglise, en la ville où il avoit faict le delict, demanderoit pardon à Dieu, au roy, à justice et à ceux

1. Le vrai Martin eut beaucoup de peine à pardonner à Bertrande. Il fut touché de l'accueil de ses sœurs, mais de sa femme, qui pleuroit, rien ne l'émut ; « il garda avec elle une austère et farouche contenance. »

2. Ce détail très intéressant manque dans les autres relations.

3. La paix de Cateau-Cambrésis avoit été signée en 1559.

à quy il avoit ravy l'honneur et les biens, et après au devant de la maison de Martin Guerre, ou tel lieu que le juge de Rieux adviseroit, seroit pendu et estranglé et son corps bruslé et reduict en cendres, pour effacer de la mesmoire et oster de devant les yeux des hommes l'auteur si execrable d'un si abominable faict. Et quant à la fille qui estoit née de ce lict si impudicque (combien que ce point avoit aucunement tenu les juges en perplexité), qu'elle estoit declarée legitime; et afin que Martin ne fut chargé de la douer, les biens dudict Tylie luy furent adjugez pour la dot de son mariage. A tant le dict faulx Martin, quy avoit auparavant esté si asseuré, perdit toute contenance, et estant conduict au supplice, haultement commenca à crier et confesser au peuple quy s'estoit assemblé à Artigne pour le voir comme il estoit Arnault Tylie, quy avoit ravi les biens d'autruy, abusé de la femme par adultère et mis en danger de faire mourir tous ceulx quy l'avoient accusé. Dont et de toutes les mechancetez qu'il avoit commises en sa vie il requeroit à Dieu pardon et misericorde, lequel il esperoit obtenir de luy mercy et pitié, car il entend tous les pescheurs contrits quy ont amère repentance; et qu'il prioit Martin ne vouloir faire aucun mauvais traitement à Bertrande, pour ce qu'elle n'avoit aucun coulpe pour ce qui s'estoit passé, mais qu'elle estoit une fort honneste et prude femme, comme il l'avoit esprouvée en plusieurs choses. Il loua grandement la sagesse des juges à rechercher le fondement de la vérité, et l'integrité et equité qu'ils avoient usé en leur jugement, disant que pour la fin de ses malheurs ce lui seroit un grand allegement si les deux juges desleguez quy avoient eu tant de peyne à savoir de luy son secret estoient presents. Et finalement, après avoir decelé deux personnages quy l'avoient aydé en sa perfidie, il fut executé.

Voilà comme Dieu, par ses jugements quy nous sont incogneus, descouvre toute iniquité, quoyque nous l'ayons couverte longuement, et le plus souvent cela se manifeste par occasion quy ne concerne en rien le faict dont est question et que nous voulons être le plus caché.

Fin.

Lettres[1] *de Vineuil*[2] *à M. d'Humières,
sur la conspiration de Cinq-Mars*[3].

I.

Sans date[4].

e suis ravy que vous preniés goust à mes nouvelles, et qu'une haute sagesse comme la vostre, qui regarde d'un œil de mépris les bagatelles, se plaise à les rece-

1. Nous puisons ces lettres fort curieuses, et qui semblent n'être qu'un débris d'une correspondance plus considérable, à une source où nous avons déjà puisé plusieurs fois, notamment pour une pièce de la même époque. (V. notre t. 7, p. 339.) Nous les empruntons à la *Revue trimestrielle*, n° 5, p. 199-203. Elles y étoient perdues, sans notes et sans éclaircissements. On verra qu'il étoit bon de les en tirer et de les élucider un peu. Buchon, qui les y publia, n'avoit pas même pris la peine de les ranger. Celle qui est la première ici, et avec toute raison, je crois, est justement celle qu'il donne la dernière.

2. Ardier, sieur de Vineuil, gentilhomme de M. le Prince. M. P. Boiteau lui a consacré, dans sa curieuse et luxuriante édition de l'*Histoire amoureuse des Gaules* (t. 1, p. 78), une longue note, à laquelle nous ne pouvons que renvoyer.

3-4. Voir à la page suivante.

voir de ma part... On ne parle ici que du ballet de monsieur le cardinal, qui fait grand bruit à cause de la grande dépense qu'il fera dans les machines; l'on ne sçait pas bien tous ceux qui en seront [5].... Le roy et M. Le Grand sont plus mal que jamais sur le sujet de Marion [6], et leur rupture s'est faite avec plus d'éclat que les autres fois, donnant mesme à craindre qu'elle ne se puisse pas si tost raccommoder [7]. La reine doit venir demeurer au Luxembourg

3. Fils de celui qui mourut glorieusement devant Ham, en 1595, et père du maréchal, mort en 1694. Il fut, lui, le moins célèbre de la famille.

4. Cette lettre doit être de 1639 ou de 1640.

5. Le cardinal se mettoit alors en dépense de spectacles. Sa *Mirame*, pour laquelle il fit construire la magnifique salle du Palais-Royal, où Molière joua plus tard, fut représentée en 1639. Le ballet dont on parle ici doit être du même temps.

6. Les amours de Cinq-Mars et de Marion Delorme, qui donnaient tant de jalousie à Louis XIII, à cause du favori, qu'il vouloit sans partage, étoient, en 1639, plus forts que jamais. On alloit jusqu'à craindre que le grand-écuyer n'épousât secrètement la courtisane. Tallemant assure que Mme d'Effiat, sa mère, obtint pour cela des défenses du Parlement, et comme Louis XIII avoit aussi ses raisons de s'opposer à cette union, il paroit que la déclaration du 26 novembre 1639, contre les mariages clandestins, ne fut rendue que pour empêcher celui-là. (Dreux du Radier, *Tablettes historiques des rois de France*, t. 2, p. 195, note.)

7. Quand il survenoit de ces brouilles entre Cinq-Mars et Louis XIII, celui-ci s'en confioit à Richelieu et lui contoit amèrement ses peines. Parmi les lettres de Louis XIII qui sont à la Bibliothèque impériale dans les *Mss. de Béthune*, n{os} 9333 et 9334, il s'en trouve une adressée au

pour trois semaines, qu'elle a obtenues par le moyen
de monsieur le cardinal, avec qui elle est mieux
que par le passé[1]... La maladie du temps est une
madame de Saint-Thomas[2], dont l'histoire est pleine
d'aventures honnestes et non honnestes, qui chante
si bien les airs italiens qu'elle en fait pleurer Son
Eminence, qui lui a fait avoir une pension de huit
cents escus, et l'a mise en tel crédit, que c'est à
l'envi qui lui fera caresse et honneur.

cardinal, où le roi se plaint aussi de Cinq-Mars. Il reproduit
jusqu'aux termes d'une conversation qu'ils ont eue ensemble, et dans laquelle il lui a reproché sa paresse, « vice,
dit-il, qui n'étoit bon que pour ceux du Marais ». Il y a
là encore une allusion à Marion Delorme, la reine de ce
quartier galant.

1. Vineuil pense, en disant cela, aux grandes brouilles
qui, les années précédentes, avoient eu lieu entre la reine
et le cardinal, au sujet d'une correspondance, dont celui ci
soupçonnoit l'existence, entre Anne d'Autriche et le roi
d'Espagne. Il avait raison : les preuves de ces intelligences
ont été retrouvées dans des papiers longtemps en la possession de M. le marquis de Bruyère-Chalabre, achetés
par la *Société des bibliophiles*, et revendus le 29 avril 1847.
On peut lire les notes qui accompagnent le *Catologue* de ces
documents et la préface dont M. L. de Lincy l'a fait pré-
céder.

2. Nous ne savons quelle est cette Mme de Saint-Thomas. C'étoit sans doute quelque virtuose intrigante, comme cette Mlle Saint-Christophe, aussi grande chanteuse et
fort galante, dont Pavillon parle dans ses Lettres (*OEuvres*,
t. 1, p. 80).

II.

14 juin 1642[1].

Depuis le départ de M. de Miniers, il est arrivé un courrier à la reine qui porte ordre à Sa Majesté, de la part du roi, de demeurer à Saint-Germain et de veiller à la conservation d'elle et de messeigneurs ses enfans. Aussy il y a une lettre à madame Lansac, par laquelle il lui ordonne de porter plus de respect à la reine qu'elle n'a coutume[2], et une autre à M. de Montigny, qui lui commande de ne recevoir ordre de personne que de la reine[3]. Ces let-

1. Vineuil étoit loin de savoir ce qui se passoit à Narbonne pendant qu'il écrivoit à Paris. A cette date même du 14 juin 1642, Cinq-Mars, qu'il croyoit triomphant, étoit arrêté, et Richelieu, qu'il croyoit perdu, triomphoit à son tour, et plus sûrement. Cette lettre n'est pas curieuse à ce point de vue seulement; elle contient des faits qui, bien examinés, font prévoir des volte-face de fortune, et qui éclairent, comme on le verra, sur la personne longtemps cherchée de qui vint ce dénouement inattendu : la découverte du complot du favori et le salut du ministre.

2. Mme de Lansac étoit gouvernante du dauphin et hostile à la reine jusqu'à la grossièreté. Tallemant en donne des preuves (édit. in-12, t. 2, p. 223). Après la mort du roi, ses manières n'ayant pas changé, elle fut renvoyée (*Mémoires* de Motteville, coll. Petitot, 2e série, t. 37, p. 27.)

3. Le maréchal de Montigny étoit, au contraire, tout dévoué à Anne d'Autriche. C'est lui qui avoit obtenu qu'on lui laissât toujours la garde de ses enfants. (*Mémoires* de

tres ont été présentées à Sa Majesté par messieurs le surintendant Bressac et Le Gras, ce qui met en doute l'opinion que chacun a que ce dernier ordre part du conseil de M. Le Gras, qui a voulu détruire le commandement qui avoit été fait à la reine d'aller à Fontainebleau, comme venant de M. le cardinal ; en même temps, le maréchal de Saint-Luc[1] a eu exprès commandement de partir en diligence pour s'en aller en Guienne exercer sa charge de lieutenant du roi en cette province, et d'obéir aux ordres qu'il recevra de la cour. Il semble que ces dépêches nous donnent plus de lumières qu'auparavant aux brouilleries de la cour, et que M. Le Grand ait mis l'esprit du roi en deffiance de la conduite de Son Eminence, que l'on pense devoir se retirer à Brouage[2],

Brienne, coll. Petitot, 2e série, t. 36, p. 72.) L'ordre qu'on donnoit ici étoit donc de ceux auxquels le maréchal devoit obéir avec le plus d'empressement. Mais pourquoi ce retour de bienveillance pour la reine, après la rigueur dont elle avoit été l'objet depuis longtemps ? Ne seroit-ce pas qu'elle avoit fait des révélations touchant le complot dont on lui avoit fait confidence ? Tallemant est d'avis que c'est par elle que tout fut connu, et, comme nous, il pense qu'elle dut à ces révélations le relâchement de rigueurs constaté ici : « Et pour preuve de cela, dit-il, on remarquoit qu'après avoir longtemps parlé de lui enlever ses enfants, on cessa tout à coup d'en parler. » (Edit. in-12, t. 2, p. 223.)

1. François d'Epinay Saint Luc.
2. Le cardinal, en effet, se cherchant un asile contre les dangers dont il se sentoit environné, songeoit à gagner Brouage, qui lui appartenoit, ou bien à se réfugier en Provence, près de son ami le comte d'Alais, qui y comman-

et nullement attendre la présence du roi en Avignon ou Lyon, et que, pour y remédier, on y envoie ce maréchal, qui a créance en ce pays.

III.

Les nouvelles de la ville sont de peu de conséquence : elles consistent aux magnificences de M. de Valence (l'évêque de Valence) envers sa maîtresse, entr'autres un collier de perles de 28,000 fr. et une caisse de 5,000. Paris se rend fort désert, et nous sommes réduits à huit ou dix personnes, qui nous assemblons tous les jours pour manger ensemble, rire et jouer grand jeu.

IV.

Depuis une lettre écrite [1], un courrier est arrivé ce matin au conseil, qui a porté une lettre du roy à M. le Prince, qui l'advertit que M. Le Grand s'est mis en fuite [2], sans sçavoir le lieu où il est allé,

doit. Il n'eut pas besoin d'aller jusque là ; les preuves du complot, sur lesquelles il comptoit toujours un peu, lui parvinrent auparavant et le sauvèrent.

1. « Dans laquelle il lui annonçoit le bruit d'une réconciliation entre Cinq-Mars et le cardinal. » (*Note de Buchon.*)

2. Fontrailles, qui n'étoit pas moins dans le complot, s'étoit sauvé huit jours auparavant, « voyant, dit Tallemant, que leurs affaires n'alloient pas assez vite pour bien aller. » (Edit. in-12, t. 2, p. 222.) Cinq-Mars n'étoit que

A M. D'HUMIÈRES.

ni le sujet qui l'y a obligé. Freville est avec luy, et, ce qui est le plus déplorable, c'est que nostre cher amy le pauvre M. de Thou[1] a été emmené prisonnier avec quatre ou cinq domestiques de mondit sieur Le Grand. Le chancelier a dit tout haut qu'il justifieroit que c'est des brouilleries d'Estat, et non pas une querelle particulière, et M. le Prince a eu ordre de passer en dedans du royaume.

V.

Jeudi au soir.

Je m'assure que vous n'aurés appris que confusément ce qui s'est passé le 14 de ce mois à Narbonne; et quoy qu'une histoire qui provoque des soupirs mérite plus tost d'estre passée sous silence que déduite avec toutes ses circonstances, n'est-ce que je m'imagine que le plus agréable aliment que vous puissiés donner à vostre déplaisir est un récit particulier de cette discussion. Je vous rendray donc compte de ce peu qui est venu en ma cognoissance, qui est que le roy tint conseil secret le 12, qui estoit le jeudy, entre MM. de Chavigny[2] et de Noyers,

caché, comme on le verra, mais tout le monde le croyoit en fuite. (*Mémoires* de Monglat, coll. Petitot, 2ᵉ série, t. 49, p. 385.)

1. Sur la part de de Thou dans le complot, V. notre t. 7, p. 341. Entre autres choses qui l'impliquoient de la façon la plus grave dans la conspiration, on apprit qu'il avoit ménagé une entrevue entre Cinq-Mars et M. de Bouillon. (*Mémoires* d'Arnault d'Andilly, coll. Petitot, 2ᵉ série, t. 34, p. 67.)

2. C'est surtout lui qui parvint à décider le roi.

à deux différentes reprises, qui durèrent depuis une heure jusqu'à quatre, et que depuis ce temps-là jusqu'à son souper il parut fort inquiet, se promenant dans son appartement sans parler à personne. Après son souper, M. Le Grand, qui avoit passé toute l'après-dînée à jouer au mail et à voir monter un cheval dont M. de Charrault[1] lui avoit fait présent, vint voir Sa Majesté, qui redoubla ses caresses, lesquelles estoient refroidies depuis cinq ou six jours, et l'appela son cher amy, ce qu'elle n'avoit point fait depuis ce temps-là, et s'entretinrent avec une familiarité extraordinaire et des démonstrations de bienveillance très-particulières de la part du roy, jusqu'à tant qu'il fut couché et que M. Le Grand lui eut tiré le rideau ; Sa Majesté lui disant de s'aller reposer, puisqu'il estoit harassé du mail.

Il ne fût pas si tost sorty que le roy envoie quérir M. de Charraut, et lui ordonne de se saisir des clefs des portes du château et de venir le lendemain l'éveiller à trois heures ; ce qu'ayant fait, il luy ordonna d'aller arrester la personne de M. Le Grand ; lequel, cependant, ayant esté informé des secrettes conférences de l'après-dînée, du refroidissement de Sa Majesté envers luy, de ses caresses augmentées, joint à quelques advis que lui donna son écuyer, estoit sorty secrettement du chasteau, monté à cheval; pour tenter de sortir aussy de la ville; mais, trouvant les portes fermées, il va au logis de son

---

[1]. Le comte de Charost, capitaine des gardes, celui-là même qui, vous l'allez voir, fut chargé d'arrêter Cinq-Mars.

escuyer[1], à la ville, qui le recommande à son hostesse, et la prie d'avoir soin de ce gentilhomme, son amy, qui revient malade de l'armée, et de mettre des draps blancs dans son lit. Cependant l'escuyer, qui va au chasteau pour prendre la cassette aux papiers et advertir MM. de Thou et de Chavagnac, est arrêté prisonnier. M. de Charraut, qui n'avoit pas trouvé M. Le Grand dans son appartement, met l'alarme dans le chasteau, où il fait les perquisitions en vain jusqu'à tant que le roy partit, qui fut à six heures le vendredy au matin, que Sa Majesté alla à Besiers avec créance que mondit sieur Le Grand s'en étoit fuy de la ville. S'en allant, elle commanda aux capitouls et consuls de Narbonne de faire recherches exactes de sa personne et de la garder jusqu'à tant qu'elle envoye ses ordres. Ceux-ci menacent de la corde le premier hoste qui le recèle, et en font publier le ban. Celui de M. Le Grand, revenant des champs, s'informe de sa femme qui est dans son logis. Elle lui dit qu'il y a un gentilhomme malade au grenier[2]; il y monte et recognoit que c'estoit M. Le Grand. Aussi tost il va advertir les gens de la ville,

1. Belet, son valet de chambre, dit Tallemant, le mena chez un bourgeois dont la fille étoit bien avec lui. Levassor dit au contraire que Cinq-Mars reçut asile d'une femme qui lui avoit vendu la fille qu'elle avoit eue d'un nommé Burgos, faiseur de poudre à canon de la ville. (*Histoire de Louis XIII*, t. 10, p. 648.)

2. Monglat dit aussi qu'on le trouva dans un grenier, et qu'une fois pris, on le conduisit dans la citadelle de Montpellier, ainsi que de Thou et Chavagnac. (*Coll. des Mémoires*, 2ᵉ série, t. 49, p. 385.)

qui se vinrent saisir de luy, et incontinent dépeschèrent pour en donner advis au roy, qui envoya un capitaine aux gardes avec sa compagnie pour le mener comme il faut à la citadelle de Montpellier. Ce capitaine lui exposant son commandement, il lui demanda si c'estoit le roy luy-mesme qui luy avoit commandé. Il l'assura que c'estoit luy ; et puis il demanda s'il trouveroit bon qu'il prist son espée, à quoy il respondit que ouy. Là-dessus M. Le Grand se lève dessus cette paillasse où il estoit couché habillé, et fut quelque moment dans la ruelle, où la réflexion qu'il fit de l'inconstance de la fortune et du pitoyable estat auquel il estoit lui tira les larmes des yeux ; et puis il dit au capitaine que, puisque le roy le commandoit, il obéissoit.

Il n'y a rien de changé pour le commandement de l'armée, de laquelle MM. de Schomberg et La Mallerie[1] ont soin. Le premier est fort décrié dans cette intrigue, estant accusé d'avoir joué les deux. Freville[2] n'est ni en fuite, ni en disgrâce. M. de La Vrillière, dans l'opinion du monde, n'est pas hors de danger d'être disgracié, et, quoy qu'il ne soit pas accusé d'avoir esté meslé bien avant dans les intérêts de M. Le Grand, il l'est de n'avoir pas fait les démonstrations nécessaires de chaleur et d'affection pour le party de Son Eminence. On accuse force

1. M. de La Meilleraie.
2. C'est Treville qu'il faut lire. On appeloit ainsi, par altération, Henri-Joseph de Peyre, comte de Troisville. C'étoit l'homme le plus dévoué au roi, et le cardinal eut mille peines à le faire tomber en disgrâce. (Tallemant, in-12, t. 2, p. 230-231.)

gens de toute qualité d'estre complices, Monsieur des premiers, qui n'est point sans effroy; la reine aussy; M. de Bouillon et beaucoup d'autres, comme les comtes de Brun, Montrésor[1], Aubijon[2] et Fontraille. La cassette de M. Le Grand, pleine de lettres, est entre les mains de M. de Noyers. L'on a mauvaise opinion de sa vie, et même de celle de nostre cher amy, dont je voudrois soulager l'infortune de mon propre sang.

1. Claude de Bourdeille, comte de Montrésor. Il parvint à se sauver en Angleterre, d'où il ne revint qu'après la mort du cardinal. On a de lui de très intéressants mémoires.
2. Lisez d'*Aubijoux*. Il s'étoit sauvé avec Fontrailles.

L'Eventail satyrique [1], *fait par le nouveau Theophile* [2], *avec une apologie pour la satyre.*

M.DC.XXVIII.

Si le grave censeur de Rome
Vivoit en ce temps où nous sommes,
On ne verroit tant d'hospitaux,
Tant de gueux, tant de courtisanes,

1 Cette pièce, devenue assez rare aujourd'hui, eut pourtant plusieurs éditions. C'est d'après la dernière que nous la reproduisons. Elle fut publiée une première fois en 1622, sous ce titre : *Le Tableau à deux faces de la foire Saint-Germain, ou Les souvenirs satyriques du carnaval, avec une Apologie pour la satire*, in-8. En 1625, il en parut une autre édition, sous le titre conservé ici : *L'Eventail satyrique*, mais sans la pièce qu'on y a jointe, et qui se trouvoit aussi à la fin du *Tableau à deux faces*. Ce dernier titre a plus de rapport qu'on ne pourroit croire avec celui d'*Eventail satyrique*. Le *Tableau à deux faces*, en effet, n'étoit autre chose qu'une de ces images pliées en *éventail*, qui, grâce à cette disposition, font voir une figure à droite et une figure ordinairement toute différente à gauche. Cette curiosité, déjà fort ancienne au 17e siècle, et sur laquelle nous avons fait une assez longue note, t. 2, p. 327-328, est encore aujourd'hui une marchandise de foire.

2. Ce nom ne se trouve ni sur l'édition de 1622, ni sur

Tant d'abus, tant de mœurs profanes,
Tant de cocus et maquereaux.

Je veux qu'on m'appelle un critique,
Un charlatan, un empirique,
En ce temps un donneur d'advis;
Il faut pourtant en ma police
Dresser la chambre de justice
Contre le luxe des habits [1].

Bonnes estoient les lois d'Athènes [2]

celle de 1625. Pour prendre le nom de Théophile, il semble qu'on eût attendu que le poète du *Parnasse satyrique* n'existât plus. Or, il étoit mort le 25 septembre 1626. V. la notice de M. Alleaume, en tête de ses œuvres, édit. elzev., t. 1, p. xcj.

1. Henri IV et Louis XIII avoient, comme avant eux Charles IX et Henri III, sévi par des ordonnances contre le luxe toujours renaissant des habillements. C'est à quoi l'on fait allusion ici, surtout dans la pièce mise à la suite. Au mois de novembre 1606 avoit paru un *Edict du roy portant deffenses de porter sur les habits aucuns draps de toille d'or ou d'argent*. Mais, quoique cet édit somptuaire soit resté l'un des plus célèbres (*Lettres* de Mme Denoyer, in-12, t. 4, p. 197), il ne paroît pas qu'on lui obéit mieux qu'aux précédents. A la fin de 1609 on n'y pensoit déjà plus. V. *Lettres* de Malherbe à Peiresc, p. 100-101. C'est ce qui rendit nécessaire la promulgation d'une nouvelle ordonnance, parue le 8 février 1620, *pour reprimer*, dit le titre, *le luxe et superfluité qui se void ès habits et ornements d'iceux*.

2. Nous avons cherché, mais n'avons pu trouver, de quelle loi des Athéniens on veut parler ici.

Qui deffendoient l'or et les chaisnes [1]
A leurs filles, et les presens ;
Que s'il estoit ainsi d'entr'elles,
Las ! on trouveroit des pucelles
Encor à l'âge de quinze ans.

Mais les filles sont si volages,
Qu'elles donnent leurs pucelages
Pour du satin et du velours,
Et tiennent que c'est resverie
De syndiquer [2] la braverie,
Estant si commune entre tous.

Ah ! que les Indes sont barbares
De remplir ces humeurs avares,
Nos vaisseaux et nos hameçons !
Que la rame est infortunée
Qui a dans Paris amenée
La mode de tant de façons [3].

Encor, si de ces braveries
On en voyoit des rencheries,

---

1. Les *chaînes* au col ou *sur la robe* comptaient parmi les *niveleries* les plus à la mode. V. notre t. 3, p. 262.

2. Soumettre au contrôle des syndics.

3. Ce mot s'employoit surtout pour les modes. Les Anglois nous le prirent et le modifièrent suivant leur prononciation ; ils en firent leur mot *fashion*, que nous croyons leur avoir emprunté, tandis qu'en le reprenant nous n'avons fait que rentrer dans notre bien. Cette singularité n'a pas échappé à Noël et Carpentier, dans leur *Dictionnaire étymologique*, t. 1, p. 566. Elle est une nouvelle preuve de la vérité de ce mot : l'anglois n'est que du françois mal prononcé.

Il n'y auroit un seul cocu ;
Mais elles gaignent ces richesses
Aysément pour un tour de fesses
Où pour un simple coup de cu.

A voir leurs habits sont des garces,
Ou bien des joueuses de farces
Les plus honnestes au maintien ;
Leur simarre à l'italienne [1]
Sent mieux la licence payenne
Que l'honneur d'un grave chrestien.

Depuis les pieds jusqu'à la teste,
La dame qui fait plus l'honneste
Veut sembler garce en son atour [2],
Où la putain, tout au contraire,
Tasche l'honneste contrefaire,
Et non pas la fille d'amour.

Je ne puis donner de louanges,
Mesdames, à ces manches d'anges [3],

1. Les modes et les étoffes italiennes, *bandes* et *passements* de Milan, etc., étoient surtout proscrits par l'ordonnance de Louis XIII.

2. Je n'ai pas besoin de faire remarquer combien cela est resté vrai de nos jours.

3. Ces manches sont justement à la mode aujourd'hui. « Elles étoient fort larges, dit Furetière, au mot *Ange*, dans son Dictionnaire, et n'alloient qu'à la moitié du bras. » On les appeloit ainsi parce que les anges peints sur les tableaux en ont ordinairement de semblables. Sorel, au livre V de *Francion*, parle de ces *robes à l'ange* (édit. de 1663, p. 248). — Ces manches n'étoient pas alors les seules qui fussent à la mode. Courval-Sonnet, dans sa satire IV

A ces jupes et ces rabas;
Car, soit au cours ou dans les tables,
Vrayment! il faudroit estre diables
Pour se garder de vos appas.

O! que vous avez bonne mine
Sous un taffetas de la Chine [1]
En mettant les ventres au vent!
Est-ce ainsi que l'ont fait vos mères,
Femmes qui estoient si sevères
A faire couvrir leur devant [2]?

Dieux, quel prodige! Sans le linge,
On verroit vostre petit singe
Qui enrage sous ce quaintin
Et de la pasture demande,
Sçachant que vous estes friandes
Des postures de l'Aretin.

Bien tost sans doute une furie

contre *la vanité, inconstance et superfluité des habits*, cite encore

Les manches de la robe à bouillons, en arcades.

1. Les *taffetas de la Chine*, alors fort en faveur, étoient rayés de bleu, d'incarnat, de jaune d'or et d'argent. (*Cérémonial françois*, t. 2, p. 68.) Brebeuf, dans son *Lucain travesti* (Rouen, 1656, in-8, p. 16), parle aussi du *taffetas ondoyé de la Chine*. Le mot *chiné* appliqué aux étoffes bariolées vient de là.

2. Le *devanteau*, sorte de petit tablier qu'on portoit en déshabillé, étoit pourtant encore à la mode. Courval-Sonnet n'oublie pas, dans sa satire citée tout à l'heure:

Un *devanteau* de toile à créneaux rayonnés.

Qui preside à la braverie
Inventera quelque metal,
Quelque crespe, ou plus fine soye,
Afin que nues on vous voye
Ainsi qu'au travers d'un cristal.

A voir tous vos gestes lubriques
Et vos postures impudiques,
Vos devants et vos paradis,
Dieu sçait si vous faites gambades,
Ne portant plus de vertugades,
Ainsi que vous souliez jadis.

Les bourgeoises, qui font les belles,
Sont braves comme damoiselles [1]
Qui se vont promener à tas;
Ont elles pas un petit chose
(Que l'on appelle un c.. en prose)
Pour achepter du taffetas ?

Tout leur vaillant est sous le busque [2],
Qu'elles frottent d'ambre et de musque
Pour faire le galimatias;
Bref, employant tout aux etoffes,

---

1. Sur cette prétention des bourgeoises à se faire appeler *dames* et *damoiselles*, V. notre t. 1, p. 309.
2. Le busque étoit de bois, d'ivoire ou de baleine; on le mettoit dans le corps de jupe et on l'en ôtoit à volonté. De Cailly s'adresse, dans l'une de ses plus jolies pièces, à un busque dont il avoit fait don à l'*incomparable Orante* :

>   Busqué, si proprement tourné
>   Et de petites fleurs orné, etc.

Elles sont de vrays philosophes
Qui portent tout comme Bias.

C'est entr'elles une maxime,
Qu'il faut bien faire plus d'estime
D'un vieil penard ou païsan
Avecques beaucoup de pistoles,
Que des caresses et paroles
Du plus accomply courtisan.

Pour oster cet abus du monde,
Faut chasser la mode feconde,
Qui f..timasse tant d'habits;
Jamais Mathieu, dans son histoire,
Ne vit un luxe si notoire
En perles, satins et rubis.

Les beaux habits font qu'on chevauche
Et que les femmes on desbauche,
Que tant d'abus sont dans Paris.
Ce n'est donc pas contre les femmes,
Mais contre leurs habits infames,
Que s'entend ce charivaris.

O que de f..tus hymenées,
De ramonneurs de cheminées;
Que de cocus, que de cornards,
Que de putains, que de nourrices,
Que de mangeuses de saucisses,
Que de furets, que de renards!

O satin, mort des pucelages!
Velours, père des cocuages!
Habits, juppes, robes, rabas!

Contre vous crie ma satyre.
Que si on ne s'en fait que rire,
Pour moy, je n'en pleureray pas.

Apologie pour la satyre.

On peut remarquer aisément que ceste satyre a esté comme le symptome de la reformation qui commence à operer, et dont nous esperons quelque bonne crise ; pour moy, j'estime que poëte satyrique et severe censeur ne sont qu'une mesme chose, puisque la satyre est une sorte de poësie où l'on trouve des pointes aiguës contre la volupté, le luxe et la vanité, meslée pourtant de traicts piquants et moqueurs ; si dans les termes de leur reprimende ils sont differends, l'intention les rend semblables, qui est de donner la chasse aux vices. Ne sçait-on lequel des deux a des forces ou amorces plus puissantes pour se faire obeyr. Aussi n'y a il drogue au monde capable, à mon advis, de purger les vicieuses humeurs d'un siècle corrompu et les opinions bigearres des esprits malades qu'une satyre, pourveu qu'on la prepare et assaisonne si à point qu'on ne la sente en l'avallant. Que si, par hazard, dans ceste liberté qui est permise il se rencontre quelque chose de licentieux, il faut en excuser ou la rime, ou la naïfveté qu'on y doit observer tousjours, ou le zèle d'un esprit passionné ; au plus, si nous sommes si foibles que de nous scandaliser pour des simples paroles, nous devons nous souvenir de celles de la femme d'Auguste, qui disoit que la veuë de plusieurs hommes tous nuds qu'elle avoit rencontrez en son chemin ne l'avoit non plus esmeuë que s'ils eussent esté des statuës de marbre. Au reste, ceux là se trompent lourdement qui, sous le nom de satyre, taschent à couvrir leurs medisances ou leurs lubricitez. Le sang de Licambe[1] ne coule point dans la fontaine d'Hypocrène, et les Muses sont entièrement vierges, aussi peu capables d'invectives que de saletez, n'y ayant pas moins de crime à prophaner la poësie qu'à débaucher une vestale. La satyre s'esloigne esgallement de ces deux extremetez, et, en quelque façon que ce soit, son intention se doit conserver toute pure. C'est en ceste sorte de vers piquants qu'Horace a excellé. Juvenal est trop aigre, Perse trop severe et sententieux. De nostre temps, à peine en avons nous un pour admirer. Tous les siècles ont produit des vices, mais non pas tousjours des esprits veritablement satyriques, et maintenant la mesdisance et la flatterie sont si familières, que personne ne s'attache qu'à l'une où à l'autre. Pour ceste satyre, je la laisse au jugement de ceux qui s'y cognoissent. On n'ignore point l'occasion qui l'a faict naistre, et je sçay que la reformation dont elle a esté le prognostic[2] aura peut estre blecé quelques es-

---

1. Il se tua du désespoir que lui causèrent les iambes dirigés contre lui par Archiloque, à qui, malgré sa promesse, il avoit refusé de marier sa fille Néobule. (Horace, lib. 5, ode 6.)
2. Ceci donneroit à penser que cette pièce fut écrite avant

prits : c'est pourquoy j'en prepare icy la drogue et le remède.

Consolation aux dames sur la reformation des passemens et habits.

Ces points couppez[1], passements et dentelles, [les[2],
Las! qui venoient de l'Isle et de Bruxelles
Sont maintenant descriez, avilis,
Et sans faveur gisent ensevelis ;
Ces beaux quaintins[3], où l'œil ravy descouvre
Plus de beautez qu'il n'en paroist au Louvre,
Sont despouillez de leurs chers ornemens ;
On n'y voit plus ces petits regimens,
Ces bataillons, ces mousquets et ces mines
Qui faisoient voir que vous estiez bien fines ;
Tous ces oyseaux, ces amours et ces fleurs,
Où ne restoit que l'ame et les couleurs,
Sont sans pouvoir, sans grace et sans merite,

l'ordonnance de 1620, puisque l'auteur se vante de l'avoir provoquée et pronostiquée.

1. V., sur les *point-coupés*, notre t. 3, p. 246, note.
2. La mode des dentelles de Flandre commençoit alors et s'est toujours maintenue. V., comme preuve de leur vogue sous Louis XIV, notre t. 1, p. 239-240.
3. Le quaintin étoit une toile très fine, sur laquelle on brodoit ou dans laquelle on découpoit des figures du genre de celles dont on parle ici.

AUX DAMES.

Depuis que l'ordre à ce luxe est prescrite;
Ces beaux collets, ces manches, ces rabas,
Où un Tartare eust trouvé des appas;
Tous ces pourtraicts et ces vaines figures
Qui vous gagnoient beaucoup de creatures,
Comme trompeurs, et du tout superflus,
Dames, enfin, ne nous paroissent plus.

Si ces atours avoient une parole
Qu'ils vous diroient en un langage drolle :
Cessez, beaux yeux, en vos pleurs vous noyer !
C'est à nous seuls qu'il convient larmoyer
De n'estre plus maintenant en usage,
D'avoir quitté l'air de vostre visage,
De ne voir plus l'or de vos blonds cheveux,
Cordages saincts, l'object de tant de vœux;
De ne toucher à vostre belle gorge,
Dont l'amour faict les soufflets de sa forge,
Et non à vous, qui estes l'ornement
Du plus superbe et riche accoustrement,
Car sans habits, passements et dentelles,
Vous ne laissez de paroistre assez belles.

Mais, dites-moy, ce mal que vous plaignez,
Et pour lequel vos yeux sont tous baignez,
Vous l'eussiez bien inventé par la mode
Qu'auriez jugé peut-estre plus commode,
Mode feconde en mille inventions !
Le seul effroy de tant de nations,
Monstre, prodige, estrange et bien difforme,
Demain pompeuse, aujourd'huy en reforme.
Voulez-vous point que vos desseins maudits
Soient observez plustost que les edicts ?

Or je scay bien que chante vostre plainte :
C'est que jamais vous n'aymez la contrainte,
Et en ce point vostre sexe est si doux,
Qu'il ne se voit qu'aucune d'entre vous
Ait ceste reigle enfrainte d'adventure ;
Vous vous plaisez à gloser la nature,
Faire des loix, corriger l'univers,
Ne vouloir rien, s'il n'est tout de travers ;
Contre le droit vostre desir s'obstine,
Pour l'equité vostre ame se mutine,
Rien ne vous plaist que ce qui vient de loing ;
Ce qui est cher resveille vostre soin ;
Vous vous portez tousjours à la deffense,
Le bien permis plus souvent vous offense !
Bref, vostre esprit de contradiction
Pour le desordre a de la passion.

Ne pleurez plus, changez de contenance,
Et, sans gronder, reverez l'ordonnance
Qui met la drogue à un malheur fatal,
Et pour le bien ne faites point le mal.
Que si quelqu'un s'apprestoit pour vous rendre
Ce que le roi vous a voulu deffendre,
Devroit-on pas plustost vous consoler?
D'aise au rebours vous devez bien voler,
Puisque l'edict maintenant vous delivre
Par chacun an de huict ou neuf cent livres.
Vous ne perdrez vos amples revenus,
D'oresnavant point de maris cornus,
Et, dans Paris, vos filles trop volages
Ne donneront leurs jolis pucelages ;
Vous n'employ'rez les soirs et les matins

A façonner vos grotesques quaintins.
O folle erreur ! ô despence excessive !

Mais, dites-vous, nostre beauté si vive,
Sans la faveur de ces riches rabas
Pour captiver n'aura plus tant d'appas,
Et, desormais, n'estant veuës si braves,
Il ne faut plus esperer tant d'esclaves,
Sous nos drapeaux de jeunes combattans.
Or, en ce poinct, dames, je vous attens :
C'est bien trahir la raison et vous-mesme,
Et faire un crime egal à un blasphème,
De croire ainsi que soyez sans beauté
Hors la faveur de ce bien emprunté.

Le naturel jamais l'art ne surmonte.
Vous devriez toutes mourir de honte
De profaner ces aymables thresors
Que vous avez et de l'ame et du corps !
Comment veut-on qu'une laide se pare,
Si des atours une belle s'empare ?
Les ornemens sont pour les seuls deffauts.
C'est attirer de soy-mesme ses maux,
C'est offenser le ciel et la nature
De rechercher l'estrangère parure ;
Si ces atours estoient plus precieux
Ny que la main, ou la bouche, ou les yeux,
Avecques vous elle les eust fait naistre
En tous les lieux où ils souloient parétre.
Trouvez-vous donc un teton plus mignard
Pour estre plein de parure et de fard ?
Un œil plus doux, une plus belle bouche

Pour les atours qu'auprès d'elle l'on couche?
Si vous gardez encor le souvenir
Du temps auquel on vous pouvoit tenir,
En ce temps-là vous estiez sans dentelles :
Donc autresfois vous n'avez esté belles.
Tout cet abus gist en l'opinion
Et n'est au vray que pure illusion :
Car dans six mois seroit une folie
De ramener ceste mode abolie.
Telle aujourd'huy qui la raison combat,
Qui semble belle en un simple rabat,
Douce, agreable et humble comme un ange,
Avec un autre elle seroit estrange.
Je jure, moy, par le flambeau du jour,
Que jamais tant vous ne donnez d'amour
Qu'en simple habit, ou estant toute nuës :
Deux veritez qui sont par trop cogneuës.

 J'advoue bien qu'un subit changement
 Peut esbranler un ferme jugement;
Le mal vous cuit et vous fait de la peine.
Mais qui croiroit guerir une gangrène
Ou un ulcère avecque peu de mal,
Le medecin seroit un animal.
Les vanitez, le luxe et les delices,
Qui, en un mot, sont l'amorce des vices,
Chancres malins corrompent les citez,
Et sans douleur ne sont point emportez.
Je veux du mal à celles qui, peu sages,
Vont ramenant ces funestes usages
En violant les edicts et les loix,
Ouvrage sainct de tant de braves rois;

C'est à chercher tousjours mille artifices
Pour contenter les yeux et les délices,
Par des couleurs taschant à deguiser
Et des façons qu'on leur laisse adviser,
Qui coustent plus et qui sont moins utiles,
Par où l'abus se glisse dans les villes.

Cecy n'est dit qu'aux vulgaires esprits,
Car je ne croy qu'il y ait du mespris
Dedans vostre ame, ô belle Callirée !
En tous mes vœux sainctement adorée,
Vous ne donnez au change vos regrets.
Voudriez-vous enfraindre les arrests,
Vous qui si bien maintenez vostre empire ?
C'est faire un crime alors que je souspire;
Vous gouvernez, par vos commandemens,
Mon cœur, mon ame et tous mes mouvemens;
Bref, vous avez la plus grande puissance
Qu'on puisse avoir sur une obeyssance,
Et ce bel œil qui me donne la loy
Est mon seigneur, mon monarque et mon roy.
Puis vous sçavez que la vertu est belle
Sans le secours d'une mode nouvelle;
Que la beauté a trop d'allechemens
Sans l'atirail de ces vains ornemens;
Que le poison des vertus plus antiques
Gist en l'abus de ces molles pratiques.

Reservez donc vos soupirs et vos pleurs
Pour l'advenir et les autres douleurs :
Ce reglement et ces nouvelles choses
Ne sont au prix, mesdames, que des roses;

Et, cependant, observez les edicts,
Si vous voulez aller en paradis;
N'endurez point qu'on vous mette à l'amende,
Je suis logé chez la belle Flamande.

Fin.

La Vie genereuse des Mercelots, Gueuz et Boesmiens, contenant leur façon de vivre, subtilitez et gergon, mis en lumière par M. Pechon de Ruby, gentilhomme breton, ayant esté avec eux en ses jeunes ans, où il a exercé ce beau mestier.

Plus a esté adjousté un dictionnaire en langage blesquin, avec l'explication en vulgaire.

A Lyon, par Jean Jullieron. — 1596.
Avec permission [1].

Epistre au sieur des Artimes Gournées.

Amy et frère, pource que, depuis trois ans et plus que j'ay l'honneur de te cognoistre, je t'ay tousjours ouy plaindre de ta fortune, et que tu te trouvois à malaise, encor que je te veisse à une très bonne table;

---

1. Ce livret, très rare dans l'édition dont nous suivons le texte, a été plusieurs fois réimprimé, mais n'est pas devenu plus commun pour cela. Il en parut en 1622 une

te plaindre d'argent, et t'ay veu tousjours jouer; et te plaindre de n'estre assez brave, je t'ay veu très bien paré : on ne sçauroit peindre un roy Herode plus brave que je t'ay veu. Tu te plains de n'estre bien monté, je t'ay veu des poulains et d'assez bons chevaux et bonnes armes. Pour ce que l'honneur t'a

édition petit in-4, de 31 pages, chez P. Ménier, portier de la porte Saint-Victor. Un exemplaire fut vendu 34 livres chez le duc de La Vallière (*Catalogue*, t. 2, p. 363, n° 3891). Un imprimeur de Troyes la reproduisit avec quelques différences dans le titre : V. *Catalogue des livres du cabinet de M**** (Imbert de Cangé), 1733, in-8, p. 120. Depuis lors, une copie exacte, mais sans notes, en a été donnée, d'après le texte de 1596, au t. 8 des *Joyeusetez, faceties et folastres imaginations*, publiées par Techener. — Le nom de Peschon de Ruby, que prend l'auteur, est un pseudonyme argotique. *Peschon* vouloit dire *enfant*, comme on le verra plus loin dans le *Dictionnaire blesquin*; il se prenoit aussi pour apprenti, novice, et pouvoit par conséquent venir de l'italien *piccione* et de son correspondant en françois *pigeon*, qui se disoit déjà pour *dupe*, sens qu'il a gardé. On lit dans la *Cabale des matois*, pièce jointe à la *Gazette*, Paris, 1609, in-12, p. 49 :

> Après tant de mignardise,
> Notre malice déguise
> Que le *pigeon* ne peut pas
> Libre eschapper de nos laqs.

Quant au nom de Ruby, je n'en connois pas d'explication satisfaisante. M. Fr. Michel en donne une, mais il se garde bien d'en répondre, et il a raison (*Etudes de philologie comparée sur l'argot*, xlvij, note 48, et p. 309). Il faut s'en tenir à ce que dit l'auteur lui-même, dans son *Dictionnaire blesquin*; suivant lui, *Pechon de Ruby* signifie *enfant éveillé*.

DES MERCELOTS, GUEUZ, ETC. 149

mis plus bas que de coustume, je te donne ce mien œuvre, afin que tu y puisse trouver quelque cautelle[1] pour recouvrer argent. Et comprens bien ces trois estats, et comment ils sont très lucratifs et plains de finesses et cautelles; et, si se trouvoit quelqu'un qui, par mespris, voudroit blasmer les discours de ce livre, je luy responds que je ne les ay pas faicts par envye contre aucun de ceste sorte de gens, ains pour laisser couller le temps et pour mon plaisir. A Dieu.

Comme l'autheur se meist au metier.

Ayant l'aage de neuf à dix ans, craignant que mon père me donnast le fouët pour quelque faute commise, comme advient à gens de cest aage, je prins résolution d'aller trouver un petit mercier qui venoit souvent à la maison de mon père, et desirant faire quelque beau voyage, je résolu m'en aller avec luy. Il n'estoit coesme[2], n'ayant parvenu à ce degré, ains es-

[1]. Ruse, fourberie. On connoît les *cautèles* de Cepola, que Rabelais appelle *diabolicques* (liv. II, ch. 10), et qui sont pour les gens de justice ce que sont pour les voleurs celles qui se trouvent ici, car elles enseignent à éluder les lois et à perpétuer les procès. L'édition la plus rare fut donnée à Paris, en 1508, chez Jean Petit, in-8 gothique.

2. C'est-à-dire n'étoit pas encore reçu bon mercier, bon *coesmelotier*, nom qu'on donnoit, dans l'argot de ce temps-là, aux merciers et colporteurs dûment affiliés à la confrérie des voleurs de grands chemins. Le mot *contreporteur*

toit simple blesche[1], et sortoit de pechonnerie[2], toutefois *entervoit le gourd*[3], et delisberasme d'aller en Poictou, faisant estat d'y estre jusqu'après vendanges. Mon compagnon me disoit que j'eusse beaucoup gaigné à l'entrée des vignes pour mettre en escrit les charges dez raisins. On appelle ce mestier *escarter*.

Comme l'autheur fit paction avec ce blesche.

J'avois desrobé cinquante cinq sols à ma mère; je dis à mon compagnon que nous serions à moitié. Il me respond que sa balle valoit quatre livres

---

est resté comme synonyme de *filou* dans l'argot d'aujourd'hui. *Cameloter* s'y prend aussi toujours dans le sens de *queuser*, *marchander*. Le mot tout populaire de *camelote*, pour mauvaise marchandise, en est venu. Plus loin, une note de l'auteur achèvera l'explication des mots *coesme*, *mercelot*, *blesche*, *pechon*.

1. C'étoit le grade inférieur dans la confrérie. Il est parlé des *blesches* et *coësmeloliers*, ainsi que du langage auquel on s'initioit avec eux et des cérémonies qu'ils pratiquoient, dans le 3ᵉ *Discours*, qui se trouve à la suite du curieux livret *Le jargon ou Langage de l'argot réformé*, etc., Lyon, Nicolas Gye, 1634, in-12. Nous avons déjà trouvé le mot *blesche* employé pour bohémien, t. 5, p. 271. Huet le fait venir de l'espagnol *bellaco*, *veilaco*, altération du nom des Valaques, qui passoient alors pour d'assez mauvaises gens. Nous avions aussi dans le même sens le mot *veillac* : V. le baron de Fæneste, édit. elzev., p. 268. On dit encore à Orléans *vaillaq*, pour mauvais garnement.

2. Apprentissage.

3. Entendoit la fourberie. *Gourd* et *enterver* se trouvent dans Coquillard, édit. elzev., t. 2, p. 246, 274.

tournois, et que j'avois part à la concurrence de mes deniers, et qu'eussions[1] *affuré les ripcaux, rippes et milles, et pechons, qui attrimoyent nostre coesmeloterie pour de l'aubert huré.* Quand nous eusmes esté trois ou quatre mois à la compagnie j'avois de butin deux *rusquins, et demie menée de rons, deux herpes, un froc et un pied*[2].

Les façons de coucher.

Nostre vie estoit plaisante, car quand il faisoit froid, nous *peausions*[3] dans l'abbaye *ruffante*, c'est dans le four chauld[4], où l'on a tiré le pain naguères,

1. « C'est-à-dire que eussions trompé les gentilshommes, damoiselles et garçons, femmes de village et paysans, leur donnant nostre marchandise. » (*Note de l'auteur.*)

2. « *Rusquins* sont escus, *ouendes* sont livres, *rons* sont douzains, *herpes* liards, *pieds* deniers, *froc* ung double. » (*Note de l'auteur.*)

3. Nous *couchions*, nous *dormions*. Aujourd'hui les gens du peuple disent *pioncer* pour dormir.

4. C'étoit assez volontiers l'usage des gueux de coucher ainsi dans les fours. On lit dans la *Farce d'un ramonneur de cheminées*, etc. (*Anc. Théâtre*, édit. elzev., t. II, p. 202) :

> Je prins ce paillart totilleur
> A Paris, chez un rotisseur,
> Et n'avoit pas vaillant deux blans
> Et couchoit, dont il est si blans,
> Au *four* à quoy la paille on ard.

Il y a trente ans, une pauvre femme du quartier Saint-Victor, à Orléans, couchoit encore ainsi dans un grand *four* les pauvres diables qui prenoient gîte chez elle. Ne seroit-ce pas de cet usage que seroit venu le nom de *four* donné

ou sur le *pelard*, c'est sur le foing, *sur fretille*, sur la paille, *sur la dure*, la terre. Ces quatres sortes de coucher ne nous manquoient, selon le temps ; car si nos hostes faisoient difficulté de nous loger où la nuict nous prenoit, s'il pleuvoit, nous logions dans l'abbaye *rufante*, et au beau temps sur le *pelardier*, c'est-à-dire le pré, et là espionnions les *ornies*, sont les poules, et *etornions*, ce sont poulets et chapons, qui perchent au village dans les arbres, près des maisons, aux pruniers fort souvent, et là *attrimions l'ornie* [1] *sans zerver, et la goussions ou fouquions pour de l'aubert*, c'est-à-dire manger ou vendre ; et en *affurant* [2], selon nostre vouloir et commodité, nous trouvions souvent à des festins où les *pechons* passoient *blesches* et *çoesmes*, selon leur capacité. Ainsi faisans bonne chère, chacun apportoit son gain ou larcin, que je ne mente ; j'use de ce mot de gain, parce que tous les larrons en usent. Ceste vie me plaisoit, fors que mon compagnon me faisoit porter la balle en mon rang ; mais les *courbes m'acquigeoient fer-*

---

aux mauvaises tavernes du quai de la Ferraille (l'ancienne vallée de Misère), où les raccoleurs embauchoient les recrues ?

1. *Attrimer*, prendre *ornie* la poule, de ορνις, oiseau, étoit le tour le plus ordinaire du métier de ces maraudeurs. V. *Le Jargon ou Langage de l'argot réformé*, etc., au t. VIII des *Joyeusetez*, p. 74. C'est de là sans doute qu'est venue la locution populaire *plumer la poule*, qui étoit si bien en usage alors, et que nous avons déjà tant de fois rencontrée. V. aussi *Fœneste*, édit. elzev., p. 128.

2. *Volant*, de *furari*, qui a le même sens en latin.

ms, c'est-à-dire que les espaules me faisoient mal.
Toutes fois, je ne plaignois pas mon mal, car j'avois dejà veu beaucoup de païs : nous avions esté jusques à Clisson de la Loire, et au Loroux à Bressuire, et en plusieurs fours chauds et froids, de pailliers et prez.

*Comme je fus contrainct de prendre la balle
à bon escient.*

Advint qu'en nostre voyage mon compagnon demeura malade à Mouchans en Poitou[1]. Je me ré-

1. En ce temps les compagnies de gueux du Poitou étoient nombreuses et célèbres. « Il y avoit alors, dit d'Aubigné, une gaillarde academie de larrons en Poictou, n'en déplaise à la Gascogne ni à la Bretagne. » (*Le baron de Fæneste*, édit. P. Mérimée, p. 137.) Un passage très curieux du *Jargon* (édit. des *Joyeusetez*, t. VIII, p. 3-4), au chapitre *Ordre ou Hiérarchie de l'argot réformé*, donne d'intéressants détails sur l'origine de cette truandaille poitevine et sur la manière dont elle s'étoit alliée avec les mercelots des foires, qui avoient fini par être confondus avec elle : « L'antiquité nous apprend et les docteurs de l'argot nous enseignent qu'un roi de France ayant établi des foires à Niort, Fontenay et autres lieux du Poictou, plusieurs personnes se voulurent mesler de la mercerie ; pour remedier à cela, les vieux merciers s'assemblèrent et ordonnèrent que ceux qui voudroient à l'avenir estre merciers se feroient recevoir par les anciens..., puis ordonnèrent un certain langage entr'eux avec quelques ceremonies pour estre tenues par les professeurs de la mercerie. Il arriva que plusieurs merciers mangèrent leurs balles, neantmoins ne laissèrent pas d'aller aux susdites foires, où ils trouvèrent

solu d'estre habile homme, et aussi que j'avois bon commencement. Laissant là mon compagnon, je prends la balle et la mets sur mon tendre dos, qui peu à peu s'adurcissoit à ce beau mestier, et allay avec d'autres à la foire de la Chastaigneraye, près Fontenay, où je fus accosté de tous les *pechons*[1], *blesches et coesmelotiers hurez*, pour sçavoir si *j'entervois le gourd et toutime*, me demandans le mot et les façons de la ceremonie. Ce fut à moy à entrer en carrière et payer le soupper après la foire passée, car ils congneurent que je n'*entervois que de beaux*, c'est-à-dire que je n'entendois le langage ny les ceremonies. Lors je paye le festin à mes superieurs, et sur la fin du soupper le plus ancien feist une harangue.

La harangue qui fut faicte au nouveau blesche[2].

Coesmes, blesches, coesmelotiers et pechons, le pechon qui ambieonosis qui sesis ont fouqué la

grande quantité de pauvres gueux, desquels ils s'accostèrent, et leur apprirent leur langage et ceremonies. Les gueux, reciproquement, leur enseignèrent charitablement à mendier. Voilà d'où sont sortis tant de braves et fameux argotiers. »

1. « *Pechon*, c'est quand on a la première balle et du premier voyage; et après *blesche*, *mercelot* et puis *coesme*; c'est mercier, et puis le *coesmeletier huré*, c'est bon marchand, qui porte à col seulement. » (*Note de l'auteur*.)

2. Sur ces cérémonies de réception dans les compagnies de voleurs, V. t. 5, p. 349, et t. 6, p. 65.—Cartouche faisoit aussi subir un interrogatoire et des épreuves à tous ceux qui vouloient entrer dans sa bande. Le Grand a tiré

morfe, il a limé en ternatique et gournitique, et son an ja passé d'enterver. Lors ils me appellent et me font descouvrir, et devant tous me font lever la main, et sur la foy que j'avois pour l'heure, jurer que je ne déclarerois point le secret aux petits mercelots, qu'ils ne payassent comme moy[1], et me presentent un baston à deux bouts et une balle, voir si je mettrois bien ma balle sur le dos, me deffendre des chiens d'une main, et de l'autre mettre

parti de cette curieuse particularité dans sa comédie des *Fourberies de Cartouche*. Un jeune homme se présente pour être enrôlé : « Où avez-vous servi? lui dit le voleur. — Deux mois chez un procureur, six mois chez un inspecteur de police. — Tout ce temps vous comptera comme si vous aviez servi dans ma troupe. »

1. Les chefs faisoient bonne justice de ceux qui manquoient à leur serment. Montaigne a dit (liv. XIII, ch. 13) que les gueux, de son temps, « avoient leurs dignitez et ordres politiques ». Il eût pu ajouter qu'ils avoient leur police, et fort bien faite même. « Le jeudy 3 septembre 1609, dit l'Estoille, un des principaux officiers de la justice de MM. les voleurs et couppes-bourse de Paris, qu'ils avoient établie et exerçoient vers le Porte au Foin, condamnans les uns à l'amende, les autres au fouet et les autres à la mort (qui estoit de les poignarder et jetter à la rivière), ayant esté descouvert et attrapé par le prevost Defundis..., fust pendu et estranglé en la ditte place du Porte au Foin... » Huit jours après il dit encore : « Le jeudy 10 furent pendus et estranglez, en la place du Porte au Foin, à Paris, le procureur et l'avocat du roy en la Cour des couppe-bourses et voleurs. Ils avoient un grand et petit basteau pour l'exercice de leur brigande justice. Là se tenoient les plaids et audiances en l'ung; et en l'aultre estoient prononcés et exécutés leurs arrests, sentences

ma balle sur le dos en mesme temps, et aussi si je savois jouer du baston à deux bouts selon l'antique coustume, en disant : *J'atrime au passeligourd du tout*, c'est-à-dire je desroberay bien. Je ne sçavois rien alors ; mais ils me monstrèrent fidellement, et avec beaucoup d'affection, ce que dessus, et outre m'apprindrent à faire de mon baston le *faux montant*[1], le *rateau*, la *quige habin*, le *bracelet*, l'*endosse*[2], le *courbier*[3], et plusieurs autres bons tours. Mon compagnon me trouva passé maistre, dont il fut bien resjouy.

Belle subtilité pour faire taire les chiens.

Nous assemblasmes nombre de blesches et coesmes, et deliberasmes de *peausser* en un bon village où y avoit force volaille ; mais il y avoit des plus meschans chiens du monde, qui nous vouloient devorer. L'un de noz compagnons, fort ex-

et condamnations. Chose estrange et inaudite, et toutesfois bien veritable et tesmoing irrefragable de la meschanceté de ce siècle. « (Edit. Champollion, t. 2, p. 533.)

1. « C'est un tour de baston subtil et le *rateau* une autre façon très adroite ; la *quige habin*, le trompe-chien, le *bracelet*, un sublime tour de baston, qui se peuvent comprendre par l'expérience. » (*Note de l'auteur.*)

2. V., sur ce mot, Fr. Michel, *Etudes de philologie comparée sur l'argot*, p. 7, et notre t. 3, p. 221-222.

3. Tout ce qui est dit ici ne devra plus laisser de doute sur l'étymologie de la locution *entendre le tour de bâton*, déjà en usage au 16ᵉ siècle. V. Des Periers, édit. L. Lacour, coll. elzev., t. 2, p. 78.

perimenté, nous dict : « Laissez-moy faire. Vous voyez ces chiens bien enragez, mais je les feray bien taire, et vous monstreray que nous aurons le corporal et toute la volaille du village si nous voulons, car j'ay l'herbe qui en guerist. Il tire de sa balle quatre cornes de vache, deux de bœuf et deux de bellier, et une potée de graisse de porc, meslée de poudre de corne de pied de cheval, meslé ensemble, et les emplit de cest unguent, nous en donnant à chacun la sienne, et arrivons dans ce village par divers endroicts. Comme les chiens voulurent s'esmouvoir, nous leur jettons ces cornes. Chasque chien prend la sienne, et de faire chère, n'abayans nullement, et prismes ce que bon nous sembla autour du village, et *ambiasmes le pelé juste la targue*, c'est-à-dire nous enfilasmes promptement le chemin de la prochaine ville.

Mon compagnon aymoit une *limougère*[1] d'une taverne borgne, où logions souvent venant de Clisson au Loroux Botereau, où il nous coustoit pour le *peaux huré deux herpes*, c'est-à-dire deux liards pour coucher. La *limougère*, c'est-à-dire la chambrière, venoit au soir coucher avec mon compagnon, et se vient mettre contre moy. Je fuz tout estonné, comme n'ayant jamais *rivé le bis*.[2] Toutes

---

1. C'est *millogère* qu'il faut lire, comme on le verra plus loin, dans le *Dictionnaire blesquin*. Servante se disoit aussi *andrumelle* : V t. 3, p. 231, ou bien encore *audrimelle* : V. *Les premières œuvres poétiques du capitaine Lasphrise*, Paris, 1599, in-12. p. 499.

2. *Far l'atto venereo*. Le verbe *river* se disoit aussi avec le

fois mon compagnon dormoit ; je m'aventure à *river* selon mon pouvoir, et si mon *chouard* eust esté comme il est, elle se fust mieux trouvée, encores qu'elle me trouvast assez bon petit gars. Mon compagnon s'éveille, et dessus ! et moy de dormir en mon rang. Je vous jure que j'avois bien veu *river*, mais jamais je n'avois point *rivé* ; mais je ne sçay si je perdy ce qu'on appelle pucelage, car je pensay esvanouir d'aise. Mon compagnon *riva fermis*, et au matin nous en allasmes à Clisson, et là trouvasmes une trouppe qui nous surpassoit en félicité, en pompe, subtilité et police, plus qu'il n'y a en l'Estat venicien, comme verrez ci-après.

Mon compagnon et très bon amy, sçachant que nous approchions de la rivière de Loire pour tourner vers noz parents, s'advisa de m'*affurer*, c'est-à-dire tromper, car il s'en alla avec mon argent, et ne me resta que huict sols. Mon autre compagnon s'en alla chez mon père, près du lieu où nous estions, tellement que je demeure *affuré* et seulet. Toutesfois j'avois fait amitié avec les plus signalez gueuz de ceste grande trouppe, ne sçachant qui me pouvoit arriver ; car de retourner vers mon pays, je n'en voulois ouyr parler, craignant le fouet, ce que je meritois bien, et m'accommode avec lesdits gueuz.

même sens dans l'ancienne langue populaire. On lit dans le *Monologue des perruques* :

    ... Chevaucher sans selle,
   River et habiter dehait.

    (*Œuvres de Coquillart*, édit. Ch. d'Héricault,
    t. 2, p. 271.)

C'estoit lors d'une assemblée generale où tous les plus signalez gueuz de France estoient assemblez, comme grands coesres, premiers cagouz, avec autres de respect envers leurs supérieurs, comme une court de parlement à petit ressort. Je vous deduiray ci-après ce que j'en appris en neuf mois.

Vous croirez qu'en toutes les provinces il y a un chef de ces docteurs, chose certaine ; et selon qu'il a esté créé vient recognoistre le chef appelé le grand coesre[1], et payer le devoir, et faut notter que tous les chassegueux qui sont aujourd'huy aux villes sont grands coerses et tirent de l'argent.

L'assemblée et ordre qu'ils tiennent à leurs eslats généraux.

Ils s'assemblèrent tous à l'issuë d'un grand village près Fontenay le Conte et là, le grand coesre, qui estoit un très bel homme, ayant la majesté d'un grand monarque et la façon brave, avec une grande barbe, un manteau à dix mille pièces, très bien cousues, une hoquette[2] bien pleine sur le dos, la

1. « Premièrement, lit-on dans *le Jargon ou Langage de l'argot réformé...*, édit. des *Joyeusetez*, p. 5, ordonnèrent et establirent un chef..., qu'ils nommèrent un grand *coêre* ; quelques-uns le nommèrent roi de Tunes, qui est une erreur. »
2. Petit paquet où l'on mettoit son linge et qu'on portoit d'ordinaire au bout du bâton appelé *hoquet*. Quelquefois ce dernier mot se prenoit dans l'un et l'autre sens. Il prêtoit fort aux équivoques ; aussi l'on ne manqua pas d'en faire. D'abord, par exemple, on dit, dans le sens de vomir, *compter ses hoquets* ; puis, par une évolution toute

bezasse bien garnie à costé, le manteau attaché souz la gorge avec une teste de matraz en guise de bouton, appellé *bouzon* en nostre paroisse; une jambe très pourrie, qu'il eust bien guerie s'il eust voulu[1]; une calotte à cinq cens emplastres, et la teste assez fort bien teigneuse! Le baston de M. le coesre estoit de pommier, et à deux pieds près du bas estoit rapporté, et là dessouz une bonne lame, comme d'un fort grand poignard[2], et deux pistolets dans sa bezasse. Il fait mettre à quatre pieds tous les nouveaux venuz, qui estoient douze. Outre se sied le premier dessus le dos de ces nouveaux venuz. Les cagouz, lieutenants du grand coerse par les provinces, s'assirent aussi sur le dos des nou-

naturelle, le calembour venant en aide, on passa du contenant au contenu, et l'on dit *compter ses chemises*. Cette locution ne doit pas avoir d'autre étymologie.

1. Sur ces fausses plaies des *argotiers*, qui firent si spirituellement appeler *cour des Miracles* le lieu où, la nuit venue, ils alloient se débarrasser de leurs maux, Ambroise Paré a donné de très intéressants détails; c'est ce qu'il appelle l'*artifice des méchants gueux de l'hostière* (édit. Malgaigne, t. 3. p. 46-53).

2. Ces *cannes à épée* étoient d'un usage très commun et fort nécessaires alors. Les plus paisibles ne s'en passoient pas. Ecoutez Enay, le doux et l'inoffensif : « Je n'ai ni querelle ni procez, et suis bien aimé de mes voisins et tenanciers; d'ailleurs, j'ai une petite lame dans ce bourdon. » (*Le baron de Fœneste*, édit. P. Mérimée, p. 10.) Un édit de 1666 défendit ces *espées en baston*. Elles avoient été déjà comprises, en 1661, dans la défense qui donna lieu à la comédie de Chevalier : *La désolation des filoux, sur la deffense des armes*.

veaux, et sur moy aussi; et au milieu une escuelle de bois que nous appellons *crosle*. Je fuz le premier appellé, et avant estre interrogé, falloit mettre trois ronds en la *crosle*; les anciens receuz baillent demy escu, un escu ou un quart d'escu. Selon la province que dictes estre, l'on baille le cagou qui meine pour *attrimer*, et apprend les tours et comme on se doit gouverner pour acquerir de l'honneur et de la reputation pour parvenir à lieutenant de cagou, ou coesre, qui est le plus haut degré.

Interrogats du grand coesre, avec l'opinion de ses lieutenans les cagouz, aux nouveaux venuz.

Ce grand prince me demanda qui j'estois et comme j'avois nom, et du lieu de la province. Je luy respons avec respect, mon bonnet en la main, que j'estois Breton, d'auprès de Redon. Lors le cagou[1] de Bretagne jette l'œil sur moy, comme pensant que j'estois de son gouvernement et des siens. Le grand coesre me remonstre comme ensuit : « *Vozis atriment au tripeligourt?* » Je respons : « *Gis*; c'est parce que, quand on passe mercier, le mot c'est : *J'atrime le passe ligourt*. — Ouy, fils. Ne pensez que nostre vacation ne soit meilleure que celle des merciers, et nous estimons autant que les plus grands du monde : à sçavoir si vous pouvez esgaler à eux; au reste, nous sçavons

[1]. Il est parlé des cagoux dans le *Jargon*, mais comme d'une catégorie de *gueux*, et non comme dignitaires de l'ordre, ainsi qu'on les représente ici. On verra plus loin, dans le *Dictionnaire blesquin*, que cagou se prenoit pour lieutenant.

vos suptibilitez, comme à faire taire les chiens,
et sçavons les quatre sortes de *peausser*, l'abbaye
ruffante, *la fretille*, *le pelard*, *la dure*. Vostre langue est semblable à la nostre ; nous sçavons attrimer ornies, sans *zerver l'artois en l'abbaye ruffante*.
Vostre cagou, qui est l'un des plus anciens, vous
apprendra comme devez vivre, car c'est le plus capable qui soit venu devant moy. Pour abreger, vous
promettez de ne dire le secret. Sur vostre foy, avez-vous mis les trois ronds en la *crosle*? Prenez vostre
baston, mettez le gros bout à terre, et le poussez le
plus bas que pourrez, et dictes : *J'atrime au tripeligourd*, et allez baizer les mains de vostre cagou,
et luy promettez la foy ; embrassez-moy la cuisse
(ce que je feis promptement) ; sur la vie de ne declarer le secret à homme vivant, c'est-à-dire *J'atrime
au tripeligourd*, je desroberay trois fois très bien.
Il y a une chose requise de sçavoir, premier de demettre tous les interrogats ; c'est que tous les gueuz
que la necessité convie de prendre les armes, comme
le *pechon*, l'escuelle, et la *quige habin*, et aussi ceux
qui ne veulent recognoistre le grand coesre, ou son
cagou, on les devalize, et les tient-on pour rebelles
à l'Estat, et en rend-on compte au grand coerse ; et
là il faict de bons butins, et faict-on la fortune. Le
receveur de ces deniers s'appelle *Brissart*. »

Le reste de l'interrogation.

« Pechon de rubi, sur quoy voulez-vous marcher?
—*Sur la dure.*—Vous estes bien nouveau et bien sot,
dit le coerse. Pour te faire entendre, et afin que

d'icy à quelque temps que tu ayes plus d'esprit, et que tu respondes plus pertinemment, nous marchons sur la terre de vray, mais nous marchons avec beaucoup d'intelligence. Ne m'advouez-vous pas qu'il y a plusieurs chemins pour aller à Rome? aussi y a-il plusieurs chemins pour suyvre la vertu. Et, pour conclure, c'est que *nozis bient en menues dymes*: c'est que nous marchons à plusieurs intentions. »

Diverses façons de suyvre la vertu.

1. *Biez sur le rufe*, c'est marcher en homme qui a bruslé sa maison, et feindre y avoir perdu beaucoup de bien, et avoir une fausse attestation du curé de la pretendue paroisse où la maison doit estre bruslée; et celuy donne au grand coestre ou son cagou un *rusquin*, c'est un escu.

2. *Biez sur le minsu*, c'est aller sans artifice; et tu payeras un *testouin* et iras simple, et l'on t'apprendra les excellents tours.

3. *Biez sur l'anticle*, c'est feindre avoir voüé une messe devant quelque sainct pour quelque mal, ou pour quelque hazard où l'on se seroit trouvé, et demanderez en ceste sorte : « Donnez-moy, nobles gentils hommes, et nobles dames et damoiselles, pour achever de quoy payer une messe; il y a quinze jours que je la cherche, et ne l'ay encore amassée. » Pour ceste façon, vous payerez deux *menées de ronds*, qui sont quatre sols.

4. *Biez sur la foigne*, c'est feindre avoir perdu son bien par la guerre, et feindre avoir esté fort riche marchant, et avoir les habits convenables à voz

discours, et tu payeras un *rusquin* ; je te les diray toutes et tu choisiras.

5. *Biez sur le franc mitou*, c'est d'estre malade à bon escient : tu es sain, tu ne sçaurais y *bier* ; ceux-là sont privilegiez, ils recognoissent seulement le grand coesre et prennent passeport, dont ils payent cinq *ronds* ; cela vault beaucoup au chef.

6. *Biez sur le toutime*, c'est aller à toutes intentions et avoir tant de jugement et dexterité, se contrefaire du *franc mitou*, *du rufle*, *de l'anticle*, *et de la foigne* ; bref, s'aider de tout. Mais, en bonne foy, il n'y en a guères, et aussi les places sont prinses, et aussi tu es trop sot. Va, tu marcheras sur l'*anticle* ; au reste, si tu es si osé d'aller sur autre intention sans le faire savoir à ton cagou, je t'en feray punir, comme verrez tantost ce compagnon là que voyez lié, et advoueray la prise bonne de vostre equippage, tant argent qu'autres choses. Vous promettez sur vostre foy ; levez vostre main gauche (c'est une erreur que les cours de parlement font lever la droicte, c'est celle de quoy nous torchons le cul, et tuons les hommes, et faisons tous les maux ; la main gauche est la prochaine du cœur, c'est la main honneste) ; et, sur la vie, ne declarez le secret.

Faictes comme avez veu ces autres, et de main en main tous les nouveaux passèrent. Les anciens, d'un autre costé, rendoient compte au receveur *Brissart*, et à la *mille* du coesre, tant des devalizez que des deniers ordinaires. Je diray, avec verité, que de cinquante ou soixante gueuz qu'il y avoit en la troupe, fut receut trois cens escuz.

Ils font un roolle avec des coches sur le baston du cagou ; chacun a son roolle, et marquent ainsi leurs affaires [1].

Le grand coesre se lève de dessus ce nouveau, et les cagouz, il nous prie tous de soupper, et qu'eussions à assembler noz bribes [2], veu que chacun n'avoit eu le moyen d'aller chercher à soupper, et mesmes que le jour s'estoit passé en affaires et estoit tard.

Forme du soupper.

Le grand coesre et brave prince, luy et sa femme, tirent de la bezasse et de leurs bissacs et *courbières* un beau petit trepied, un pot de fer avec sa cucillère, un chaudron joly, une poisle à frire, et en mesme endroict faisons de grands feuz, où chascun

---

1. Autrefois les marchands en détail n'avoient pas non plus d'autre livre de compte. La *taille*, morceau de bois fendu en deux, dont les parties pouvoient s'ajuster ensemble, et dont l'une, la souche, demeuroit chez le marchand, tandis que l'autre restoit chez la pratique, permettoit, au moyen de *coches* ou *entailles* faites sur celle-ci et reproduites sur celle-là, de calculer la quantité de choses vendues. C'étoit fort commode, surtout pour les boulangers, qui n'y ont pas encore tous renoncé.

2. Ce mot, même en dehors du *Jargon*, s'employoit pour hardes, effets : « En ceste occasion de trousser mes *bribes* et de plier bagage, dit Montaigne (liv. 3, ch. 9), je prends plus particulièrement plaisir à n'apporter aux miens ni plaisir ni deplaisir en mourant. » Ce mot, toutefois, étoit plus particulier aux gueux. Il paroît venir de l'espagnol *bribar*, mendier.

cagou avoit son feu, et pots d'aller. Nostre chef tira trois neuds d'eschine, deux pièces de bœuf, une volaille qu'il meist au pot, et un bon morceau de mouton et de lard, et du saffran; les cagouz à qui mieux mieux et à belles *couhourdes* pleines de bon vin et du meilleur, où il s'en trouve pour leur argent. Je puis dire n'avoir veu faire meilleure chère depuis sans pastisserie. Nous rotismes deux bons chapons et une oye.

Comme fut puny ce rebelle et criminel de lèze-majesté.

Le plus ancien cagou le prend et le despouille tout nud; l'on pisse tous en une *crosle*, avec deux poignées de sel et un peu de vinaigre; avec un bouchon de paille on luy frotte le bas du ventre et le trou du cul, si bien que le sang en vient, et m'assure que cela luy a demangé à plus d'un mois de là; et de ceste eau faut qu'il en boive un peu, ou estre bien frotté. Nous partismes; chacun s'en va avec son gouverneur de province, et moy avec le mien.

En partant, il nous assembla tous et nous remonstre comme nous eussions couru très-heureuse fortune, mais que l'obcissance estoit bien necessaire à ceste vacation : « Car, mes amis, je vous diray, il faut aller tous par un tel endroit tantost demeurer, car je cognoy tous les bons villages et sçay les lieux où se font les bons butins. » Et ainsi il nous entretenoit.

*Les maximes que nostre general nous faisoit
entretenir.*

Il ne faut jamais estre ensemble à l'entrée des villes ny villages, et faut importuner de demander jusques à neuf fois; et, passans sur les chaussées des estangs où il y a moulins, il ne faut passer qu'une partie sur la chaussée, et les autres derrière le moulin, parce qu'il se presente une infinité de beaux effets, tant aux maisons escartées qu'ailleurs : car, s'il n'y a qu'un chien, il ne pourra mordre ceux de l'autre costé de la maison. S'il y a quelques hardes quand on donnera l'aumosne, de l'autre costé *l'on subre*, c'est-à-dire attrape.

Il est de besoin d'avoir la bezasse pleine de cornes emplies de graisse, accommodées ainsi qu'il faut pour faire taire les chiens la nuict.

Nostre general avoit un nepveu qu'il desiroit avancer, et de vray luy avoit bien augmenté la creance entre nous, et le faisoit changer de condition sans rien payer, pour l'auctorité qu'il avoit; et, passant un soir auprès d'un gibet, la vigile d'une foire de Nyort en Poictou, où y avoit trois penduz nouveaux, nostre chef faict ferme auprès, et fismes du feu, faisans feinte de camper, et repeumes environ deux heures de nuict. J'avise mon cagou, qui tire de sa bezasse quatre tirefons et une grande boëste, et nous meine au pied du gibet; et moy, estonné, les cheveux me levoient en la teste de frayeur. Il pose l'un de ces tirefons contre un des pilliers, qui estoit de bois, appelle ce nepveu et luy dist : « Tien, monte jusques là hault. » Ce qu'il fit promptement. Ce docteur fit coupper un bras de l'un de ces penduz et le met en son bissac, et *ambiasmes le pelé* à deux lieues de là, et arrivasmes à Nyort, où trouvasmes grand nombre de noz frères, qui ne manquèrent de recognoistre ce lieutenant de roy[1], comme la raison leur commandoit. Avant que le jour fust bien esclaircy, il attache le bras de son nepveu derrière, fort serré, et, ayant sur son dos un pacquet pour couvrir le jeu, et un mantelet à mille pièces attaché par soubs la gorge, attache ce bras de pendu au mouvement de l'espaule du nepveu, et en escharpe en un grand linge tacheté de matière de playe et avec proportion, tellement que l'on jugeoit estre le bras naturel. Monsieur le lieutenant du roy prend un cousteau et faict une playe jusques à l'os, le descouvre et verse du sang sur icelle playe et un peu de fleur de froment ; et le bras, qui est prest de corrompu, on jugeoit une parfaicte gangrène, tellement qu'il y avoit presse à donner à ce bras pourry.

Et si quelqu'un n'estoit assez esmeu de pitié, l'oncle luy donnoit invention de se mettre un poinçon à travers le gras, et recevoir plus d'argent que nous tous.

Ce signalé cagou, nous acheminant sur noz subjects, nous advertit qu'il estoit besoin de prendre garde à nous, et estions près d'un moulin à eau, près de Mortaigne. Le meusnier avoit cela de bon de

---

1. C'est-à-dire ce *franc-cagou*. Voy., plus loin, le *Dictionnaire blesquin*.

ne donner jamais rien à gens de nostre robbe. « Ne sera il pas bon de *l'atrimer au tripeligourd?* » dict le cagou. Chacun respond : « *Gis, gis, gis.* - Mes enfans, il faut aller trois par trois au dessouz du moulin et nous autres par dessus la chaussée : les premiers importuner fort sur la bille, c'est sur l'argent, sur la *crie*, sur le pain, ou sur la *moulue*, c'est la farine; et au cas qu'on ne nous donne rien, je crieray à la force du roy : ils sortiront du moulin, vous entrerez par la grande porte, et trouverez sur la cheminée le pain du meusnier, et un coffre au pied du lict, dans lequel y a un pot de beurre; l'autre prendra en la met[1] une sachetée de farine, et chacun avec son butin se retirera; et sans doute je feray sortir le meusnier et les *moutaux*[2]. »

Nous acheminons trois et le chef, la troupe à la file, et importunans de demander, eurent un peu de fleur de farine, et la meirent en une escuelle. Pour mieux jouer le roolle, le grand cagou la prend; cestuy feit semblant de luy donner un coup de baston, et quereller, jusques à en venir aux armes, et crier la force. Le meunier et les *mouteaux* sortent pour voir le combat. Cependant nous ne perdions le temps, car nous executasmes ce que dessus fort heureusement, et non sans hazard. Après ce bel effect nous *ambiasmes* le pelé à une

1. *Huche.* Ce mot est encore employé dans nos campagnes. Au 17ᵉ siècle on ne le comprenoit déjà plus à Paris, et Tallemant des Réaux, l'ayant employé, se croyoit obligé de l'expliquer en noté et de dire : « C'est un mot de province. » (Edit. in-12, t. 1, p. 247.)

2. Les garçons chargés de la *mouture*.

lieue de là, afin d'*accoustre* à soupper, nous mocquans du meunier. Nostre capitaine nous dist qu'il en gardoit une autre bien verte au meunier, et qu'il luy apprendroit avec le temps à donner l'aumosne pour l'amour de Dieu; et faut croire que ce cagou estoit fort digne de sa charge, et digne de mener les gens à la guerre de l'*artie* et de la *crie*.

Autre bon tour.

Peu de temps après, nostre regiment estant près de Beaufort en Vallée, nostre cagou veid un pendu à une potence, qui n'y estoit que du jour ; commande à son nepveu de demeurer derrière, et que la trouppe s'en alloit *peausser* en un *pelardier* assez près de là, et luy commanda que quand la nuict seroit venue il coupast la couille du pendart, ostast les couillons de dedans et l'emplist de gros sable de rivière; et ce faict, qu'il s'en vinst promptement et qu'il trouveroit la sentinelle sur le grand chemin qui le r'adresseroit dans le camp. Estant venu, son oncle luy demande s'il avoit le sac. Le nepveu luy respond qu'il avoit jetté les *quilles*, et que pour le sac il estoit en seureté. Nous avions de bon feu, car le compagnon estoit garny de bon fuzil et allumettes, avec le bon pistolet, et dans son bourdon la bonne lame d'espée, et son nepveu assez bien armé. Pour revenir à nos moutons, il prend les besongnes de nuict[1] du pendu, et rem-

---

1. Cette expression ne s'employoit ordinairement que pour hardes de nuit. V. notre édition des *Caquets de l'accouchée*, p. 19.

plit le sac de paste espicée, et l'enfle fort grosse,
presque comme la teste, et la perce tout outre dès
le hault venant en bas, et resta là dedans un trou
vide; lors prend du laict de sa femme, et du sang
de chapon, demeslant le tout (cela ressembloit à de
la matière sortant d'une apostume), et la met en ce
trou vuide, et le bousche jusqu'au lendemain.
Nous acheminans vers une maison de gentilhomme
appellée Montgeffroy, il nous disoit en cheminant
qu'il s'en trouvoit tant qui sçavoient la finesse du
mal de jambes, mais que cela ne valloit plus rien ;
il commanda de passer outre la maison, tous deux
avec luy, de quoy j'estois l'un, luy aydant à marcher. Au mesme temps il s'attache ce contré pois
aux couilles naturelles, et les enveloppe dans ce
sac artificieusement (comme il sçavoit). Allant à
ceste porte de Montgeffroy, où y avoit grande compagnie, nostre maistre monstroit ce beau present,
faisant le demy mort, et la couleur blesme, avec
des feintes douleurs ; et touchant à l'endroit du
trou, la matière sortôit de là dedans. La dame de la
maison, se promenant en la salle de la dicte maison,
jette l'œil sur la douleur de mon maistre, et quelques autres damoiselles, partie desquelles se mirent à rire ; la dame, entr'autres, dit : « Il n'y a pas
de quoy rire ; mon mary se blessa un jour en cest
endroit, et en est encore mal. » (Ce faict luy touchoit.) Et s'approchant dit : « Couvrez ceste saleté
là, l'on vous donnera l'aumosne. » Lors tirant à sa
bourse, luy donne un teston, et demande si le cagou avoit jamais essayé à se faire guerir. Luy, qui

avoit du jugement et de la cautelle, respond qu'il y avoit un jeune chirurgien d'auprès du lieu où il estoit, qui devoit passer à Saumur dedans deux ou trois jours, qui luy avoit promis de le rendre libre.

Ayant ce ouï la damoiselle et sçachant que son mary en avoit près d'autant que le pauvre patient, luy dit : « Mon amy, j'ay un serviteur qui est malade comme toy, que je voudrois faire guerir ; si tu rencontres ton chirurgien, ameine le moy, et je te nourriray et payeray le chirurgien, et venez ceans vous restaurer. » Il pensa que son nepveu eust esté bon chirurgien, et incontinent allasmes à Saumur, et fit achetter à son nepveu un vieil pourpoint noir et des chaussettes noires, un chapeau, un estuy et un boestier plein d'unguents, et reprismes chemin, le chirurgien à cheval. La dame, très joyeuse, nous loge en une boulangerie, et le barbier en une bonne chambre. On luy demande s'il y avoit esperance de guerir ce pauvre homme ; il dit qu'il le gueriroit dans quinze jours, sur sa vie, encores que le patient ne pourroit endurer la force des unguents, parce que le mal est en lieu fort sensible. Enfin il le traicta si bien que dans dix jours il fut guery. Ce qu'entendant la dame du logis, pour luy mettre son mary en main, le seigneur, ne faisant semblant que fust pour luy, alla voir le gueu, qu'il trouva guery, et ne restoit que quelques plumaceaux pour faire bonne mine. Retournant à sa femme, luy dist : « M'amie, voilà un très excellent chirurgien et heureux en ses cures. » Le seigneur luy demande où il avoit appris, il respondit : « Avec un mien oncle, qui estoit assez suffisant. » La dame, faisant la meilleure chère qu'elle pouvoit au chirurgien, commença à le haranguer comme ensuit :

« Mon cher amy, vous estes fort expert en vostre art, d'avoir si tost guery ce pauvre homme. Estes vous passé maistre? Non pour tout cela ne laisserez de garder un secret : je vous tiens pour un si honneste homme, que ne voudriez faire une telle faulte de déclarer un homme d'honneur. — Jesus, dict il, Madame, j'aymerois mieux mourir.—Pour vous dire, vous sçavez à combien de misères les gents d'honneur sont subjects : mon mary, que voicy, se blessa un jour, maniant un cheval, les vous m'entendez bien, et sont fort enflez; mais je croy que pourrez bien le guerir, puisque avez faict la cure de ce pauvre homme; je vous prie d'y mettre tout vostre pouvoir, et vous asseure que je ne manqueray à vous contenter, et outre vous feray un present honneste. »

La dame va querir son mary et l'amène en une chambre, appelle le chirurgien, et là font exhibition du sac et besongnes de nuict. La dame, soigneuse, comme à la verité le faict luy touchoit : « N'est-il pas vray (disoit elle) que le gueu estoit plus malade que mon mary?— Ouy, respond le chirurgien; mais, madame, il ne faut perdre de temps, il faut avoir des drogues et unguents. Où vous plaist il que j'aille, à Tours ou à Saumur?— Il me semble que l'on trouve de tout à Saumur. Tenez, voilà vingt escus, prenez ma haquenée, et vous en allez promptement querir tout ce qu'il vous faut. »

Ayant l'instruction du cagou, il s'en va, et est

encor à retourner voir le patient. Au mesme temps que nostre chirurgien fut party, et nous de nous en aller, et nous trouvasmes à la Maison-Neufve, trois lieues près d'Angers. Il avoit desjà osté ses accoustremens de chirurgien, et nous cheminasmes vers Ancenis, esperans faire quelqu'autre tour signalé. Croyez que mon maistre *entervoit toutime.* Ils ont d'autres tours, comme faire venir le mal S. Main [1], mal de jambes, comme si on avoit les loups ou ulcères; ils prennent une vessie de pourceau et la fendent en long dessus l'os de la jambe, et de la paste demeslée avec du sang, et couvrent le reste de la jambe, fors l'endroit blessé, qu'ils cavent, et y paroist de nerfs pourriz, de la chair morte, et une si grande putrefaction qu'il n'est possible de plus.

Ils ont bien d'autres inventions, comme de porter deux enfans, feindre, si c'est un homme qui les porte, que la mère est morte, qui bien souvent se porte bien, et sont le plus souvent de deux mères; si c'est une femme qui les porte, elle dira que le père est mort. Et tant d'autres beaux artifices! Ces tigneux, galleux, estropiez, triomphent d'aller droict quand ils sont dehors de devant le peuple, et outre parfaits voleurs quand ils sont les plus forts.

Mon cagou se courrouça contre moy, ayant trouvé près des ponts de Piremil, près de Nantes, une bourse où y avoit huict livres dedans. Je la garday longtemps sans l'en advertir, qui fust cause qu'il me devaliza. Lors je quittay mes gueux, et allay

1. V. notre t. 5, p. 267.

trouver un capitaine d'egyptiens qui estoit dans le faux bourg de Nantes, qui avoit une belle trouppe d'egyptiens ou boësmiens [1], et me donnay à luy. Il me receut à bras ouverts, promettant m'apprendre du bien, dont je fuz très joyeux. Il me nomma Afourète.

Maximes des boësmiens [2].

Quand ils veulent partir du lieu où ils ont logé, ils s'acheminent tout à l'opposite, et font demie lieue au contraire, puis se jettent en leur chemin [3]. Ils ont les meilleures chartes et les plus seures, dans lesquelles sont representées toutes les villes et villages, rivières, maisons de gentils hommes et autres, et s'entre-donnent un rendez-vous de dix jours en dix jours, à vingt lieues du lieu où ils sont partiz.

Le capitaine baille aux plus vieux chacun trois ou quatre mesnagères à conduire, prennent leur traverse et se trouvent au rendez-vous; et ce qui

1. Ces bohémiens étoient sans doute de la race des *Romanitchels*, dont quelques bandes campent encore dans quelques cantons du centre de la France.

2. « Ces gens-là, dit le P. Garasse, à propos des bohémiens, ont des maximes secrètes, des caballes mystérieuses et des termes qui ne sont intelligibles qu'à ceux de la manicle. » (*La Doctrine curieuse des beaux esprits de ce temps*, etc., Paris, 1623, in-4, p. 75.)

3. Vagabonder toujours, voilà leur loi. Ils se sont fait cette maxime : « *Chukel sos piréla cocal téréla*, chien qui court trouve un os. »

reste de bien montez et armez, il les envoye avec un bon almanach où sont toutes les foires du monde, changeans d'accoustremens et de chevaux.

Forme de logement.

Quand ils logent en quelque bourgade, c'est tousjours avec la permission des seigneurs du pays ou des plus apparens des lieux [1]. Leur departement est en quelque grange ou logis inhabité [2].

Là, le capitaine, leur donne quartier et à chacun mesnage en son coing à part.

Ils prennent fort peu auprès du lieu où ils sont logez; mais aux prochaines parroisses ils font rage de desrober et crochetter les fermetures [3], et, s'ils

[1]. Il en est encore ainsi pour ceux du Pays-Basque. « Leurs demeures, dit M. Francisque-Michel, sont, pendant les plus rigoureuses saisons, les troncs d'arbres creusés, les cabanes des pasteurs abandonnées, les granges isolées. » (*Id.*, p, 139.)

[2]. « Ils sont restés platement flatteurs pour les riches habitants des pays où ils viennent camper; ils caressent pour détourner les soupçons et voler plus à l'aise. Quand une bohémienne est enceinte dans le Pays-Basque, le couple se hâte de s'installer auprès de quelque riche maison, espérant que le maître les prendra en amitié et voudra bien être le parrain de l'enfant, ce qui, en effet, a lieu quelquefois. »(Francisque-Michel, *Le Pays-Basque*, 1857, in-8 p. 141.)

[3]. Ils étoient fort experts pour ce crochetage des *buffets* et autres coffres. V. *Le baron de Fœneste*, édit. P. Mérimée,

DES MERCELOTS, GUEUZ, ETC.

y trouvent quelque somme d'argent, ils donnent l'advertissement au capitaine, et s'esloignent promptement à dix lieues de là. Ils font la fausse monnoye[1] et la mettent avec industrie ; ils jouent à toutes sortes de jeux ; ils achètent toutes sortes de chevaux, quelque vice qu'ils ayent[2], pourveu qu'ils passent leur monnoye.

Quand ils prennent des vivres, ils baillent gages de bon argent pour la première fois, sur la deffiance que l'on a d'eux ; mais, quand ils sont prests à desloger, ils prennent encor quelque chose, dont ils baillent pour gage quelque fausse pièce et retirent de bon argent, et à Dieu.

Au temps de la moisson, s'ils trouvent les portes fermées, avec leurs crochets ils ouvrent tout, et desrobent linges, manteaux, poisles, argent et tous autres meubles[3], et de tout rendent compte à leur capitaine, qui y prend son droict. De tout ce qu'ils

---

p. 133. L'un des outils dont ils se servoient s'appeloit déjà un *rossignol*. (*Id*., p. 135.)

1. Grellmann remarque que le métier que les bohémiens exercent le plus volontiers est celui de forgeron. (*Hist. des Bohémiens*, trad. franç., 1810, in-8, p. 92-95.) De là à l'industrie du faux-monnoyeur il n'y avoit qu'un pas pour de telles gens.

2. Ils s'accommodent même des chevaux morts. « Quelle que soit la maladie qui les ait tués, ils les désinfectent avec des plantes à eux seuls connues et s'en repaissent impunément. » (Fr.-Michel, *Le Pays-Basque*, p. 138.)

3. L'argenterie surtout, et principalement les gobelets d'argent, pour lesquels, selon Grellmann, ils ont une véritable passion. (P. 91.)

Var. VIII.

gaignent au jeu ils rendent aussi compte, fors ce qu'ils gaignent à dire la bonne aventure[1].

Ils hardent fort heureusement, et couvrent fort bien le vice d'un cheval[2].

Quand ils sçavent quelque bon marchant qui passe pays, ils se deguisent et les attrapent, et font ordinairement cela près de quelque noblesse, faignant d'y faire leur retraicte; puis changent d'accoustremens et font ferrer leurs chevaux à rebours, et couvrent les fers de fustres, craignans qu'on les entende marcher.

Un trait du capitaine Charles[3] à Moulins en Bourbonnois.

Un jour de feste, à un petit village près de Moulins, y avoit des nopces d'un paysan fort riche. Aucuns se mettent à jouer avec de noz compagnons, et perdent quelque argent. Comme les uns jouent,

1. « Voler la volaille et dire la bonne aventure, voilà le métier des femmes. » (Grellmann, p. 106, 125.)
2. « Une autre branche d'industrie à laquelle les bohémiens s'adonnent volontiers est le maquignonnage, qui semble leur avoir été particulier depuis les plus anciens temps de leur histoire. » (Grellmann, p. 97.)
3. C'est peut-être le même dont parle Tallemant : « Le capitaine Jean Charles, écrit-il, a dit au Pailleur qu'un petit cochon ne croit point quand on le tenoit par la queue, et que leur plus sûre invention pour ouvrir les portes, c'étoit d'avoir grand nombre de clefs; qu'il s'en trouvoit toujours quelqu'une propre pour la serrure. » (Edit. in-12, t. 10, p. 141.)

leurs femmes desrobent; et, de vray, y avoit butin
de cinq cens escus, tant aux conviez qu'à plusieurs
autres. Nous fusmes descouverts pour quatre francs
qu'un jeune marchand perdit qui dançoit aux nopces, lequel avoit fermé sa maison et ses coffres.
Cela empescha que feit ouverture. Les paysans se
jettent sur noz malles, et nous sur leurs vallizes et
sur leurs testes, et eux sur nostre dos, à coups
d'espée et de poictrinal[1], et noz dames à coups de
cousteau : de façon que nous les estrillasmes bien.
Ces paysans se vont plaindre au gouverneur de
Moulins. Ce qu'ayant ouï, envoye vingt-cinq cui-
rasses et cinquante harquebuziers pour nous charger. L'une de noz femmes, qui estoit à Moulins,
nous en donna l'advertissement, et nous falloit passer une rivière qui nous incommodoit. Nostre capitaine s'avance au grand trot et laisse un poitrinalier
demie lieue derrière, luy enchargeant qu'aussitost
qu'il descouvriroit quelque chose, il nous advertist
de leur nombre, ce qu'il fist. Le capitaine ordonne
ce qui en suit :

L'ordre de pitié.

Tout le monde fut commandé de mettre pied à
terre, et feindre les hommes d'estre estropiez et
blessez, et commande à deux femmes de se laisser
tomber de cheval et faire les demies mortes. L'une,

1. Ou *pétrinal*, sorte de long pistolet ou de petite cara-
bine qu'on tiroit en appuyant la crosse sur la poitrine,
d'où son nom.

qui avoît eu enfant depuis deux jours[1], ensanglante elle et son enfant, et ainsi le met entre ses jambes.

Le capitaine Charles saigne la bouche de ses chevaux et ensanglante ses enfans et ses gents pour faire bonne pippéé.

Charles va au devant de ceste noblesse tout sanglant, lesquels, esmeuz de pitié, tournent vers les paysans, ayans plus d'envie de les charger que nous. Les uns avoient les bras au col, les jambes à l'arçon de la selle, et nostre colonnel, qui ne manquoit de remonstrer son bon droit : tellement qu'ils se retirent, et nous de picquer. Après leur retraicte, croyez que tout se portoit bien, et allasmes repaistre à quinze lieues de là. J'ay passé depuis par ce lieu, où je vous jure qu'encores aujourd'huy ce traict est en memoire à ceux du pays. Si j'avois eu temps d'escrire les bons tours que j'ay veu faire à ces trois sortes de gents, il n'y auroit volume plus gros. Ces folies meslées de cautelles, c'est afin que chacun s'en prenne garde.

Le daulvage biant à l'antigle, au rivage huré et violente la hurette, et pelant la mille au coesre : c'est le mariage des gueuz et gueuzes quand ils vont epouzer à la messe, et comme ils disent ceste chanson en ceremonie.

<pre>
      Hau rivage trutage,
      Gourt à biart à nozis;
</pre>

[1]. Il étoit rare qu'il n'y eût une femme en couches dans un camp de bohémiens, quelque peu nombreux qu'il fût, tant il est vrai, comme le dit Grellmann, que cette race est des plus prolifiques. (P. 128.)

Lime gourne rivage,
Son ymé foncera le bis.

Ne le fougue aux coesmes,
Ny hurez cagouz à viis ;
Fougue aux gours coesres
Qui le riveront fermis.

S'en suivent les plus signalez mots de blesche.

Premièrement.

Le franc mitou,	Dieu[1].
Les franches volantes,	Les anges.
Franc razis,	Pape.
Franc ripault[2],	Roy.
Ripois,	Prince.
Francs ripois,	Princes.
Ripaudier de la vironne,	Gouverneur de la province.
Franche ripe,	Royne.
Franc cagou,	Lieutenant du roy.
Gueliel,	Le diable.
Ripaudier de la vergne,	Gouverneur d'une ville.
Ripault,	Gentil homme.

1. Dans l'argot d'aujourd'hui, Dieu se dit *mec des mecs*, maître des maîtres.
2. Les argotiers disent aujourd'hui *rupin* pour riche. C'étoit déjà un mot de l'argot de Cartouche : V. le *Dictionnaire* donné par Grandval à la suite du *Vice puni*. Ce mot a dû passer du bohémien dans l'argot, car il semble venir de l'indoustani *rupa*, qui signifie argent, et dont un autre dérivé, plus noble, est le mot *roupie*, nom d'une monnoie de l'Inde.

Ripe,	Dame.
Rupiole,	Damoiselle.
Comblette ou tronche[1],	La teste.
Louschant,	Yeux.
Pantière à miettes[2],	La bouche.
Piloches,	Dents.
Platuë[3],	Langue.
Anses,	Oreilles.
Lians,	Bras.
Courbes[4],	Espaules
Gratantes,	Mains.
Sœurs[5],	Cuisses.

1. *Tronche*, qui se trouve aussi dans la XVe des Sérées de G. Bouchet (*Des larrons, des voleurs, des picoreurs et matois*), fait encore partié de l'argot moderne avec le même sens.

2. Pannetière à miettes.

3. Aujourd'hui *platue* signifie une galette.

4. Bouchet (*ibid.*) donne à ce mot le sens de *jambes*. Cela dépend des gens.

5. *Les Précieuses*, en leur langage, appeloient les *deux sœurs* ce que les argotiers nomment aujourd'hui *jumelles*, et qui sont ces parties dont souffrent les enfants quand on les frappe, comme dit Gavarni, dans ce qu'ils ont de plus *chair*. La singularité de cette coïncidence, qui prouve que toutes les langues factices, quel que soit l'éloignement de leur point de départ, peuvent arriver à se rencontrer, n'a point échappé à M. Marty Laveaux dans un excellent article de la *Revue contemporaine* (15 mai 1857). Il y fait voir que cette rencontre du langage des *Précieuses* avec celui des bandits n'est pas la seule du même genre qui soit à constater. « Les dents, dit-il, sont appelées *mobilier* par les malfaiteurs, et par les précieuses *ameublement de la*

DES MERCELOTS, GUEUZ, ETC.

Proais,	Cul.
Chouart [1],	Vit.
Quilles,	Jambes.
Les portans ou trotins,	Pieds.
Minois [2],	Nez.
Filée,	Barbe.
Filots,	Cheveux.
Batoches,	Couillons.
Bis,	Con.
La quige proys,	La couille.
Rivard,	Paillard.
Artois [3],	Pain.
Pihouais [4],	Vin.
Ance [5],	De l'eau.

bouche…; en argot, le *tranche-ardent* ce sont les mouchettes, et, dans le style des ruelles, « inutile, ôtez le superflu de « cet *ardent* », signifie : laquais, mouchez la chandelle. » V., pour ce dernier exemple, notre t. 6, p. 258.

1. *Parola di sergo, cazzo*, lit-on dans le *Dictionnaire* françois-italien d'Oudin. On trouve *brichouart* avec le même sens dans la 65ᵉ des *Cent Nouvelles nouvelles*. Quand on sait la signification du mot, l'application que Rabelais en a faite, lorsqu'il l'a donné pour nom au prêtre paillard du ch. 22 de son 2ᵉ livre, ne paroît que plus vive. La Fontaine, lorsqu'il l'a repris pour sa fable *le Curé et le Mort*, savoit-il bien ce que ce nom vouloit dire ?

2. Ce mot, comme tant d'autres, a passé de l'argot dans le langage ordinaire, et même dans la langue littéraire.

3. Du grec αρτος. Sauf quelques variations dans la désinence, il est le même pour toutes les langues argotiques.

4. *Pivois* dans l'argot.

5. Ou *lance*. En fourbesque, c'est *lenza*.

Lignante[1],	La vie.
Franc foignard,	Capitaine.
Foignart,	Soldat.
Aquige ornie,	Goujat.
Foigne,	Guerre.
L'orloge,	Le coq.
Ornie,	Poule.
Ornions,	Poulets.
Ornioys ou catrots,	Chapons.
Crie,	Chair.
Hanois,	Cheval.
Hanoche,	Jument.
Huré ou gourdi,	Bon vin ou mauvais.
Mille,	Femme.
Millogère,	Chambrière.
Milloget,	Valet.
Pelardier,	Pré.
Coesmelotrie,	Mercerie.
Coesmelotier,	Mercier.
Coesme,	Bon mercier.
Coesmelotier huré,	Marchant grossier.
Gourt razis[2],	Archevesque.

1. Ce mot vient de la *ligne de vie*, d'après laquelle, à la seule inspection de la main, on prédisoit à quelqu'un une existence plus ou moins longue. Montaigne parle de cette *ligne vitale* (*Essais*, liv. 22, ch. 12), et la Frosine de *l'Avare* la suit avec complaisance dans la main d'Harpagon. Tous les argotiers et bohémiens étant diseurs de bonne aventure, ce mot-là devoit leur venir.

2. Ce mot trouve sa raison, ainsi que les précédents, dans la discipline ecclésiastique, qui ordonnoit aux prêtres de se raser. Au chapitre 1er des *Baliverneries* d'Eutrapel,

Trimé razis,	Cordelier.
Huré razis,	Evesque.
Goussé razis,	Abbé.
Razis,	Prestre simple.
L'anticle,	La messe.
Possante,	Harquebuze.
Flambe,	Espées.
Flambart,	Poignard.
Volant,	Manteau[1].
Estregnante,	Ceinture.
Liettes,	Esguillettes.
La forest du prois,	Hault de chausses.
Tirnoles,	Les triquehouzes.
Passans,	Souliers.

nous voyons un paysan qui appelle un curé « vilain rasé. » On lit dans le *Blason des barbes de maintenant*, édit. des *Joyeusetez*, p. 8 :

> Mais cil qui a le menton nud
> Et rasé ainsi comme un prestre
> Est bien plus facile à cognoistre.

Dans le vocabulaire de *Germania*, de Juan Hidalgo, *raso* est mis pour abbé.

1. Le *coestre* emploie le même mot dans la *Comédie des proverbes* (acte 2, sc. 4, édit. d'Adrien Vlacq, p. 55). A la fin du 17ᵉ siècle il passa dans la langue ordinaire avec le même sens, grâce à certaine mode qui alors faisoit fureur. On lit dans la *Satyre sur les panniers, criards, manteaux volants des femmes*, etc., par le chevalier de Nisart, 1712, in-12 :

> Ce sont tantot manteaux *volants*
> Ou des troussures équivoques,
> Qui font, chez les sages du temps,
> Estimer leurs vertus baroques.

Ligots,	Jartières.
Comble,	Chapeau [1].
Mitouflets,	Gans [2].
Aubion,	Bonnet.
Georget,	Pourpoint [3].
River,	Foutre.
Filler du prois,	Chier.
Gousser [4],	Manger.
Ambier,	Fuir.
Vergne,	Ville [5].
Habin,	Chien.

1. Ce mot, fort bien fait pour ce qu'il exprime, puisque le chapeau est pour l'homme ce que le toit, le *comble*, est pour une maison, existe encore dans l'argot. Les cartouchiens disoient *combre*. Brandimas dit, dans la première Journée du *Mystère de saint Christophe*..., par maistre Chevalet :

> Mon *comble* est à la tatière ;
> Or, ay que ne suis le pendu.
> Mon *jeorget* n'a pièce entière.

2. Ce mot étoit de la langue usuelle ; Oudin le donne dans ses *Curiositez françoises* et dans la seconde partie des *Recherches italiennes et françoises*, p. 372.

3. « Ce *georget*, dit le cagou de la *Comédie des proverbes* (acte 2, sc. 4), tout glorieux du vol d'habits qu'il vient de faire, est tout comme si je l'avois commandé. » C'est du très ancien argot. Il se trouve plusieurs fois dans le *Mistère du viel Testament*, scène des Belistres. V. aussi plus haut la note 1.

4. C'est de là qu'est venu le mot *gousse-pain* (mange-pain), qui se prend pour un misérable de la dernière espèce, dans le langage du petit peuple.

5. Est resté dans l'argot d'aujourd'hui.

Aquiger,	Tromper[1].
Le pelé,	Le chemin[2].
Fretille,	Paille.
Pelard,	Foing[3].
Fouquer,	Bailler.
Coues,	Maison[4].
Moulue,	Merde.
Grohant,	Pourceau.
Soustard, coquard ou brusslon,	Mareschal.
Cornans,	Bœuf.
Cornantes,	Vaches.
Zervart[5],	Predicateur.

1. Dans l'argot de la troupe de Cartouche, dont le vocabulaire se trouve, comme je l'ai dit, à la suite du *Vice puni*, poème de Grandval, *aquiger* signifie faire. En effet, *tromper* et *agir* sont tout un pour les argotiers.

2. « Il faut enbier *le pelé*, dit le coestre, dans la *Comédie des Proverbes* (acte 2, sc. 4), gaigner le haut et mettre les quilles à son col. » On disoit aussi le *pelat*. « Il y a, dit le P. Garasse, des termes mystérieux et des locutions de maraudaille qui sont de vraies énigmes à qui n'a pas fait son apprentissage de gueuserie; et qui entendroit ces locutions sans commentaires : *ringer sur le pelat* et *cabler à la bistorte?* « (*La Doctrine curieuse des beaux esprits de ce temps*, Paris, 1623, in-4, p. 68.)

3. Ce mot et le précédent se trouvent, avec le même sens, dans l'argot de Cartouche.

4. Les voleurs de la bande de Cartouche disoient *creux* pour maison. Les argotiers d'aujourd'hui ont gardé ce mot, qui est très logique dans leur bouche. Pour les voleurs, la maison est une caverne, un *creux*.

5. Sans doute pour *zergart*. Ce mot doit venir du four-

Franc pilois,	President.
Minsus pilois,	Conseillers.
Pilois vain,	Juge de village.
Zervinois,	Procureurs.
Zervinois gourd,	Advocat.
Coesre,	Le premier des gueuz.
Cagou,	Lieutenant des gueuz.
Serard,	Notaire.
Affurard,	Sergent[1].
Brimard,	Bourreau[2].
Sourdu,	Pendu.
Sourdante santoche,	Grande justice.
Sourdolle,	Potence.
Rivarde,	Putain.
Ingre,	Couteau[3].

besque ou argot italien *zergo, gergo*, d'où *jargon* ou *gergon*, qui a le même sens, a été tiré.

1. Nous avons vu ce que *affurer* vouloit dire. Les voleurs composoient ainsi pour les sergents un nom qu'ils auroient bien dû garder pour eux. D'un côté comme de l'autre il étoit mérité.

2. « Par manenda, dit la vieille dans la *Comédie des Proverbes* (acte 2, sc. 4), il faut promptement vous oster de dessous les pattes des chiens courants du bourreau, de peur que le *brimart* ne nous chasse les mouches de sur les espaules au cul d'une charrette. » (Edit. Adrien Vlacq, p. 54.)

3. C'est *Lingre* qu'il faut dire. Dans ses curieuses *Etudes de philologie comparée sur l'argot*, p. 249, après lesquelles il nous a été si difficile de dire quelque chose de nouveau dans ces notes, M. Francisque-Michel pense avec beaucoup de raison que ce mot *lingre* est une alération du nom

Rufe,	Le feu[1].
Boes,	Le bois.
L'abbaye rufante,	Un four.
Crosle,	Escuelle.
Rusquin,	Escu[2].
Testouin,	Teston.
Rond,	Sold.
Herpe,	Liard[3].
Froc,	Double.
Pied,	Denier.
Baucher,	Mocquer[4].
Mezis,	Moy-mesme.
Tezis,	Toy-mesme.
Sezis,	Luy-mesme.
Auzard,	Asne[5].

de la ville de *Langres*, si fameuse depuis longtemps par sa coutellerie.

1. On dit aujourd'hui *rif* ou *rifle*, comme du temps de Cartouche. V. notre t. 3, p. 222. *Le Jargon ou Langage de l'argot réformé*, etc., contient un article sur la classe de gueux appelés *ruffez* ou *riffodes*, dont le métier étoit de feindre qu'ils avoient eu grand'peine « à sauver leurs *mions* (enfants, mioches) du *riffe* qui riffoit leur creux. »

2. Mot de la même famille que *frusquin*, *saint frusquin*, resté dans la langue populaire. *Rusquin* se trouve aussi dans le *Jargon*.

3. Le mot *herpaille*, qu'on lit dans les *Vigilles de Charles VII* (édit. Coustellier, p. 30) comme synonyme de *truandaille*, pourroit bien venir de celui de *herpe*. Il étoit naturel qu'on tirât du mot qui vouloit dire *liard* un nom pour les gens qui passent leur vie à mendier.

4. Se trouve encore dans l'argot moderne.

5. On sait que pour *âne* on disoit *aze* au moyen-âge; de là à *auzard* il n'y a pas loin.

Fouille ou fouillouze,	Bource[1].
Lime,	Chemise.
Pie santoche,	Cidre.
Vain guelier,	Garou.
Ambie anticle,	Excommunié.
Peaux huré,	Lict.
Limans,	Linceux.
Huré couchant,	Le soleil.
La vaine louchante,	La lune.
Louchettes,	Estoilles.
Bruant,	Le tonnerre.
La hoquette,	C'est le paquet que les gueuz portent sur le dos.
Atrimeur,	Larron.
Atrimois ambiant,	Voleur brigand.
Pechon,	Enfant.
Pechon de ruby,	Enfant esveillé.
Daulvé,	Marié.
Daulvage,	Mariage.
Cosny,	Mort.

Le franc mitou biart nozis à son an, et tezis et mezis, la souspirante gournée et lignante.
Ainsi soit-il. Zif, signé. Amen.

1. Ce mot est du plus ancien argot. Rabelais s'en est servi (liv. 1, ch. 38, et liv. 3, ch. 41), et on lit dans la 1re Journée de *la Vie de saint Christofle* (1530):

> Venez-vous en donc avec moy,
> Et vous aurez, sçavez-vous quoy?
> Force d'aubert en la *follouce*.

Aux Lecteurs.

Amis Lecteurs, vous prendrez ceste table comme si elle estoit toute parfaicte. Vous jugerez, s'il vous plaît, que le volume seroit trop gros pour si petit livret. Je ne faisois pas mon compte d'adjouster ceste table, parce que ce n'estoit mon intention de faire cognoistre la langue, ains leur façon de faire, et aussi que le général de ceste race m'avoit faict prier de ne la mettre en lumière; toutesfois, je n'ay laissé, ne desirant gratifier ceste vermine. J'espère (messieurs et amis), Dieu aydant, vous faire voir, dans peu de temps, une œuvre plus utile, qui sera un recueil de la chiromantie, avec plusieurs belles practiques et pourtraicts du baston des boësmiens, par lesquels on pourra se rendre capable soy-mesme de se rendre expert ingenieur. J'ay envoyé à Paris pour faire les figures; cependant je suis vostre serviteur perpetuel.

Fin.

*Le Salve Regina des Prisonniers, adressé
à la Royne, mere du Roy* [1].

La frayeur qui nous espouvante,
Poussée d'un injuste courroux,
Nous a faict d'une voix tremblante
Vous dire humblement à genoux :
Salve, Regina.

1. Cette pièce, in-8 de huit pages, est cataloguée par le P. Lelong, sous le n° 17,761, comme se rapportant au règne de François II., et le titre d'un recueil factice de la Bibliothèque de l'Arsenal, contenant cette pièce, les deux suivantes et une requeste des prisonniers, en prose, a suivi le P. Lelong. L'éclat de la conjuration d'Amboise, le titre de reine-mère, conservé par l'histoire à Catherine de Médicis, alors qu'on a perdu l'habitude de l'appliquer à la veuve de Henri IV, désignée plus habituellement sous son nom de Marie de Médicis, sont les causes de l'erreur du P. Lelong, dont l'attribution est tout à fait fausse. Et d'abord, bien que le journal de Brulart (*Mémoires de Condé*, édit. de 1743, t. 1, p. 8) dise que dans la conjuration d'Amboise « il y avoit plus de malcontentement que de huguenoterie », il seroit étonnant que trois pièces sur ce sujet fussent toutes trois catholiques, et elles le sont certainement. Dans la première, l'emploi du *Salve Regina* et l'allusion aux bons Pères ; dans les deux autres, la présence du purgatoire, qui figure sur le titre de la

> Nous voyons qu'une grand' misère
> Nous viendra saisir pour jamais,

seconde et dans un vers de la troisième, et dont l'existence étoit contestée par les protestants, ne permettent pas sur ce point le moindre doute. Mais surtout il est, dans la Requeste en prose, écrite dans un goût de mythologie trop inutilement amphigourique pour valoir la peine d'être donnée, fait allusion aux fêtes du mariage du frère du roi, et on le dit de la maison de Bourbon; or celle-ci ne commence qu'à Henri IV. Les fleurons, lourds, pâteux, taillés et imprimés d'une façon par trop indigne du 16e siècle, auroient, au reste, déjà suffi à témoigner que l'impression ne remonte pas au delà du 17e. Cette quatrième pièce étoit donc en dehors; mais les trois pièces en vers restoient encore en question. Il n'y avoit ni fleurons, ni têtes de pages, et les caractères d'imprimerie ne décidoient rien. Heureusement, à la fin d'une des strophes du *Salve Regina*, se trouve :

> Et Ludovicum benedictum.

La preuve étoit complète; le tout se rapportoit au règne de Louis XIII, et, après les avoir, sur la foi du P. Lelong, destinées à mon Recueil de pièces des 15e et 16e siècles, je n'avois plus qu'à les faire passer dans le Recueil des Variétés, auquel elles reviennent de droit. Il n'y a pas eu de conjuration à Amboise sous Louis XIII; mais, en 1626, dans un de ces complots de cour qu'excitoit et que trahissoit toujours Gaston, il y a eu des prisonniers à Amboise. On lit dans une lettre sur l'exécution de Chalais (Aubery, *Mémoires pour servir à l'histoire du cardinal duc de Richelieu*, Cologne, 1667, t. 1, p. 579) : « Il fera encore parler de lui, ayant chargé plus de quatre-vingts personnes, et particulièrement ceux du bois de Vincennes, et le cadet, qui est à Amboise, dont on dit qu'il a fort déchargé l'aîné. » Ceux

Si vous, ô reyne debonnaire,
Vous ne vous montrez desormais
Mater misericordiæ.

du bois de Vincennes, ce sont le maréchal d'Ornano et Chaudebonne, arrêtés en même temps que Modène, Deageant et les frères du maréchal d'Ornano, conduits à la Bastille; cela se passoit le 4 mai (*Mémoires de Richelieu*, coll. Mich. et Pouj., 2ᵉ série, t. 7, p. 382). Bassompierre (*Mémoires*, t. 6, p. 250) nous dira ce qu'étoient ceux d'Amboise : « Cependant les dames et ses partisans pressèrent Monsieur de se retirer de la cour; à quoi il fut encore convié quand il vit que MM. de Vendôme et grand prieur, frères, étant arrivés à Blois le 2 juin, avoient, le lendemain matin, été faits prisonniers et conduits en sûre garde dans le château d'Amboise. » Les *Mémoires de Richelieu* (p. 387) mettent cette arrestation au 12 mai. Chalais ne fut arrêté que plus tard, au commencement de juillet, et il fut exécuté le 19 août, à Nantes, sur la place du Bouffay, — et non Bouffe, comme l'ont imprimé à tort les éditeurs des *Mémoires de Richelieu*. Je mettrois toutes les pièces en vers non-seulement avant l'exécution de Chalais, mais peut-être même avant son arrestation, moment où tout l'intérêt et toute l'attention ne portoient encore que sur les prisonniers de Vincennes et d'Amboise. Pour la requête en prose, elle est au moins antérieure à l'exécution, puisqu'il y est question des fêtes du mariage du frère du roi, et Gaston fut marié à Nantes le 5 août, neuf jours avant la mort de Chalais.—J'ajouterai qu'un *Salve Regina des financiers* imprimé en 1624 est l'original de celui-ci; l'on a mis prisonniers pour financiers, et dans le reste changé le moins de mots possible; on ne peut vraiment copier d'une manière plus éhontée.

ANATOLE DE MONTAIGLON.

Le Salve Regina

C'est à vous que nos vœux s'adressent
Pour obtenir nostre pardon;
Desjà les poursuites nous pressent;
Ne nous laissez à l'abandon,
  Vita, dulcedo.

En vous seule est nostre asseurance,
Delivrez nous d'un tel méchef;
Car sous cette seule esperance
Nous venons dire de rechef :
  Et spes nostra, salve.

Helas ! ne soyez courroucée
Des outrages par nous commis,
Puisque, craignant ceste menée
Que nous trassent nos ennemis,
  Ad te clamamus.

Ouy, nous crions d'une voix haute :
Reine mère, priez pour nous;
Faites pardonner nostre faute,
Ou bien nous sommes presque tous
  Exules filii Evæ.

Et ceux qui sont sous garde seure
Et qui sont venus des derniers,
Madame, vous disent à cet heure
Qu'ils sont detenus prisonniers :
  Ad te suspiramus, gementes et flentes.

Quand nous voyons un camarade
Qu'on emmène dans les prisons,
Nous aymerions mieux battre l'estrade
Qu'estre, nous et nos compagnons,
  In hac lacrymarum valle.

Après avoir prêveu l'orage,
Nous nous sommes mis à prier,
Ayant jugé qu'estant en cage
On nous contraindra de crier
Eya !

Et, voyant que personne n'ose
Venir deferer des premiers,
Qu'est-ce qu'on demande autre chose,
Sinon nous tenir prisonniers?
Ergo,

On veut remettre cette faute
Sur nous, et, ce qui est le pis,
C'est que l'on le dit à voix haute;
Soyez vers le Roy vostre fils
Advocata nostra.

Vous le pouvez, ô grande Reyne!
Un chacun de nous le prevoid.
Changez en douceur ceste haine;
Chacun l'espère, car on void
Illos tuos misericordes oculos.

Le bruit de nos malheurs s'embarque
Sur le ponant et au levant;
L'amitié d'un si grand monarque
Est comm' elle estoit auparavant
Ad nos convertere.

Rendez la liberté perdue
Par tous ces accidens divers;
Vostre clemence assez congnue

L'on chantera par l'univers
  Et Ludovicum benedictum.

Au lieu d'un superbe carosse,
D'une lictière ou de mulets,
On nous menasse d'une fosse;
Intercedez donc, s'il vous plaist,
  Fructum ventris tui.

Ostez nous la peur des supplices
Puis qu'en prison nous sommes mis
Et nos estats et nos offices
Que desjà l'on declare unis,
  Nobis post hoc exilium ostende.

Nous avons merité la haine
Ou un semblable traictement;
[Mais] c'est une chose incertaine
Que vous usiez de chastiment,
  O clemens!

Nostre confession de bouche,
La satisfaction du pecheur,
Et la contricion nous touche
Jusqu'au centre de nostre cœur,
  O pia!

Ces bons Pères, qui sont si sages,
Nous ont promis dans peu de jours
La meilleur par[t] de leurs suffrages
Et nous à eux de nos secours.
  O mater Maria!

Quand vous direz au Roy, Madame :
« Pardonnez à vos prisonniers »,
Vous verrez que de cœur et d'âme
Ils crieront tous les premiers :
Amen.

*Le Purgatoire des Prisonniers,
envoyé au Roy* [1].

Le Purgatoire des Prisonniers.

Non le flambeau qui s'allume en nos âmes
Par le regard de la beauté des dames,
Non les combats de Mars le foudroyant,
Ny la pitié de la ville enflammée,

---

[1]. Cette pièce et la suivante, qui continuent le *Salve Regina*, sont imprimées ensemble et forment deux cahiers in-8 sous les signatures A-B. Le premier feuillet offre le titre du *Purgatoire;* les pages 3 à 10 cette pièce, imprimée en romain, à 32 lignes à la page, et sans que les strophes soient distinguées l'une de l'autre, même par un alinéa; le 6e feuillet offre le titre : *L'emprisonnement D. C. D. présenté au Roy*, qui est imprimé en italique et occupe les pages 13 à 16 ; elles ont le même nombre de lignes que celles du commencement. Le tout est imprimé d'une façon très incorrecte, et la ponctuation en particulier dépasse comme absurdité toutes les bévues permises; je la restitue comme toujours.

Mais les travaux d'une prison fermée
Je chante icy, riant et larmoyant.

Peuple futur qui gis en la matrice,
Qui n'as tiré le laict de la nourrice,
Et qui mille ans dois venir après moy,
Dans ce tableau tu verras les misères
Peintes au vif d'un prisonnier n'a guière,
Que ses souspirs chantèrent à son Roy.

L'enfer des morts, plain de rage eternelle,
Fut des prisons l'idée et le modelle
A qui premier la prison inventa;
Un subtil moine imita le haut foudre
En inventant[1] le canon et la poudre,
Et cestuy-cy les enfers imita.

Si la prison n'avoit telle sortie,
Si la prière y estoit amortie,
Le bruict des huis et des portes de fer,
Les airs piteux des personnes captives
Et les regrets des ames mortes vives,
La me feroient appeller un enfer.

Mais, pour autant que Dieu on y revère,
Que dans ces fers quelque chose on espère,
Qu'on y entend l'Evangile prescher,
Un Purgatoire à bon droit je le nomme,
Le Purgatoire où l'on nettoye l'homme
De tous ses biens jusques à l'escorcher.

1. Imp. : imitant. Il s'agit du moine allemand Schwarz.

Non, le forçat n'a point si rude guerre
Que celuy là que la prison enserre ;
Car le captif est tout rongé de soing,
Hoste forcé de quatre grands murailles,
Et le forçat fréquente les batailles,
Sans le plaisir qu'il a d'aller au loing.

Ceux là qui sont condamnez par justice
Sont secourus par la mort du supplice ;
Car par la mort vont cessant les douleurs
Où le captif cent mille morts espreuve ;
Car, en lieu d'homme, en prison il se treuve
Hidre fecond d'angoisses et malheurs.

Ceux là qui sont aux feux insatiables,
Ne peuvent estre encor' si miserables :
Ils n'ont que l'ame en peine et en tourment,
Où le captif souffre de corps et d'ame ;
Car la prison sert à son corps de lame,
Et à l'esprit son corps de monument.

Les passions de cent douleurs cruelles,
Que cent mille ont par menues parcelles,
Le prisonnier les endure tout seul ;
Car la prison, sa mortelle ennemie,
Le couvre tout de playe et d'infamie,
Et aux vivans elle sert de cercueil.

Il est encor en plus extresme peine
Que celuy là que la pauvreté meine
Dans l'hospital, saisi d'infirmité ;
Car là dedans mainte et mainte personne

Par charité de nouveau bien luy donne,
Et au captif tout le sien est osté.

    L'aigle veugeur bequette Promethée ;
Sisiphe monte et dessend sa montée ;
Tantalle a soif tout au milieu de l'eau ;
Sur une roue Ixion porte angoisse ;
D'un crible en vain les Belides sans cesse
Vont espuisant un infernal ruisseau.

    Le prisonnier a tout seul en partaige
De ces damnez la souffrance et la rage ;
Il a pour aigle un cœur au dur soucy ;
Et pour montaigne un desir de franchise ;
Prier son juge est le lac qu'il espuise ;
La pauvreté le rend sec et transi.

    Thezée fut tiré hors du dedalle
Par le fillet d'une vierge royalle.
Mais quel fillet le peut tirer d'icy,
Et quel amy luy tendra la fisselle
Pour le tirer de maison si cruelle,
Maison cruelle et maison sans soucy ?

    Maison cruelle, où loge la misère,
Où l'ennemy se monstre et se declaire,
Et où l'amy se cognoist par effect,
Où les humains sont enterrez en vie,
Où la pitié est estainte et perie,
Et où le corps par martyre est deffaict.

    Un seul fillet dans la prison les meine ;

Mais pour sortir il luy faut une chesne
D'or ou d'argent; encore bien souvent
La chesne rompt et au besoin se brize,
Et le captif est loing de sa franchise
Comme un vaisseau agité par le vent.

Vous qui portez sur vostre conscience
Un faix plombé[1] d'offence sur offence,
Qui desirez de vous en alleger,
Venez sans plus au lien qui nous presse :
Le jeusne y est, pour oster vostre gresse,
Et les tourmens pour vous en bien purger.

J'ay beau crier; quoy que je sçache dire,
Nul n'y viendra si l'on ne luy attire;
Ceux qui de gré y vont sont incensez;
La franchise est plus chère que la vie,
Plus que la mort la prison est haye,
Car les captifs sont plus que trespassez.

Et celuy-là est indigne de vivre
Qui s'ayme autant prisonnier que delivre,
Ou qui se plaist en sa captivité;
C'est un pourceau qui s'ayme dans la fange,
Car un esprit desireux de louange
Dira tousjours : Vive la liberté !

Tout[2] dès le point que l'homme est dans ce
Mille travaux et mille ennuys il souffre; [gouffre,

1. Lourd comme du plomb, *plumbeus*.
2. Imp. : Tous.

Tous ses plaisirs le laissent au pourtail,
Et, aussi tost qu'il a passé la porte,
Un camp d'ennuis luy faict nouvelle scorte
Accompagnez d'angoisse et de travail.

    Tous ses amis, amis, dis-je, de table,
En le voyant chetif et miserable
Tournent le dos, riant de son ennuy,
Et ceux qui ont despendu sa richesse,
Au lieu d'avoir l'espée vengeresse
Pour le venger, se bandent contre luy.

    Le prisonnier, dès l'heure donc qu'il entre
Dans la prison, il est clos dans le ventre
D'un vil cachot d'espouvantable horreur,
Où il se paist seullement de ses larmes,
Où il se void en estranges allarmes,
Où l'air infaict luy faict vomir le cœur.

    Le doux sommeil s'enfuit loing de sa couche,
La puanteur empuantit sa bouche;
Il n'a repos non plus que de clarté;
Son œil ne void que l'horreur des tenèbres,
L'oreille n'oit que mille chants funèbres,
Son sang ne sent que sa captivité.

    Là, desolé, il sent en son courage
Et en l'esprit mille poinctes de rage;
Il nomme heureux les ostes des tombeaux;
Il hait si fort sa miserable vie
Qu'il voudroit voir sa chair toute pourrie
Dans l'estomach des chiens et des corbeaux.

Jà le croissant qui tournoye le monde
S'est fait paroistre en face toute ronde,
Puis, amoindry, il s'est esvanouy,
Que le captif n'a eu le[1] bien encore,
Soit au midy, soit au soir, à l'aurore,
D'avoir son œil au soleil resjouy.

Puis, s'il advient que dehors on le tire,
Il vient de là en un plus grand martyre
Devant le juge, où il est tout tremblant;
Son cœur est froid, son ame est fremissante,
Le pied luy faut, sa face est blemissante,
A qui se meurt de tout poinct ressemblant.

Il tombe encor' en une plus grand peine,
Offrir son corps à la cruelle gheine
Où ses tendrons et ses nerfz sont froissez;
En cest estat en fosse on le devalle.
Las! qu'est-il donc qui en misère egalle
Ceux qui du monde en cestuy sont passez?

Quel corbeau noir de ses griffes poinctues
Va dechirant les charongnes pendües
A Montfaucon[2] si fort que le captif
Est dechiré pièce à pièce en martire
Dans la prison, plus que quatre morts pire,
Où miserable il est damné tout vif?

Il y en a qui ont les fers aux jambes;

1. Imp.: de.
2. Imp.: A Montfault çon.

Les autres sont dans les mortelles flambes
De maladie et de maints accidents;
Les autres sont en disette si grande
Que maintes fois, par faute de viande,
Le froid les prend et les saisit aux dents.

Cestuy-cy crie, et l'autre se lamente;
Qui gemit fort, qui se deult, se tourmente,
Ou qui se meurt, ou qui plainct son malheur,
Cestui-là sçait[1] qu'au tombeau il va rendre,
Et l'autre y vient, qui de nouvel esclandre
Nous glace l'ame et penètre le cœur.

L'estrange bruict et les grands tintamarres
Des fers, des clefs, des portes et des barres,
Et des verroux, la rhumeur et les cris,
Et des geolliers la tempeste et la rage,
Font au captif maudire son lignage,
Tant de fureur il a le cœur epris.

Les pleurs amers, les complaintes de bouche,
Les durs sanglots, le desespoir farouche,
Infections, querelles et debats,
Suivent partout le captif miserable;
C'est son odeur et son mets delectable,
Son aliment, ses jeux et ses ebats.

D'autre costé on oyt autre murmure
De maints captifs qui se disent injure;
Les uns du poing blessent leurs compaignons,

1. Imp.: sert.

Outre le bruict de cent mille algarades,
L'on void languir d'autres qui sont malades;
L'on oyt encor des autres les chansons.

   Tout le desir qui maintenant m'allume
N'est que de voir une prison de plume
Et qu'un grand vent soufflant horriblement
Pour la razer et l'abattre par terre,
Et qu'à l'instant les hommes qu'elle enserre
Fussent sans elle, elle sans fondement.

   Or, quelques fois qu'on s'esjouit ensemble,
Un bruit s'entend, dont le plus hardy tremble :
C'est le bourreau, qui entre dans le parc
Ainsi qu'un loup qui emporte sa proye ;
Chacun adonc pert le rire et la joye,
Pleurant celuy qui porte au col la hart.

   De la rhumeur la prison en resonne ;
Puis, s'il advient qu'autres on emprisonne,
Tous sont autour pour sçavoir qu'ils ont fait.
Une grand' tourbe à l'environ s'amuse,
Et, ayans sçeu ce dont on les accuse,
Un chacun dict qu'ils n'ont en rien mefaict.

   Que le proverbe est icy veritable !
Il ne fut onc de prisonnier coupable ;
Il est tousjours captif injustement ;
Si sa prison luy est à tort cruelle,
Il ne fut onc de prison à luy belle,
Ny d'amitié qui fut laide à l'amant.

   N'est-ce donc pas la mort de la mort mesme
D'estre plongé en douleur si extresme

Que la fortune assemble en un corps seul
Tout ce qu'elle a de peine et de misère ?
Je l'en depite, elle ne sçauroit faire
Au prisonnier un compagnon en deul.

   O vous, heureux, à[1] qui ceste franchise
Par le collet n'a jamais esté prise,
O vous, heureux qui l'avez peu r'avoir,
Avant que perdre une si rare chose,
Et qu'on vous cueille une si belle rose,
Perdrez plustost la vie et le pouvoir.

   Et vous, mon roy, astre clair de victoire,
Pour me tirer du feu de Purgatoire,
Faictes ainsi que les bonnes gens font :
Sur mon tombeau repandez vostre offrande
D'un doux pardon, qu'humblement vous demande,
Qui, pour sortir, luy servira de pont.

   [Car], avec plus d'ennuy que de monnoye,
Et de regrets deux fois plus que de joye,
Durant deux mois que dura ma prison,
[J'aurai vescu, au meilleur de mon age][2]
La plume en main et le dueil au courage,
Captif de corps, d'esprit et de raison.

Fin.

1. Imp. : là.
2. Je remplis tellement quellement ce vers sauté par la négligence de l'imprimeur, et qui étoit certainement tout autre.

*L'Emprisonnement D. C. D.,
présenté au Roy* [1].

L'Emprisonnement de M. le C. C.,
envoyé au Roy.

Je vous supplie d'escouter le ramage
D'un jeune oiseau que l'on a mis en
    cage   [vant
Bien plus estroit qu'il n'estoit para-
Quand il voloit par l'air au gré du vent.
Sur l'aubespin, tout herissé de poinctes

---

1. J'ai donné dans une note antérieure (p. 201) la description bibliographique de cette pièce. Je remarquerai seulement les différences offertes dans les initiales par le premier titre et par celui placé au commencement de la pièce. Faut-il supposer le même nom sous une forme différente en voyant dans le premier : *L'emprisonnement du comte (ou du capitaine, ou du chevalier) de....*, et dans le second : *L'emprisonnement de M. le comte C...?* Cela est possible. En tout cas, il ne faut pas penser à Chalais, qui étoit prince, et le peu de bonne foi du *Salve Regina* ne permet pas de croire celle-ci beaucoup plus historique.

Durant la nuict souspiroit ces complainctes;
Puis sur un sault[1], embrazé de l'amour,
Il saluoit la belle aube du jour;
Là il baignoit le tendre bout de l'aisle
Pour rafraischir sa chaleur naturelle;
Puis sur le soir, en tranquille repos,
Prenoit congé du soleil jà renclos;
Tout luy estoit agreable à delivre,
Et maintenant il se fasche de vivre.
Quand il se void d'autruy et non plus sien,
La seule mort seroit son plus grand bien;
Ayant perdu une si douce vie,
De plus chanter il a perdu l'envie.
Un rossignol perd volontiers ses chants,
Ayant perdu la liberté des champs;
Il ne fait plus que languir en servage,
Se tourmentant dans l'enclos de sa cage.
Mais tout ce dont[2] il est plus estonné,
C'est que je suis l'oiseau emprisonné.
Or, je vous prie, oyez un peu ma prise;
Amoindrissez le soing qui vous maistrise
Pour escouter comment je fus choisi
Entre un milier et hardiment saisi[3].
Cinq gros sergens, aux vineuses roupies,

1. C'est évidemment un saule que l'auteur a voulu dire.
2. Imp. : donc.
3. Le prologue, dans sa rhétorique convenue, n'avoit rien que d'ordinaire. L'allure devient ici plus vive et tourne à un tableau qui ne manque ni d'esprit ni de vivacité. Il y a là comme un souvenir de l'épître de

Enluminez à force de rosties [1],
Ouvrant les yeux comme de gros hibous,
Sur le collet il me sautèrent tous.
L'un me saisit durement par la manche,
L'autre à la main et l'autre par la hanche,
L'autre au manteau, et l'autre, enbesongné [2],
Disoit m'avoir le premier empoigné.
J'en avois deux me menant sous l'aisselle,
Comme un amant mène une demoiselle,
Cinq au derrière et quatre à mon devant,
Pour m'empescher de trop fendre le vent.
Les uns devant me faisoient faire place,
Aux deux costez serrant la populace.
Un gros ribault mon espée m'osta
Et la bailla à un, qui l'emporta;
Autour de moy ses gens estoient en cerne.
Mes yeux luisoient ainsi qu'une lanterne
Non point du vin que j'avois entonné,
Car je n'avois encore desjeuné.

Marot à François Ier sur un sujet analogue; on y trouvera même l'imitation du passage :

> Pour faire court, je ne sçeus tant prescher
> Que ces paillars me vousissent lascher.
> Sur mes deux bras ils ont la main posée
> Et m'ont mené ainsi qu'une espousée.
> Non pas ainsi, mais plus roide un petit.

(*Epître XXVI*, édit. Lenglet Dufresnoy, La Haye, 1741, in-4, t. 1, p. 444.)

1. Est-il besoin de dire que c'étoient des rôties au vin ?
2. Affairé, faisant l'important, la mouche du coche, en un mot.

De tous costez tirassé par ces piffres,
Un affecté me monstroit quelques chiffres
Et un papier qui parloit de prison,
Contre lequel je disois ma raison :
« Hé ! menez moy, pour mon dernier refuge,
Disois je à eux, un peu devant le juge. »
Mais, quelque droit que je leur sçeus prescher,
Jamais aucun ne me voulut lascher;
Chacun taschoit d'en emporter sa pièce ;
Le plus petit me tenoit à la fesse,
Et le plus grand, faisant du bon valet,
Tout furieux me tenoit au colet.
De çà de là tiré par leur main croche,
J'allois branslant comme une grosse cloche;
Comme un corps sainct ils m'eslevoient en l'air,
Ne me donnant le loisir de parler;
De la façon ma personne conduite
Tiroit après des gens une grand suitte;
De la rhumeur je fus si estourdy
Que je n'ouy carillonner midy.
Je fus posé par ses fauces canailles
En sentinelle entre quatre murailles,
Où pour certain vous me pourrez trouver,
Faute qu'aucun ne m'en veut relever.
Le seul regret qui le plus m'accompagne,
C'est de n'avoir plus large la campagne.
Je crie assez pour sortir de ce four,
Mais à ma voix tout est là dedans sourd.
Si tout ainsi sourde m'est vostre oreille,
Si vostre veue à me garder ne veille
Et si non plus vous n'avez de moy soing,
Je n'iray pas à dix mille lieues loing.

L'EMPRISONNEMENT.

Ma garde là jamais ne m'abandonne,
Tant elle a crainte et peur de ma personne;
Tous mes valets, mes huissiers, mes portiers,
L'ont plus de moy que moy d'eux volontiers.
Pour y aller il ne faut qu'un quart d'heure,
Mais à venir, Sire, je vous asseure
Que si fascheux et long est le chemin
Qu'on est plus tost à la mort qu'à la fin;
Il en est peu qui ait de la contrée
Si tost trouvé l'issue comme l'entrée,
Et seroit on cent fois plus tost sorty
Du labyrinthe que Dedalle a basty.
Je n'en tien pas une meilleure mine;
En vain je pense et en vain je rhumine
Tous les moyens de changer de logis,
Je ne le puis, si je n'ay des amis.
Où estes vous, ô vertueuse bande?
Sur mon tombeau respandez vostre offrande;
Vostre bienfaict me peut rendre allegé
Du purgatoire où je me voy plongé;
Venez à moy comme vertueux anges
Me retirer des cavernes estranges
Pour me remettre où je vivois jadis
Dans les cartiers du mondain paradis.
Si à ma voix vostre oreille est muette,
Trop arrosez de la liqueur de Lèthe[1],
Vostre sourdesse et vostre long habit[2]
Me feront, las! jouer à l'esbahy;
J'ay trop longtemps joué ce personnage.

1. De l'eau du Léthé.
2. Faut-il lire *oubli*?

Je m'en rapporte à mon pasle visage ;
Vostre pinceau, liberal et doré,
Le rende tost vermeil et colloré.
Lors moy, oyseau qui eut l'aisle couppée,
Et qui fut prins si bien à la pipée,
Estant sorty par vous de mon enclos,
Parmy les bois chantera vostre los.

Fin.

Sur les Dragonnages [1]

Extrait d'un registre de la famille de Jean R., de Crest, en Dauphiné [2].

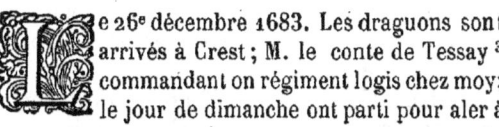

Le 26e décembre 1683. Les draguons sont arrivés à Crest ; M. le conte de Tessay [3] commandant on régiment logis chez moy; le jour de dimanche ont parti pour aler à

1. Nous empruntons encore cette pièce au n° 5 de la *Revue trimestrielle* de Buchon. Nous conservons, comme il l'avoit fait, l'orthographe du manuscrit.
2. Crest est un chef-lieu de canton du département de la Drôme, arrondissement de Die.
3. René de Froullay, comte de Tessé, plus tard maréchal de France. Les *Biographies* ne parlent pas de son commandement dans le Dauphiné, mais nous en avons eu connoissance par les *Mémoires* de Choisy. C'est là, selon l'abbé, qu'il commence de se mettre en évidence. « Le comte de Tessé, dit-il, quoiqu'il ne fût encore que brigadier, alla commander en Dauphiné à la place de Saint-Ruth. Il étoit jeune et promettoit beaucoup : une prestance agréable, du courage, beaucoup d'esprit, de l'ambition et une diligence à la Boufflers, lui tenoient lieu d'expérience, et l'on jugeoit aisément qu'il pourroit aller loin. » (Coll. Petitot, 2e série, t. 63, p. 313.)

Soul et à Bordiau[1], où il y eut rencontre aprochant Bordiau, où il s'en tua biaucoupt de part et d'autre.

Dieu soit loué!

Le 27° décembre 1683. Jeudi à midi les dragons sont arrivés à Crest contre ceux de la R. P. R.[2]. On les a logés sur toutes les familles de ladite R.

J'ey ut de logé chez moy, dans ma maison, M. le conte de Tessay, mestre de camp de son regiment de draguons. Il a parti de la maison le dimanche matin 30° décembre, pour aler à Soult et à Bordiau, là où il a fait une rancontre des gens de Bordiau et de Besodun. Ce sont batus contre les draguons, où il en a demeuré sur la place de part et d'autre une centaine ou environ.

Le lundi 8° novembre 1683 est arrivé la compagnie des draguons de M. Sauvel, du régiment du chevalier de Tessay et Hiure, où ils ont demeuré logés sur les habitans de la dite R. jusques au 1er de mars 1684, qui est 112 jours.

Pour mémoire. Le 1er d'octobre 1685, judi a l'eure de midi, deux archers ont mis en prison Isabeau Gounon, ma fame, pour l'obliger à changer de religion, où el a dimuré jusques à huit eures du soir.

Le même jour j'ey fait l'ajuration de l'eresie de Calvin par devant M. l'intendant et j'ay signé avec M. le conte de Vacheres et mon cousin à Crest le dit jour chez M. de Pluvinel.

1. Bourdeaux, chef-lieu de canton du département de la Drôme.
2. De la religion prétendue réformée.

Le 4ᵉ d'octobre 1685, jey condui ma fame au couvent de Sainte-Ursule, à Crest, où el a dimuré 14 jours, pour l'obliger à changer de religion, ce qu'el a fait dans le dit couvent le 18ᵉ d'octobre 1685, avec ma fille Isabiau R., devant M. le chanoine Dupuy de Crest.

S. Biguist et son fils sont presants et signés [1].

Le 6ᵉ d'octobre, Michel R., mon fils, on l'a conduit en prison par quatre sergents du regiment de Vivone, pour l'obliger à changer de religion; ce qu'il a fait le même jour, par devant Monseigneur l'eveque de Valence, chez M. de Pluvinel, le gouverneur.

Le 16ᵉ d'octobre 1685, Pierre Giraud, d'Eure, mon valet, et Jean Miquaut, d'Eure, aussi mon valet, ont changé de religion, resues par M. le chanoine Dupuy de Crest, le dit jour.

Le 8ᵉ d'octobre 1687, Vendredi, on a donné la question dans la tour de Crest à deux jeunes garsons de Gigors [2], à un de Monclar, par estre acusés d'avoir été au presche dans les montagnes de Gigors.

Le 9ᵉ d'octobre 1687, Samedi, on a pandu une fame de Belfort, qu'on tenoit en prison à Crest, acusée d'avoir esté à l'asamblée du prêche.

Le 11 d'octobre 1687, Lundy, on sorty de la pri-

---

1. On verra un peu plus bas ce qu'étoient ces abjurations et conversions. On présentoit à Louis XIV ces actes, fruit de la terreur, et le roi croyoit avoir converti son peuple. *(Note de Buchon.)*

2. Commune du canton de Crest.

son un jeune garson, fils d'une pouvre veuve du lieu de Crupie [1], qu'on a pandu le sus dit jour, acusé d'avoir esté à l'asamblée pour precher.

Le 7ᵉ d'avril 1686, Michel R., mon fils, m'a quité pour s'analer à Lion, et de là à Genève, pour fait de religion.

Le 12 mai 1686, Isabiau Gounon, ma fame, m'a quité pour aler à Lion, et de là s'en est alée à Geneve [2].

Le 29 novembre 1688, jour de saint André, l'on a fait le feu de joy pour la prise de Felisbourg par Monseigneur le Dauphin, avec grant réjouissance.

Le 6ᵉ faivrier 1689, le lieutenant de la compagnie de Monsieur de Mariane, cavaliers logés en Alès, a été dans ma grange de Lille à l'eure de dix après midy, accompagné de six cavaliers et du sieur Lambert, chatelain dudit Alès, et de M. de Fages, disant avoir été averti d'avoir asamblé de monde en ma dite grange pour fait de religion, ce qui etoit faux.

Dieu me garde de faux temoins et de la main de la justice!

S. Monier, de Dieulefit, avec un homme qui est aveugle, de Bordiaux, ont eté pandus à Valence, pour acusé du crime d'asamblée.

---

1. Cruspies, canton de Bourdeaux, département de la Drôme.

2. Il est bon d'observer que ces assemblées n'avoient rien de séditieux. Les religionnaires lisoient les saintes Ecritures, les pasteurs y prêchoient la plus pure morale, et l'on terminoit ces exercices religieux en priant pour le roi et la famille royale. *(Note de Buchon.)*

On a pandu deux hommes de Tiaron à Valance, dans le mois de faivrier 1689, pour être acusé du même crime.

Dieu soit béni et loué à tout!

Le 9ᵉ octobre 1689, On a pandu deux hommes à Suse [1], un nommé Moralés et un garson de Barset, acusé de precher et de s'etre asamblé.

Dieu soit loué!

Il a eté six hommes de Suse condamnés aux galères pour le crime d'avoir été asamblé.

Le 6ᵉ octobre. On assiege Ambrun.

Le 19ᵉ avril 1694. M. l'intendant a condamné vingt personnes à la mort, acusé d'asamblée, et deux à vie, qui est Mademoiselle Loutaud, de Sallient, et Legrangié, de Sallient, où il s'étoit asamblé; les vingt sont été pandus à Valance.

———

Nous ajouterons à ces notes l'extrait du registre du sieur R., qui rapporte les contributions qu'il avoit payées malgré sa conversion :

J'ay payé pour ma grange, au territoire d'Eure, pour contributions des draguons, qu'il ont demeuré à Eure 112 jours, 305 l. et 3 sols [2].

[1]. Suse-en-Droist, canton de Crest.
[2]. 305 livres 3 sols pour 112 jours, la dépense des dragons n'avoit pas été forte, du moins quand on la compare à celle qu'ils faisoient ailleurs, notamment en Normandie. V., à ce sujet, la curieuse brochure de M. Lacour : *La Carte à payer d'une dragonnade normande.* Paris, 1857, in-18.

J'ay payé pour la contribution que Eure etoit en ayde à Chateuil, et a été pour les draguons, 200 l. et 7 sols.

J'ay payé pour la contribution que ceux de la R., dite R., étoient aydés pour les draguons, pour ma grange de Lisle, pour 3 mois 23 jours, finis au 1er mars 1624, 91 l. et 4 sols.

Plus, j'ay payé pour la contribution des draguons en ayde que le comte de Saval, pour ma grange de Mansouet, 104 l.

*Brevet d'apprentissage d'une fille de modes
à Amatonte.*

1769.

Fut presente Anne la Babille,
Veuve de Nicaise Couvreur,
Dans son vivant juré-porteur,
Demeurante dans cette ville,
Près la rue du Grand-Hurleur [1],
La quelle dame comparente
Pour l'avantage et le profit
D'Agnès Pompon, dont elle est tante,
Fille agée, ainsi qu'elle a dit,

---

1. Ou plutôt du *Grand-Huleu*. Les lingères et les filles de modes étoient depuis longtemps nombreuses dans ce quartier. Leur industrie y servoit de couvert à un autre métier que leurs voisines du *Huleu* faisoient aussi, mais sans prendre la peine de le cacher. La belle lingère des *Deux-Anges* dont Bassompierre nous a conté l'étrange aventure avoit sa boutique sur le *Petit-Pont*, mais la maison où elle logeoit, chez sa tante, et où elle donnoit ses rendez-vous, étoit par ici, au coin de la rue Bourg-l'Abbé. (*Mém. de Bassompierre*, coll. Petitot, 2ᵉ *série*, t. 16, p. 364.)

De quatorze ans moins trois semaines
Et dont les mœurs toutes chrestiennes
Assurent la fidelité,
La place par pure bonté,
Pour l'espace de six années
Complètes et bien employées,
A commencer dès aujourd'huy,
Chez la bonne mère Tapi,
Maitresse et marchande de mode
De cette ville de Paris,
Demeurante rue Commode [1]
A l'enseigne de la Souris.

D'autre part, la dame Tapi,
Etant aussi presente ici,
Prent et garde pour apprentisse,
Et promet du mieux qu'elle puisse
A la susdite Agnès Pompon
Montrer son metier de lingère
Et tout ce dont elle s'ingère
Dans sa noble profession,
Sans user jamais de mystère ;
De plus, elle promet aussi,
En faveur de cet acte-ci,
Lui donner tout le necessaire,
Le lit, le feu et la lumière ;
S'oblige de l'entretenir
De jupe et de robe galante,
Le tout fait d'etoffe avenante
A l'état qu'elle va tenir ;

1. Il n'a jamais existé à Paris de rue de ce nom.

S'engage de plus à fournir
A la susdite demoiselle
Bonnets montés, fine dentelle,
Enfin tout ce qui peut servir
A toute fille de boutique
Qui veut avoir de la pratique;
Il est même au long arrêté
Que la dite mère maitresse,
En bonne et complaisante hotesse,
Dans tout temps, hiver comme été,
Se chargera du blanchissage
De tout menu linge d'usage
Tant apparent que plus caché,
Même du bandeau de Cythère,
Chaque fois qu'il pourroit echoir
Que ladite en auroit affaire
Pour besoin qu'on doit icy taire,
Mais qu'il étoit bon de prevoir.

A ceci fut enfin presente
La demoiselle Agnès Pompon,
Demeurante même maison
Chez ladite dame sa tante,
Laquelle tient le tout pour bon,
Consent à l'exécution
Et promet de son mieux apprendre
Ce que sa maitresse Tapi
Voudra lui donner à comprendre,
Ne se faisant aucun souci,
Pour achalander la boutique
Et faire venir la pratique,
D'assurer le premier venu

Que c'est parce qu'il est connu
Qu'on lui vent pour somme modique
Ce qu'il paie trois fois trop cher ;
De faire semblant d'ajouter
Un pouce en sus de la mesure,
Tandis que par secrette allure
Elle en aura su retrancher
Cinq bons doigts à son avantage ;
Même, de plus, elle s'engage,
Sans cependant blesser l'honneur,
De se conformer à l'usage,
Ce qui lui tient jà fort au cœur,
Qu'en livrant toile de Guiber [1]
Pour un prix de beaucoup trop cher,
En habile et fine marchande
Elle la vendra pour Hollande ;
Bien entendu que tout ceci
Se fera selon l'ordonnance,
La main dessus la conscience.

En outre, elle promet aussi
D'executer avec souplesse
Ce que lui dira sa maitresse,
Pourvu que la religion
Ne contredise sa leçon,
Et que la probité l'ordonne,
Non cette austère probité
Dont se pare l'antiquité,

---

[1]. Toile blanche de lin assez commune qui se fabrique à Louviers. On l'appelle ainsi à cause d'un nommé Guibert, qui en fabriqua le premier.

Car celle-là n'est plus la bonne;
Mais la probité du comptoir,
Celle que l'interêt façonne,
Que le marchand fait tant valoir
Pour tromper avec plus d'adresse
Les dupes de sa politesse.

Enfin, la docile Pompon,
Pour faire en toute occasion
L'avantage de sa maitresse,
Se propose de consentir
A satisfaire le desir
Des voluptueuses pratiques
Qui soutiennent tant de boutiques
Qui brillent de cette façon [1].

Au surplus, si, par aventure,
La jeune apprentisse Pompon,
Pour suivre une fringante allure,
Ou chose de cette nature,
Fait son paquet dans son chausson

---

1. Les demoiselles patentées se plaignoient du tort qui leur étoit fait par cette concurrence déloyale. Il parut à ce sujet, la première année de la Révolution, une brochure formulant les plaintes de l'une des plus fameuses matrones, « Florentine de Launay, cessionnaire de Rose Gourdan, propriétaire du Grand-Balcon, sis rue Croix-des-Petits-Champs-Saint-Honoré. » Voici quel en est le titre : *Requête présentée à M. Silvain Bailly, maire de Paris, par Florentine de Launay, contre les marchandes de modes, couturières et lingères, et autres grisettes commerçantes sur le pavé de Paris.* A la suite se trouvent *les noms et demeures des grisettes.*

Et se retire à la sourdine
Avant que les six ans prescrits
Fussent tout à fait accomplis,
Dans ce cas que l'on imagine,
La susdite veuve Couvreur
Donne sa parole d'honneur
De faire chercher la coquine
Depuis Paris jusqu'à la Chine,
Enfin de fureter partout
Jusqu'à ce qu'elle vienne à bout
De retrouver la libertine,
Afin de la rendre aussitôt
A sa bonne et chère maitresse,
Non sans la punir comme il faut
De ce petit tour de jeunesse,
Pour ensuite plus sagement
Achever son apprentissage.

Tel est l'acte auquel bonnement
Chaque comparente s'engage,
Même sur la foi du serment,
Quoi qu'en ce cas très peu d'usage.
Vous noterez que le present
S'est fait sans debourser d'argent,
Car, chose rare, les parties,
Sur les choses s'etant unies,
Ont promis les executer
Sans y mettre et sans en ôter,
Voulant les remplir telles quelles,
S'obligeant chacune à veiller
A l'execution d'icelles
Sans y jamais rien deroger.

Fait et passé dans une chambre
De la venerable Tapi,
Le dimanche avant midi,
Le dernier du mois de decembre
De l'an mil sept cent soixante huit.
En bas, lesdites comparentes
Ont toutes signé les presentes
Avec le notaire Expedit,
Excepté la dame Babille,
Laquelle, quant on la requit
De mettre son nom par escrit,
A dit que sa main inhabile
N'en fit jamais la fonction,
Mais que sa langue, plus docile,
En pareille occasion
Etoit un supplément utile
Et lui servoit de caution,
Prononçant mille fois son nom,
Babille, Babille, Babille, etc.

Fin.

231

*Requéte[1] d'un poëte à M. de Vattan[2], prévost
des marchands de Paris, pour être exempté
de la capitation[3].*

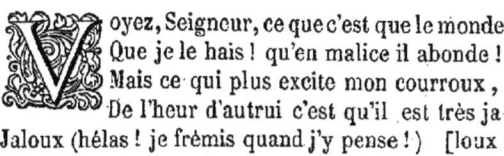oyez, Seigneur, ce que c'est que le monde!
Que je le hais! qu'en malice il abonde!
Mais ce qui plus excite mon courroux,
De l'heur d'autrui c'est qu'il est très ja-
Jaloux (hélas! je frémis quand j'y pense!) [loux :

1. Nous n'avons trouvé cette pièce que dans un recueil françois qui se publioit à Londres au dernier siècle, *Le nouveau Magazin françois, ou Bibliothèque instructive et amusante pour le mois de janvier* 1750; in-8, p. 206-208.

2. Félix Aubery, marquis de Vattan. Il ne fut prévôt des marchands que de 1740 à 1741. La date de la requête qu'on lui adresse ici n'est donc pas bien difficile à préciser.

3. C'étoit une taxe *par tête*, comme son nom l'indique. On ne l'imposoit que dans les grands besoins de l'Etat. Un édit du 18 janvier 1695 l'avoit établie, à condition qu'elle cesseroit à la fin de la guerre, ce qui eut lieu en effet; mais elle ne tarda pas à revivre, et cette fois pour ne plus cesser. Elle est remplacée aujourd'hui par ce que nous appelons la contribution mobilière et personnelle. La connoissance de toutes les affaires concernant la capitation étoit attribuée au prévôt des marchands; de là la requête du poëte à M. de Vattan.

Jusqu'à vouloir rogner sur ma pitance,
A moi, chétif, qui n'ai pour revenus,
Tout bien compté, que cent moins quatre écus.
Pour un rimeur la somme n'est pas mince;
Las! je le sçais, et vivrois comme un prince
Si l'on vouloit ne rien prendre dessus ;
Mais il me faut mes cent moins quatre écus.
Ces écus-là je les divise en douze,
C'est huit par mois, dont, si je ne me blouze,
Après avoir aquité mon loyer,
Le blanchisseur, l'auberge et le barbier,
Sans faire un sol de depense frivole,
Il ne sçauroit me rester une obole ;
Ou, si l'on croit qu'il en puisse rester
(Je ne suis point un homme à contester),
Que l'on me trouve une honnête personne
Qui me défraye, et pour lors j'abandonne,
Sans rien ôter, ni donner rien de plus,
A qui voudra mes cent moins quatre écus :
Du revenant je consens qu'il profite.
Mais quel mortel, fût-ce un autre Stylite,
Mangeant pour vivre et vivant de fruits cruds,
Vivroit à moins de cent moins quatre écus?
Et cependant, certain monsieur Cozette,
Homme zélé, sur tout pour sa recette,
Veut qu'aujourd'hui, plus sobre qu'un réclus,
Je vive à moins de cent moins quatre écus ;
Ce beau Monsieur (dont le ciel me delivre!)
Veut que je paye onze fois une livre,
C'est onze francs, ou Baresme est un sot [1].

[1]. J. J. Rousseau, lorsqu'il logeoit, en 1772, au cin-

Or, avec quoi? car, enfin, de mon lot,
Tout calcul fait, il est clair qu'il ne reste
A mon rimeur pas la valeur d'un zeste,
Et pour quiconque entend le numéro [1]

quième étage de l'*hôtel Plâtrière*, dans la rue du même nom, fut aussi poursuivi pour sa capitation, qu'il s'obstinoit à ne pas vouloir payer. Elle ne se montoit qu'à 3 livres 12 sols; mais il soutenoit que la ville lui devoit 60 mille livres pour son *Devin de village*, et qu'elle avoit par conséquent de quoi se payer des 3 livres 12 sols réclamés. On n'y voulut point entendre, et peu s'en fallut qu'on n'envoyât garnison chez l'auteur d'*Emile*. Enfin, l'affaire étant venue devant le prévôt des marchands, il décida qu'on lui feroit remise de la taxe.

1. « De l'Italien introducteur de ce jeu (*la blanque*), dit Pasquier, nous usâmes du mot *numero* au lieu de nombre qui nous est naturel en françois; et dismes celuy *entendre le numero*, qui n'avoit oublié le nombre sous lequel sa devise estoit enregistrée. Et depuis accommodasmes cette manière de parler en toute autre chose, disant qu'un homme *entendoit le numero* quand il avoit certaine information et cognoissance d'une chose. » (*Recherches de la France*, liv. 8, ch. 49.) Plus tard, *entendre le numéro* vouloit dire être rusé, adroit. *Il n'etoit lors*, dit La Fontaine, conte de *Richard Minutolo*,

> Il n'éteit lors, de Paris jusqu'à Rome,
> Galant qui *sût* si bien le *numéro*.

A la fin du dernier siècle, cette locution n'avoit plus d'usage qu'en d'assez méchants lieux. L'auteur anonyme des *Numéros parisiens*, Paris, 1788, in-8, écrit, p. vij : « Je l'appelle (ce livre) *les Numéros parisiens* parce que les escrocs disent d'une personne qu'ils n'ont pu duper : *Celui-là*

Un zeste vaut à peu près un zéro.
Pourquoi me faire une taxe si forte?
Mais après tout, dans le fonds, que m'importe?
La taxe n'est que pour qui peut payer.
Et, par bonheur, n'ayant sol ni denier,
Point de contrats, de maison, ni de rente,
Point d'autre effet qu'une table pliante,
Une escabelle, avec un vieux chalit,
Quelque bouquin déchiré qui moisit,
Je ne crains point qu'un suisse à large échine
Vienne en jurant camper dans ma cuisine,
Boire mon vin, dépenser mon argent,
Ni démeubler mon riche appartement [1],

sait le numéro, il n'y a rien à faire. » En note, il ajoute :
« Il est vrai que c'est une façon de parler très usitée à Paris, parmi les joueurs et autres chevaliers d'industrie. »
Elle n'avoit pas, du reste, attendu 1788 pour en arriver là, tant il est vrai que du vocabulaire du commerce à celui du vol il n'y a que la main. Enay dit dans *Fœneste* (édit. elzev., p. 156) : « Il étoit emporte-manteau. C'est entendre le numéro, ou je ne m'y connois pas. »

1. Il veut parler ici des archers qu'on mettoit en *garnison* chez quiconque refusoit de payer. Ils avoient charge de ronger le débiteur récalcitrant jusqu'à ce qu'il se fût exécuté. Aussi, dans l'ancienne coutume, sont-ils appelés *comestores*, ce que la coutume de Tournai traduit par *mangeurs*. Aujourd'hui l'un des papiers, à nuances menaçantes, que le percepteur vous envoie pour hâter le paiement des contributions, porte encore sur son titre: *Garnison*. En Allemagne, les créanciers s'y prenoient à peu près de même ; seulement, ils gardoient pour eux-mêmes le rôle de *mangeurs*, et, comme ils pouvoient craindre que la cuisine

Grace à Phébus, je suis logé sans faste
Dans un recoin qui n'est ni beau ni vaste ;
Force papier, pour moi seul précieux ,
Dont les sergens ne sont point curieux,
Voilà de quoi notre tenture est faite.
Avec cela, sans ce monsieur Cozette,
J'aurois vécu plus content qu'un Crésus
Et dépensant mes cent moins quatre écus.
Peut-être aussi qu'à cause de l'étage
Ce receveur a cru qu'il étoit sage
De me taxer suivant mon escalier ;
Mais ce troisième est chez moi le dernier.
Et puis, seigneur, ce n'est point par ma faute
Si la maison n'est pas un peu plus haute.
En pareil cas, si pour ne rien payer
Il ne falloit que loger au grenier,
J'y logerois ; mais, hélas ! mons Cozette
Dans son grenier taxeroit un poëte.
Delivrez-moi, seigneur, par charité,
De ce monsieur qui m'a tant maltraité.
Onze francs ! Moi ! J'en suis tout immobile ;
Autant vaudroit qu'on eût mis onze mille.
Pour abréger, sans façon rayez-moi

ne fût maigre chez le débiteur, c'est à la taverne qu'ils s'alloient mettre en exercice. « Il protestoit, lit-on dans les *Contes d'Eutrapel*, demeurer sur les bras et depense de son hoste, comme en la coustume d'Allemaigne, où le creancier, à faute d'être payé au jour dit, se va loger en la meilleure hôtellerie, y boit, mange et fait grande chère aux dépens de son débiteur, jusqu'à l'entier payement. » (*Les Contes et Discours d'Eutrapel*, 1732, in-12. t. 1, p. 114.)

De son registre; ou si je dois au roi
Quelque tribut, seigneur, taxez ma veine
A tant de vers qu'il vous plaira... Sans peine
Je rimerai pour chanter ses vertus ;
Mais laissez-moi mes cent moins quatre écus.

Les advis de Charlot à Colin, sur le temps présent, mis en lumière par L. D. F. D. D.

S. L. N. D., IN-8[1].

Colin, je veux t'entretenir
De l'aller et du revenir.
O l'estrange metamorphose,
De voir aujourd'hui toute chose
Reprendre son cours à l'envers !
Que dit-on du sieur de Nevers[2] ?
Jouë-il bien son personnage ?
On le tient pour homme fort sage
A former une bonne paix.
J'ai peur qu'on ne verra jamais
La pauvre France desbrouillée ;

---

1. Cette pièce, comme on va le voir, est des derniers temps de la puissance du maréchal d'Ancre.
2. Le duc de Nevers avoit commencé d'armer en septembre 1616. Depuis l'emprisonnement du prince de Condé il étoit un des chefs du parti contre Concini. Sa femme, qui tenoit dans le Nivernois même, le secondoit avec énergie. V. t. 4, p. 324-325.

C'est une trame mal filée
Quand la toille escorche le dos;
Quelqu'un sentira jusqu'aux os
Le goust de la souppe à l'hysope :
Disoit ainsi le bon Esope ;
Plus on a plus on veut avoir.
Mais, compere, retournons voir
Celuy qui est le plus marri.
La pauvre duché de Berry
Je plains d'avoir perdu son maistre [1].
Plusieurs disent que c'est un traistre
Qui a causé ce desarroy.
C'est grand pitié de voir le Roy
Prisonnier dedans son Paris :
Tel pense prendre qui est pris.
Mais gardons à la fin le change.
Ceste nouvelle est bien estrange,
Le Pape n'a plus de crédit ;
Le nonce nous l'avoit bien dit
Qu'il y falloit mettre bon ordre :
Il faut premièrement destordre
Le fil qui va se renouër ;
Il est mal aisé à trouver,
Deux partis égaux en la France ;
Il faut du secours de Florence
Pour asseurer ce beau marquis.

---

1. Condé avoit le gouvernement de Berry; on le lui fit rendre, et il fut donné au maréchal de Montigny. Il fallut du canon pour réduire la tour de Bourges, qui résistoit. (*OEconom. roy.* de Sully, coll. Petitot, 2ᵉ série, t. 9, p. 375 ; *Mém.* de Pontchartrain, *id.*, t. 17, p. 169.)

Caen ne s'en estoit point enquis,
Et ferma l'huis de derriere¹ ;
C'est une mauvaise visiere
Qu'au *masculini generis*.
Et quoy? nostre belle Cypris
Sera elle plus carressée?
Ce sont de belles embrassées
Que des escus à millions.
Ha ! les habilles champions
Qui ont partagé au butin!
C'est au faux-bourg de Saint-Germain
Qu'on semoit l'argent par la rue² ;

1. Le maréchal d'Ancre, craignant pour sa vie, s'étoit retiré dans son gouvernement de Normandie. C'est la ville de Caen qu'il avoit choisie pour refuge. Il y fut assez mal reçu et n'y resta pas longtemps. (*Mém.* de Bassompierre, coll. Petitot, 2ᵉ série, t. 20, p. 109; Pontchartrain, *id.*, t. 17, p. 158.)

2. Allusion au pillage de l'hôtel du maréchal d'Ancre, dont nous avons déjà parlé t. 4, p. 30. Cet hôtel, devenu plus tard l'hôtel des ambassadeurs extraordinaires, puis l'hôtel de Nivernois, et enfin une caserne de gardes de Paris, étoit situé rue de Tournon, assez près, par conséquent, de l'hôtel de Condé, dont l'Odéon tient la place. Quand le prince eut été arrêté, il y eut grande rumeur parmi les gens de sa maison et un échange continuel de menaces entre eux et ceux du maréchal d'Ancre. L'effet suivit bientôt. Un matin, tous les gens du prince assaillirent l'hôtel d'Ancre ; les maçons qui travailloient au palais de la reine mère (le Luxembourg) se mirent de la partie, et la maison du ministre fut littéralement prise d'assaut et livrée au pillage. V. *OEconom. roy.*, t. 9, p. 374; *Mémoires* de Richelieu, coll. Petitot, 2ᵉ série, t. 21 *bis*, p. 345.

Le secretaire[1] eut la venue[2]
Aussi bien que le Florentin;
Il est encore bon mastin,
S'il estoit guery de sa goutte.
Le Parlement ne void plus goutte
A bien soutenir un estat;
On est sur le poinct du debat
Pour tirer l'oyseau de la cage;
C'est un mal pire que la rage
De voir son ennemy plus fort.
Si les cerfs viennent à l'effort,
On verra de belles curées;
Elles ne sont pas de durées,
Les violentes passions.
Plusieurs visent aux pensions,
Qui vivent sur la défiance.
De Sully briguer les finances,
C'est un morceau bien dangereux.
On dit qu'il n'y en a que deux
Qui tiennent le dez à Paris.
Mais parle, Colin, tu te ris,
Il n'y a pas pour tout risée.
Le sieur d'Espernon fait trophée
De sa mitene avant l'hyver[3];
Il a Jarnac pour le couvert
Sur le passage d'Angolesmes,

1. Raphaël Corbinelli. V. t. 4, p. 30, note.
2. La *venette*, la peur.
3. C'est-à-dire se montre tout fier de s'être donné un refuge avant le danger. Il s'étoit, en effet, retiré en Saintonge, d'où il menaçoit le parti du maréchal. V. t. 4, p. 23.

Que les huguenots seront blesmes
S'il attrape les Rochelois;
Il craint que le party anglois
Donne secours à l'hugenotte.
Souvant, un pied dedans la botte,
On est contraint de s'enfuir;
Les zelez ont un grand desir
De voir une féconde Flandre [1].
A ce coup on peut bien apprendre
A gouverner une maison.
Pour moy je cognois la saison,
Fasse qui voudra du contraire;
Un bon veneur voit au repaire
La route que prendra le cerf.
Puisqu'il faut jouer *à tout sert*,
Le jeu du sang aura sa guise [2].
Mais on dit que Monsieur de Guise
Sera enfin le general [3];
Et son frere le cardinal
A-il pour vray quitté la robe [4]?

1. Comme la Flandre étoit déjà un refuge pour les *faillis*, on disoit *faire Flandre* dans le sens de s'enfuir; et *Flandre* dans celui de fuite. De là aussi le mot *flandrin* pour tout homme élancé, bon à la course.

2. Equivoque horrible sur le jeu du *cent* (le piquet) et le jeu du *sang*, l'assassinat, où, à peu de temps de là, Vitry fit gagner la partie à Louis XIII contre Concini.

3. Il tenoit pour le roi; ses troupes avoient eu déjà quelques rencontres avec celles de Condé. V. t. III, p. 356.

4. Henri de Lorraine resta cardinal. Son humeur belliqueuse et ses façons mondaines avoient dû faire faire penser ce qu'on dit ici. V. sur lui *Caquets de l'Accouchée*, p. 51, note.

Var. VIII. 16

Monsieur de Bouillon [1] se desrobe
Tousjours le premier de la cour ;
S'il eust tardé encore un jour,
On eut bien veu du peuple en Grève.
Il s'en faut peu qu'elle ne crève
La gouvernante du palais [2].
Où estes-vous, braves Harlais ?
Pleurez vostre mère nourrice :
Vous estes sur le precipice,
Et tombez aussi bien que nous.
Ne dormez plus, reveillez-vous ;
Qu'un seul roy nous soit asseurance.
Conchine regarde Florance
D'un œil tout plain de desplaisir ;
Je croy qu'il auroit bien desir
Que Perronne fust sa retraitte.
Longue-Ville fait la chouette
Et dort moins le jour que la nuict [3] ;
Il empesche ce qui le nuit ;
C'est un prince plein de courage.
Le comte d'Auvergne fait rage,
Mais plus de bruit que de l'effet [4].

1. Le duc de Bouillon, après avoir tenté de soulever parmi le peuple de Paris une révolte dont l'échauffourée de l'hôtel d'Ancre avoit été l'unique résultat, s'étoit enfermé dans Soissons avec M. de Mayenne.
2. La Cour du Parlement.
3. Le duc de Longueville, en enlevant le gouvernement de Péronne à Concini, s'étoit rendu très populaire. (*Œconom. roy*., coll. Petitot, 2ᵉ série, t. 9, p. 372 ; *Mém*. d'Estrées, *id*., t. 16, p. 310 ; Bassompierre, t. 20, p. 110.)
4. Le comte d'Auvergne, bâtard de Charles IX, qui étoit

Monsieur de Mayenne eust bien fait
De retourner dessus ses pas.
Le vieux Renard craind les appas
Et la furie des Caillette :
Un huissier, avec sa baguette,
Arreste vite un financier.
Ce fut un trait de son mestier
De tirer tout droit à Soissons [1].
Morel remarque les saisons ;
Mais tout ne vient que par rotine :
Qui entend la langue latine
Vaincra tousjours un paysan.
Moissay n'est-il plus partisant [2] ?
Se retire-il sur la perte ?
La mesche est trop descouverte,
On demande raison de tout ;
Mais patiantons jusqu'au bout :
Faut voir jouer la tragedie ;
C'est une douce melodie
Qu'ouyr le chant du rossignol.
Allons un peu à l'Espagnol,

à la Bastille depuis que Henri IV l'y avoit fait enfermer, avoit été rendu à la liberté par Concini, afin de pouvoir être opposé aux mécontents. Depuis son entrée en campagne, il avoit, il est vrai, fait plus de bruit que de besogne. (Pontchartrain, t. 17, p. 150 ; Monglat, t. 49, p. 24.)

1. Le duc de Mayenne, à l'approche du comte d'Auvergne, s'étoit, je l'ai dit, enfermé dans Soissons, où il soutint vigoureusement le siége, jusqu'à ce que la nouvelle de la mort de Concini le fit résoudre à rendre la place au roi.

2. V., sur ce financier, t. 3, p. 181-184 ; t. 4, p. 343, et les *Caquets de l'Accouchée*, p. 182, 241.

Voir s'il veut rendre la Navarre.
Ce bazané est trop bizarre
Pour faire alliance aux François.
Si on m'en eust donné le choix,
Louys seroit plus à son aise.
On le rendra plus chaut que braise,
Si un jour je suis en credit.
Maurgart[1] nous l'avoit bien predit,
Mais c'estoit tout par equivoque.
On dit que Roche-Fort[2] se mocque
De tenir fort dedans Chinon;
Il est assez bon champion
Pour y bien disputer sa vie.
Souvray en enrage d'anvie,
Et luy veut troubler son repos[3].
Bonnivet est bien plus dispos[4]
Qu'il n'estoit dedans la Bastille:
Il est aux abois, il petille,
Qu'il ne charge ce vieux grison;
On luy dit qu'il n'est pas saison
De faire une longue poursuitte:
Au printemps commence la luitte
Du toreau avec son pareil;
D'un long somme vient le reveil,

1. Sur ce faiseur d'almanachs, voir t. 2, p. 213-214, et *Caquets de l'Accouchée*, p. 65.

2. Il étoit des plus zélés pour le parti de Condé. (Pontchartrain, *coll. Petitot*, 2ᵉ série, t. 17, p. 70, et notre t. 4, p. 343.)

3. Souvray finit enfin par forcer Chinon et par l'enlever à Rochefort. (Pontchartrain, *ibid.*)

4. Henri de Gouffier, marquis de Bonnivet, né en 1586, mort en 1645.

A COLIN.

S'ensuit la fin de toute chose.
Monsieur d'Aubigny [1] se dispose
A garder son gouvernement;
C'est se comporter sagement
De bien defendre son party.
Vous porterez le dementy
Pansionnaire de créance.
Tant que l'on verra la France
Du fer rien ne profitera ;
Un bon catolique mourra
Pour maintenir son evesché.
On fait estat du bien presché,
C'est une chose fort requise ;
Mais souvent le loup se deguise
Pour mieux attraper la brebis.
Il faut avoir de beaux habits,
Un beau collet, une rotonde [2],
Une fraise qui soit bien ronde,
Contrefaire le courtisan,
Estre enflé comme un partisan,
Ne saluer jamais personne,
Au conseil faire le prud'homme,
Oppiner tousjours de travers,
Soustenir le droit du pervers :
C'est le fruict d'un pansionnaire ;
Mais qu'as-tu apris de Sancerre?
Qui aura le gouvernement?
Plusieurs ont bien perdu leur temps

1. Edme Stuart, seigneur d'Aubigny, mort en 1624.
2. Collet empesé, monté sur du carton, que les hommes du bel air portoient à cette époque. Il en est parlé dans les Satires de Regnier et dans les Lettres de Voiture.

De s'estre trouvé à Paris;
Tu te mocques et je me ris
De ces attrapeurs de Babet.
Je croy que le baron Du Blet
Sera gouverneur de Sancerre.
Le fort Sainct-Denis est par terre,
A la veüe d'un docte soldat.
Beaucoup desirent d'avoir part
En l'argent qui ne coutte rien.
Plusieurs François ne vaillent rien
Que pour troubler nostre repos.
Ils seront piquez jusqu'au os,
Ceux qui joüent les deux personnages.
S'il y avoit des hommes sages,
Qui creussent à peu près mon advis,
Je garderois, à mon advis,
Les chèvres de broutter les bois,
Sans mettre mes chiens aux abbois,
Et ne prendre rien par derrière.
Or, Colin, retournons arrière,
Et gardons bien d'estre surpris.
Voilà tout ce que j'ay appris.

Fin.

L'entrée de la Reyne et de Messieurs les enfans de France, Monsieur le Dauphin et le Duc d'Orléans, en la ville et cité de Bourdeaulx, à grans honneur et triumphe, le XXVII *de juillet.*

Le très chrestien roy Françoys, premier de ce nom, estant en sa bonne ville et cité de Bourdeaulx, où avoit sejourné depuis le septiesme jour de juing[1], qu'il estoit arrivé en la dite ville, le second jour du mois de juillet, environ neuf heures de nuyt, adverty par le seigneur de Montpezat[2] de la venue de très chres-

---

1. « Le roy partist pour aller au devant de ses enfants, avec grand nombre de seigneurs, monta sur l'eau le lundy au soir et alla jusqu'à Langon, et de là passa à Bazac (Bazas) et autres lieux, comme Rochefort, Marsant, et parmy les landes de Bourdeaux, où il s'arresta jusques à tant que la royne et messieurs ses enfants fussent arrivés. » (*Journal d'un bourgeois de Paris*; Société de l'hist. de France, p. 414.)

2. M. de Montpesat, gentilhomme de la chambre du roi, avoit laissé la nouvelle reine Eléonore, le dauphin et le duc

tienne princesse dame Alienor, royne de France,
douairière de Portugal, seur de l'ampereur romain,
aussi de la recouvrance très heureuse de très haults,
très puissans princes Messieurs les dauphin et duc
d'Orléans, congratulant et remerciant la puissance
divine de la grace à luy faicte comme très chrestien,
vray pilier de foy, aisné fils de l'Eglise, tout soubdain, espris d'une fervente joye, estant en sa chambre, tendans les yeux devers les cieulx, prosterné
à genoux, les mains jointes, larmoyant, demeura
quelque espace de temps sans pouvoir aucune chose
dire, jusque à ce que le cœur luy dessera; commença
à dire une briefve oraison, tout autre que mon simple et rude sens ne sauroit descripre, contenant en
substance ce que s'ensuyt: «Dieu eternel, createur
de tout l'humain lignage, qui en ce monde m'as mis
et créé à ton image, et m'as institué sur la terre par
ta benignité et clemence pour regir et gouverner
ton peuple au royaulme de France, quel loz, quel
honneur, quelle grace pourray-ge te rendre du bien et
joye que de toy je reçoy? Certainement, si telle chose

d'Orléans à Saint-Jean-de-Luz, et etoit venu de «nuict, sur
chevaulx de poste, à Bourdeaux», apporter au roi la nouvelle de leur approche. (*La prinse et delivrance du roy, venue de la royne, seur aisnée de l'empereur, et recouvrement
des enfants de France*, par Séb. Moreau. *Arch. curieuses*, 1re
série, t. 2, p. 433. V. aussi *Mémoires* de Martin du Bellay,
coll. Petitot, 1re série, t. 18, p. 97.) Le roi fut si joyeux
de la nouvelle « qu'il donna au dit sieur de Monpesat...
l'office de greffier au parlement de Tholose, qui, pour lors,
etoit vacante par le trepas du feu greffier, qui valoit à
vendre dix à douze mil escuz. » (Séb. Moreau, p. 434.)

j'osoye ou vouloye entreprendre, ce seroyt à moy chose impossible ; pourquoy, editeur du tout, je te supplie très humblement qu'il te plaise begninement recepvoir ma voulenté en excuse de mon pouvoir. Ce faict, vindrent devers le dit seigneur plusieurs grands princes de son sang : c'est assavoir, très haults et puissans prince le roy de Navarre, reverendissime cardinal de Lorraine, Messieurs les ducs de Vandomoys, compte de Sainct-Pol[1], Guise, accompagnez de plusieurs grans seigneurs ; ausquelz seigneurs declara les bonnes nouvelles, et, de commun accord, de joye commencèrent à lermoyer, et, depuis revenuz, remercièrent Dieu de la fortune prospère ; et soubdain commencèrent à sonner les cloches, tronpestes, clerons, haultboys, au devant le logis du roy et par toute la ville, mesmement la grant cloche d'icelle, où avoit esté donné le signe especial, l'artilherie par si grand impetuosité, que ciel et terre le tout s'assembloit. Ce tumulte parechevé, commencèrent feux à estre allumez, tellement que par toute la ville de Bourdeault on eust dict : « Voylà Bourdeault en semblable ruyne que la cité de Troye quant fut ruynée par les Grecz. » Les carfours garnis de tables rondes, vin, viandes, menestriers jouans de leurs instrumens par une si doulce melodie. Finablement, toute ycelle nuyt vous n'eussiez veu par les rues que flambeaulx allumez, festins, excès de peuple crians uniquement : « *Vive le*

---

[1]. François de Bourbon, comte de Saint-Pol, frère du duc de Vendôme, dont le nom précède le sien, et qui étoit lui-même frère du roi de Navarre.

roy! France! » Et seroit chose bien difficile de narrer
ne rediger par escript, ne autrement, la joye qu'i-
celle nuyt et les troys jours ensuyvans furent faictz,
et entre autres ce soir le reverendissime cardinal de
Sens [1], legat et chancelier de France ; les ambassadeurs des roys d'Angleterre, Portugal ; le lendemain,
tiers jour du dit moys, le reverendissime cardinal
Trivolse et les Florentins, firent leurs feux de joye, te-
nans table ronde en rue à force vin, viandes, à tous
venans, qu'est chose incredible de la joye qu'en ces
jours fut menée, tant en general qu'en particulier.
Et, le iiij. du dit moys, le roy, adverty que la reyne,
ensemble mes dits seigneurs ses enfants, estoyent
partys de Bayonne pour s'en venir devers luy, ac-
compaignés de plusieurs princes, seigneurs, tant
du royaulme qu'estrangiers, se transporta en la ville
de Roquefort [2], qu'appartient au roy de Navarre, en

[1]. Le cardinal Duprat, qui avoit dirigé toute l'affaire
de la rançon du roi, et contre le payement de laquelle on
avoit, en échange, accordé la liberté des deux jeunes princes
donnés en otages. Il s'étoit acquitté de cette tâche en trop
zélé ministre, il avoit payé en pièces qui n'étoient pas de
poids ; mais les commissaires de l'empereur, qui avoient
l'éveil, n'avoient accepté qu'après sûre vérification ; or, il
s'en manquoit de 40,000 écus, qu'il fallut rapporter. C'est
ce que Martin du Bellay, p. 94, appelle « quarante mille
escus pour la tare de l'or. » Sébastien Moreau avoue lui-
même qu'il s'en falloit beaucoup que toutes les pièces données d'abord fussent de bon aloi. (*Arch. curieuses*, 1re série,
t. 2, p. 416.)

[2]. Roquefort, chef-lieu de canton du département des
Landes, arrondissement de Mont-de-Marsan.

laquelle le dit seigneur roy de Navarre avoit faict preparer toutes choses necessaires au cas en une abbaye de nonnains. Prés ce dit lieu de Roquefort [1] furent cellebrées les nopses solennellement du dit seigneur et de la dite dame Alienor [2]. Ce faict, partirent du dit lieu et s'en vindrent en la ville de sainct Macaire [3] le neufiesme jour du dit moys, et le lendemain, dixiesme, au bourg de Podensac [4], qui est deux lieues par deçà tirant vers la ville de Bourdeaulx, où sejournèrent jusqu'au lendemain matin, unziesme du dit moys, que se disposèrent de partir pour venir en la dite ville et cité de Bourdeaulx. Le dit jour unziesme du dit moys, les soubz maire et

1. « L'abbaye de Verrières, dit Sébastien Moreau, deux lieues par delà de Mont de Marsan, qui est aussy au dit roy de Navarre. » La rencontre se fit, dit Martin du Bellay, p. 97, « entre Roquefort de Marsan et Captieux, en une petite abbaye, auquel lieu, une heure devant le jour, le roy et la royne furent espousez. »

2. « Ils arrivèrent bientôt, dit encore Séb. Moreau, en la ditte abbaye, en l'eglise de laquelle s'estoit deja appresté reverend père en Dieu monseigneur l'evesque de Lisieux, grand aumônier dudit seigneur, lesquels, après qu'ils se furent reposés en ordre, allèrent en la ditte eglise, qui estoit assez tard, et lors le dist evesque les espousa, et après s'allèrent mettre à table pour soupper. Ils feirent la chière telle que bien s'en sçauroit dire, aprez se retirèrent ensemble pour prendre le plaisir de marriage l'un avec l'autre, que je ne dechiffreray autrement, en le laissant penser aux lecteurs et auditeurs. »

3. Chef-lieu de canton du département de la Gironde, arrondissement de la Réole.

4. Chef-lieu de canton de l'arrondissement de Bordeaux.

jurez de la dite ville et cité de Bourdeaulx, qui auparavant avoyent faict asseoir sur troys gros bapteaux trois belles et plaisantes maisons, entre lesquelles en avoit une faicte par singularité, laquelle estoit environnée de belles galleries; au dedans laquelle maison avoit une belle salle et garde-robe, le tout tendu de damas cramoisi et blanc, et le plancher de tapis en verdure; les fenestres garnies de riches vitres, qu'il faisoit bon voir. Les autres deux maisons estoient pareillement avec chacune leur garderobbe tendues de taphetas rouge et blanc, et le plancher comme la première. Environ l'heure de deux heures après mynuit, firent equiper les dits bapteaux, ensemble douze autres garnis de mariniers et pillotes vestus d'habillemens de blanc et rouge, pour conduire les dites trois maisons pour porter le roy, la royne et mes dits seigneurs le dauphin et duc d'Orleans. Pareillement deux gallées gorgiasement acoutrés d'estandars, banières, et environ quatre-vingts autres bapteaulx, la pluspart couverts de tapisserie, au dedans desquels estoient les gentils hommes suyvans la court. Les enfans, gens de metier de la dite ville, et autre populaire en grand nombre, garnis d'artilherie, tambourins et suysse, et autres instrumens musiquaulx, demenants grande joye, lesquels recommencèrent à naviguer tellement, qu'en peu de temps furent au devant le dit lieu de Podensac, auquel lieu arivez, le roy, la royne, mes dits seigneurs les enfans se misdrent sur l'eau. Et croyez que à l'embarquer la ville de Rioms[1], qui est au

1. Rions, commune de l'arrondissement de Bordeaux,

devant le dit lieu de Podensac et aultres places estans sur la rivière, firent merveilles de canoner, après avoir receu la ligne de ladite ville de Rioms, qu'à ce estoit comise, laquelle apartient à monsieur le grand escuier de Navarre, messire Frederic de Foix, qui en cestuy affaire avoit bien voulu pourvoir, comme vray serviteur du roy. Le roy, la royne, mes dits seigneurs les enfans, se mirent en la maison que avoit été construite pour la royne, accompaignez du roy de Navarre, messieurs les ducs de Vendosmoys, Nemours, comptes de Sainct-Pol, Guise et autres grans seigneurs, et les autres princes et seigneurs ès dites deux maisons, gallées et autres bapteaulx. Les gens de mestiers et autres abillez de livrées ; c'est assavoir : les apoticaires avec leurs estandars, enseigne dorée, et leurs mortiers, faisans grand bruyt, lesquels estoient vestus de satin et damas gris, et tant faisans grans exclamations : *Vive le roy ! la royne ! messieurs ses enfans !* ayans grans cruches d'yppocras, qu'ils distribuèrent avec grans boytes de confitures à chacun qu'en demandoit ; les cousturiers, vestus de satin et taffetas noir semez de croix blanches ; les chaustiers de tafetas changeant,

canton de Cadillac. Ce qu'on lit dans le *Journal d'un bourgeois de Paris*, p. 416, sur cet embarquement, confirme ce qui se trouve ici, mais à beaucoup de détails près : « La royne, avec les seigneurs et dames, y est-il dit, se meirent sur la marine, entre Langon et Bourdeaulx, en basteaux painctz et dorez magnifiquement, et avoit moult de pièces d'artillerie grosses, qui faisoient merveilleuses tempestes, et force navires, tant marchands que de guerre, tous fort bien équipés. »

en bel ordre ; les orphevres, vestus de satin viollet et
noir, doublé de incarnat nervé de cordons d'argent,
ayant chacun une chaine d'or en leur col ; les ar-
muriers, de plusieurs couleurs, chacun à son plaisir ; et, en oultre, les potiers d'estain en bel ordre,
aïant leurs sayons de rouge couverts de fleurs de
lys avec ung dauphin en fasson d'orphaverie qu'il
faisoit bon voir. Et generallement la ville avoit faict
eriger ung grant pont au devant la porte du Lail-
lau pour la descente. Auquel lieu descendirent la
royne, messieurs les enfans, au devant desquels se
presentèrent pour la ville monseigneur l'amiral,
maire et capitaine de la dite ville, acoultré de son
manteau chapperon, my party de drap d'argent et
velour cramoisy, doublé de satin cramoisy ; les soubs
maire, clers et autres juratz avec leurs manteaulx
de damas cramoisy et damas blanc ; lequel dict seigneur admiral fit pour la dite ville à la dite dame,
mes dits seigneurs, une courte harengue si bien
troussée. Après la dite harengue, la dite dame fut
mise dedans une litière que portoyent deux mules,
que deux paiges d'honneur conduisoient, le tout
couvert de drap d'or frisé[1]. Et soudain fut mis dessous, par les dits juratz, ung poyle de drap d'or, à
franges d'or, riche à merveille, que six des ditz jurez portoyent ; et à l'entrée de la porte se presenta
le reverendissime cardinal de Sens, legat et chancellier de France, accompaigné des reverendissimes

1. « A l'entrée de la porte, lit-on dans le *Journal d'un bourgeois de Paris*, fust apprestée la lictière et muletz de la reyne, tous couverts de drap d'or frizé. »

cardinaulx de Lorraine, Trivolse et Turnon, et saize evesques, grand nombre d'abbés, parthenothaires et autres gens d'eglise, lequel fit une belle et eloquente harengue, où la dicte dame prit un grand plaisir. Ce faict, après que la dite dame et mes dits seigneurs furent entrez au dit portal, la court de Parlement, les quatre presidens, revêtus de leurs chappes et mortiers, et tous les conseillers, vestus d'escarlate, se presentèrent, lesquels firent la reverence à la dite dame et mes dits seigneurs, après lequel salut monsieur messire Françoys de Belcier, chevalier, premier president, en une gravité, fit à la dite dame et seigneurs, pour la dite court, une harengue; et ycelle parachevée, commencèrent à faire la procession ecclesiastique de toute la ville, puis les gens de metier, chascun en son ordre. Après marchoit monsieur le prevost avec ses archiers, puis les Suisses du roy avec force tambourins et phiphres; puis marchoient les trompettes, clerons, haultboys du roy, tous abilhez des couleurs du dit seigneur, les heraults et roys d'armes les testes nues. Après marchoient messieurs de la court de Parlement, consequemment les cent gentils hommes de l'hostel avec leurs haches et bec de fauchon [1]; après marchoient messieurs le daul-

---

1. Sorte de hallebarde qui faisoit donner à ceux dont elle étoit l'insigne le nom de *gentilshommes à bec de corbin*. Les contrôleurs généraux des finances eurent, jusqu'à la révolution, un attribut du même genre. « M. de Fourqueux, lit-on dans les *Mémoires secrets*, t. 35, p. 14, est decidement revêtu du titre de contrôleur general et porte la *canne*

phin et duc d'Orleans, accompagnez de messieurs les ducs de Vendosmes, Nemours, de Sainct-Pol, Nevers, Guise, La Trimoulle, et autres grans princes desquels je ne say les noms; et après marchoient messieurs le grand maistre vicomte de Turainne et autres seigneurs. Après ceste trouppe de gentils hommes marchoit le roy de Navarre, avec les reverendissimes cardinaulx dessus nommez, et puis mon dit seigneur le legat chancellier. Après venoist la litière de la dite dame, conduicte comme dessus, laquelle suyvoient les dames, tant de France que d'Espaigne, deux à deux, une de France, une d'Espaigne, jusques à vingtz cinq ou XXVI de chascun cousté, que faisoit bon voir. Après marchoient en bel ordre tous les archiers de la garde du roy, et après grand multitude de gentils hommes faisans guider chevaulx sur le pavé, que s'estoit merveilhes. Et en cestuy estat marchèrent jusques à l'eglise Sainct-André, metropolitaine de la dite ville, où par le clergé fut honorablement receu la dite dame et Messieurs [1]; et, après avoir rendu graces à Dieu

à bec de corbin, attribut de la dignité, dont il a plus besoin qu'un autre. »

1. « La dite royne, écrit le bourgeois de Paris dans son *Journal*, avoit sur elle un ciel d'or frizé, vestue à la mode espaignolle, ayant en sa teste une coiffe ou crespine de drap d'or frizé, faicte de papillons d'or, dedans laquelle estoient ses cheveulx, qui luy pendoient par derrière, jusques aux tallons, entortillez de rubbens ; et avoit un bonnet de velours cramoisy en sa teste, couvert de pierreries, où y avoit une plume blanche, tendue à la façon que le roy le portoit ce jour. Aux oreilles de la ditte dame pen-

en l'ordre que dessus, marchèrent vers leur logis. Est assavoir que toutes les rues estoient tendues de riches tapisseries[1]; avoit esté dressé sur la fin du carrefour de Lombrière ung grand echarffault en fasson d'arc triomphant. Au mylieu avoit ung pavillon, riche à merveille, au dedans duquel y avoit ung personnaige en chaire, acoultré d'abit royal, tenant septre; à dextre et senestre, deux autres personnages en chaire, representans messieurs les Dauphin et d'Orleans, au dessus desquelles, mesmement sur celle du roy, estoyent les armes du roy, de la royne, soubs ung timbre imperial, et au dessoubs ung escripteau où avoit : *Veni sponca mea veni de libano et coronaberisti.* Pareillement sur les dits seigneurs, les dites armes, escript : *Euntes ibant et flebant,* et, de l'autre part : *Venientes, aut*

doient deux grosses pierres, grosses comme deux noix. Sa robbe estoit de veloux cramoisy, doublée de taffetas blanc, bouffant aux manches, au lieu de la chemise, les manches de la robbe couvertes de broderies d'or et d'argent. Sa cotte estoit de satin blanc à l'entour, couverte d'argent battu, avec force pierreries; et y estoit le chancelier de France, Du Prat, qui la receut pour le roy, accompaigné de plusieurs cardinaulx et prelatz; y estoient aussy les ambassadeurs de Venise, Ferrare, Angleterre, et plusieurs princes, seigneurs et dames de France, entr'autres M*me* de Nevers. »

1. « Et depuis la dicte porte, écrit le bourgeois de Paris, jusques à la grande eglise Sainct-André, estoient les rues tendues; y furent joués mistères, et y avoit trois grands theatres elevez en hault, où estoient les armes du roy et de la royne. »

veniant cum exultatione. Du cousté de la representation de monsieur le dauphin, y avoit une jeune fille, nommée *la Ville de Bourdeaulx*, à genoux, qui tenoit ung cœur où estoient les armes de la ville, lequel s'ouvroit et apparoissoit semé de fleurs de lys, et avoit un personnage, accoutré en homme de justice, qui se nommoit *Conseil vertueulx*, près duquel estoit ung escript : *Et me Dominum, fili mi, et regem*; et à la porte Beguère y avoit ung riche eschaffault sur lequel estoit edifié ung lit si richement acoultré de drap d'or, velour cramoisy et broderie, que merveilles, et sur icelluy estoit en fasson d'une acouchée une belle fille nommée Amour; aux deux coustez, deux autres belles filles, richement acoultrées, nommées Raison et Justice; au pié du lict, ung bers, si richement acoultré que possible est de faire, au dedans lequel estoit une fille de l'age de quinze jours nommée Paix, pour laquelle avoit en une chaste assise une très belle fille, très richement acoultrée, nommée Aliance, qui avoit ung esmouchart en sa main dont chassoit les mouches; aussi bersoit la petite fille en fasson de nourisse, laquelle jouhoit si très bien son personnage que l'on pourroit souhaiter. Au dessus lequel echaffault avoit ung escripteau denotant le mistère. Or prions à Dieu pour, la conclusion, tout ainsi que par une Alienor [1]

[1]. Eléonore de Guienne, d'abord reine de France, comme femme de Louis VII, puis reine d'Angleterre, après avoir épousé Henri II. On sait que la querelle soulevée au sujet de l'Aquitaine, qu'elle avoit apportée en dot à son nouvel époux, et que le fils du premier ne vouloit pas rendre, fut

jadis furent commencées les grans guerres et divisions au royaulme de France, que, au contraire, ceste vertueuse dame Alienor, nostre rayne, puisse si bien ouvrer qu'elle fille le lyon de pair entre les princes crestiens, qu'il puisse aller contre les juifs meschreans de nostre foy catholique! *Amen*[1].

la première cause d'une guerre interminable entre la France et l'Angleterre.

1. « Touctes ces bonnes chères faictes, dit Séb. Moreau, et qu'il commençoit quelque peu à se mouvoir de la peste, dont audit Bourdeaux sont subjects, à cause de la marine, partirent et passèrent les deux rivières, assavoir la Garonne et la Dordogne, et s'en allèrent prendre aeir beau et triumphant; c'est l'aeir d'Angoulême. » Là, les fêtes recommencèrent. On en trouve la description dans une pièce volante, indiquée au portefeuille 226-227 de la *collection Fontanieu*, et reproduite textuellement au t. 6, p. 291-298, de l'édition des *Mémoires* de Martin et Guillaume du Bellay-Langey donnée par l'abbé Lambert.

Fin.

Nouveau
Règlement général pour les Nouvellistes,
s. l. n. d. In-4[1].

Dans les assemblées qui se forment de ces infatigables curieux qui font profession actuelle de s'entretenir des grands événemens, l'on n'y entend ordinairement que du galimatias et des qui-pro-quo, au lieu de discours judicieux et vraisemblables; cet abus a obligé les presidens de tous les bureaux etablis pour le debit et l'entretien des nouvelles du temps de convoquer une assemblée generale pour convenir ensemble et authentiquement des moyens de remedier à un tel abus[2].

1. Une autre édition de cette très courte pièce fut donnée avec date et nom d'éditeur : *Nouveau règlement général pour les nouvellistes*, à Paris chez Cl. Cellier, 1703, in-8.

2. Ce qu'on dit ici de ces *bureaux* de nouvelles est très sérieux sans qu'il y paraisse. Le manque de gazettes autres que la *Gazette de France*, où se trouvoit seulement ce que le gouvernement vouloit bien laisser passer; l'impossibilité où l'on étoit de se renseigner en dehors du cercle étroit de la feuille officielle, avoit fait organiser sur quelques points de Paris des sortes de centres auxquels venoient aboutir, comme à un écho commun, tous les bruits

Mais la plus grande difficulté fut de s'ajuster sur le lieu et la manière de s'assembler, car les nouvellistes des Thuilleries pretendoient que tous les autres devoient s'y rendre et leur ceder la preseance, à cause que c'etoit la maison du roi[1]. Le president du Luxembourg soutint qu'elle lui appartenoit d'ancienneté, et à cause du bon air qui fait ordinairement la substance des partisans de nou-

sur les choses de l'intérieur et de l'extérieur. On tenoit registre de ces nouvelles, quels que fussent le lieu d'où elles vinssent et la personne qui les eût apportées. On en discutoit la valeur; et si elles le méritoient, on leur donnoit place dans le Journal, dont les copies manuscrites étoient répandues à profusion dans Paris, et qui n'est autre que ces fameuses *Nouvelles à la main* dont on a tant parlé. V., dans l'*Encyclopédie du XIXᵉ siècle*, t. 17, p. 307-310, notre article sur ces embryons du journal.

1. Dans un curieux petit livre, *l'Ambigu d'Auteuil*, 1709, in-8º, p. 27, il est parlé de ces nouvellistes des Tuileries et de l'endroit où ils se tenoient. D'ordinaire, ils prenoient place sur les bancs, « à l'ombre, autour du rondeau », et sur un autre « fort long, qui est au bout du boulingrin ». C'étoit, dit plaisamment l'auteur, ce qu'on appeloit « l'arrière-ban des nouvellistes ». Parmi ceux-ci, les plus assidus étoient, à l'époque dont nous parlons, un voyageur fameux que je n'ai pas pu reconnoître, et un vieux comédien, qui doit être La Thorillière. « Il jouit, dit l'auteur, de mille écus de pension que luy fait sa troupe, et de trente mille escus qu'il a espargnez du temps que Corneille et Molière travailloient pour le théâtre. L'occupation de ces oisifs, ajoute-t-il, est de s'entretenir de ce qu'ils ont vu et de ce qui les regarde en particulier lorsque les nouvelles ne fournissent pas ; et bien souvent, dans l'empressement que quelques uns ont de donner bonne opinion de leur fait, quatre ou cinq parlent à la fois ».

veautés[1]; mais celui du Palais-Royal disputa à tous
le premier rang, par la raison que son fondateur
avoit été le plus grand politique de son siècle[2]. Le
president du cloître des Grands-Augustins le voulut

[1]. Le grand centre, en effet, fut longtemps au Luxembourg. En 1678, les faiseurs de nouvelles y péroroient déjà. C'est surtout contre ceux de ce bureau que Hauteroche, cette même année, avoit dirigé sa comédie des *Nouvellistes*. Un peu plus tard, étoit publié, toujours à leur adresse, *Le grand théâtre des Nouvellistes, docteurs et historiens à la mode, ou Le cercle fameux du Luxembourg*, poëme héroï-comique, Anvers, 1689, in-8. V. aussi les *Satires* de Ducamp d'Orgas, 1690, in-8, p. 71. Ceux qui s'occupoient surtout des choses de la littérature, *les chenilles du théâtre*, comme les appelle Gresset, s'assembloient sous un grand if. C'est ce qu'il faut savoir pour bien comprendre ce couplet qui se chantoit au prologue d'une pièce de Le Sage, *les Mariages du Canada*, jouée en 1734 :

> Grand juge-consul du Permesse,
> Vous savez notre différent.
> De grâce, reglez notre rang
> Par un arrêt plein de sagesse,
> Par un arrêt définitif,
> Tel que vous en rendez à l'if.

[2]. C'est là, dans l'allée qui disparut pour faire place à la galerie de droite, que se trouvoit le fameux orme appelé *l'arbre de Cracovie*. Ce nom, que Pannard prit pour titre d'opéra comique en 1742, venoit non pas de la ville de Pologne, mais des mensonges, des *craques*, qui trouvoient là un abri. Au VIIe chant de la *Henriade travestie* il est parlé des milliers de nouvellistes

> Deguenillés, mourant de faim,
> De ces hableurs passant leur vie
> Dessous *l'arbre de Cracovie*.

emporter de haute lute[1]. Il proposa, pour soutenir son droit, toutes les boutiques qui en dependent, dans lesquelles on faisoit une continuelle lecture de toutes les gazettes qui s'impriment dans l'Europe : de sorte qu'on devoit regarder ce lieu celèbre comme le tronc copieux de toutes les nouvelles, et dont les branches s'etendent et fleurissent dans tous les autres bureaux. Neanmoins, le president des Celestins s'y opposa formellement, sous pretexte que leur jardin etoit, par privilége, destiné pour les nouvellistes de distinction, et qu'aucune autre personne n'avoit la liberté d'y entrer[2]. Il avança que de tout temps les plus habiles politiques en avoient fait leur centre, temoin Antoine

---

Les nouvellistes du Palais-Royal n'avoient pas grand crédit. V. ce qu'en dit la *Gazette* dans *les Ennuis de Thalie* (*Hist. du Théâtre-Italien*, t. 5, p. 263). En 1709, suivant *l'Ambigu d'Auteuil*, un apothicaire s'y étoit fait « l'essayeur des bonnes ou mauvaises nouvelles. »

1. Le voisinage du Pont-Neuf avoit dès longtemps achalandé de nouvelles les oisifs du cloître des Augustins. Les gazettes étoient là dans leur vrai centre. On connoît celle du Pont-Neuf faite par Saint-Amant, édit. Livet, t. 2, p. 161, et l'on sait par le *Paris en vers burlesques* de Bertaud, p. 36-37, que dans les presses de marchands et de curieux encombrant le pont se trouvoit toujours quelque vendeur de gazette. Dans le *Grand Théâtre des nouvellistes*, p. 61, il est parlé de ce docteur

> .....Qu'on voit tous les matins
> Présider sur le banc du quai des Augustins.

2. On y voyoit surtout des abbés. V. *Satires* de Ducamp d'Orgas, p. 73.

Perez[1], secretaire d'Etat des depêches universelles de Philippe II, roi d'Espagne, lequel, s'étant refugié en France, conçut tant d'inclination pour ce couvent, qu'il voulut qu'après sa mort on l'enterrât dans le cloître, où l'on voit encore son epitaphe, qui doit imprimer un vrai respect dans l'esprit des savans nouvellistes[2].

Ceux du Palais, qui ne sont nourris que d'un lait qui ne sauroit jamais se cailler, formèrent empê-

---

1. Antonio Perez, aux derniers temps de sa vie, avoit en effet habité dans le voisinage des Célestins. Après avoir logé rue Mauconseil, vis-à-vis de l'hôtel de Bourgogne, puis à Saint-Lazare, dans la rue du Temple, au faubourg Saint-Victor, il étoit venu s'établir dans la rue de la Cerisaie. Il avoit toujours été très curieux de nouvelles, et même, comme s'il n'eût pas cessé d'être ministre de Philippe II, il poussoit jusqu'à l'espionnage cette passion de curiosité. Les Espagnols l'accusoient d'envoyer de Paris à Madrid des espions à gages. V. *OEuvres choisies* de Quévedo, La Haye, 1776, in—12, t. 1, p. 100. S'il alla quelquefois se mettre aux écoutes dans le cloître des Célestins, il ne put se permettre jusqu'à la fin de sa vie ces promenades de nouvelliste. Il devint en effet presque perclus de ses jambes, et, ne pouvant plus se rendre à l'église, il fut obligé de demander qu'on lui accordât le droit d'avoir une chapelle dans sa maison. (Lorente, *Hist. de l'inquisition*, t. 3, p. 360.)

2. « Il fut, dit M. Mignet, enterré aux Célestins, où, jusqu'à la fin du dernier siècle, on pouvoit lire une épitaphe qui rappeloit les principales vicissitudes de sa vie. » (*Antonio Perez et Philippe II*, 1845, in-8°, p. 301.) V. aussi Piganiol de la Force, *Descript. de Paris*, 1765, in-8, t. 4, p. 254-256.

chement à la pretention de tous les autres, et même au dessein qu'ils avoient de travailler à la reforme. Ils alleguoient pour moyen le long usage où ils etoient de parler de tout sans règle et sans connoissance, en soutenant que les saillies d'esprit et l'invention avoient bien plus de beauté et d'agrement qu'une froide relation de faits et d'evenemens; que ce style n'etoit bon que pour les marchands, qui ne comptent que sur leur propre fonds, au lieu que les personnes d'un genie vif et heureux savoient trouver dans l'imagination un plaisir et un applaudissement qu'on ne goûtoit point dans un recit simple et uni; que c'etoit par le secret de faire des applications hardies des loix sur differentes matières opposées que plusieurs avocats acqueroient de la reputation et de grosses fortunes; en un mot, que l'inclination des François étoit toûjours d'aller bien loin, sans s'embarrasser de la science des chemins, et qu'il suffisoit d'avoir une langue et du courage pour gagner bien du pays.

Le deputé des caffés remontra que la question dont il s'agissoit ne regardoit nullement la noblesse ni l'ancienneté des lieux où les bureaux se tenoient, mais seulement ceux qui y avoient entrée et voix deliberative; qu'on ne pouvoit pas nier que presentement les caffés ne fussent le rendez-vous le plus ordinaire des nouvellistes d'esprit et de distinction, particulièrement en hyver, où les promenades n'etoient pas de saison, et que c'etoit pour cette raison qu'il devoit avoir la prescance dans cette generale assemblée.

Les barbiers eurent avis des motifs pourquoi elle

se tenoit. Ils ne manquèrent pas d'y faire leurs remontrances, aux fins d'y être reçus comme membres de ce digne corps, fondés sur ce que de tout temps ils étoient en possession d'être les premiers nouvellistes de tous les pays, et d'être choisis pour battre l'estrade et decouvrir tout ce qui se passe d'important dans ce genre de science, ayant pour cet effet beaucoup de relations auprès des personnes de la première qualité : en sorte que c'etoit dans leurs boutiques que se rafinoient les plus curieuses nouveautés avant que de se repandre dans le public ; qu'au reste ils avoient soin de prendre regulièrement les gazettes toutes les semaines, dont la lecture ne coûtoit rien qu'un peu de patience, en attendant son rang d'être rasé, en y ajoutant, aussi gratis, des commentaires considerables, concluant que, si l'on ne leur faisoit pas la justice de leur accorder la preseance sur tous les bureaux, ils esperoient au moins d'y être agregés pour y occuper la seconde place.

Après qu'on eut examiné toutes les circonstances de ces contestations, les presidens et députés convinrent enfin de laisser la preseance au bureau du Palais, non-seulement à cause que c'est le magasin general des nouvelles, et où il en vient moins qu'il ne s'en fabrique, mais encore pour n'avoir point de procès, qui acheveroient de gâter l'esprit s'ils étoient joints avec le negoce des nouvelles[1]. A l'egard du

1. Malgré cette décision, les nouvellistes des Tuileries gardèrent longtemps le pas qu'ils avoient pris depuis le commencement du siècle sur ceux du Luxembourg. Ils l'avoient encore en 1709. Je le vois par ce qui est dit dans *l'Ambigu*

rang des autres presidens et deputés, il fut arrêté qu'il se prendroit comme ils entreroient, n'y ayant point de place, après celle du president du Palais, plus honorable l'une que l'autre. Les choses etant ainsi reglées, quoiqu'avec beaucoup de peine, on travailla serieusement aux moyens de mettre un bon ordre par tous les bureaux, qui fût ponctuellement observé par tous les nouvellistes, à peine aux contrevenans de n'être pas ecoutés, et de confisquer leurs nouvelles comme marchandises de contrebande.

On trouve les principaux articles de ce reglement, qui a eté lu, publié et affiché dans les bureaux [1].

d'Auteuil, p. 37. Voici ce que j'y trouve : « Après que toutes les nouvelles sont dites au Palais-Royal, et que des histoires qui ont été rebattues déjà cent fois y ont encore été renouvellées, les coqs des pelotons choisissent ceux qu'ils trouvent dignes de leur tenir compagnie, et leur font signe de les suivre aux Tuileries. C'est sur les six heures que se fait le *tric* (sic) de cette promenade, et le moins mal en ordre veut se produire dans ces magnifiques jardins, où le désajustement des autres ne seroit pas de mise. Après le tour de la grande allée, ils se retirent sous des ormes qui sont du côté de la terrasse qui borde la Seine. Là, les plus vénérables prennent séance, pendant que le reste, étant debout, ne se lasse point de participer à la récapitulation de ce qui a été débité de plus important pendant la journée, non seulement au Palais-Royal, mais au Luxembourg, à l'Arsenal, au Palais, sans oublier les cloîtres, où il se fait un monde de nouvellistes, et les fameux caffez de Paris, d'où il ne manque pas de venir des députez. »

1. Ce règlement, en 15 articles, est annexé à la seconde

édition de cette pièce sous ce titre : *Nouvelle ordonnance pour les nouvellistes*. Il étoit en substance dans quelques vers assez bien tournés de la satire *Le grand théâtre*, etc., et qui seront mieux de mise ici. C'est au président du *Cercle du Luxembourg* que l'on s'adresse, et, comme vous verrez, on n'oublie pas d'y parler de Simonneau, qui étoit le greffier :

> Ordonnez, sans délai, que pendant votre absence,
> Toujours le plus ancien y tienne l'audience.
> . . . .
> Et de plus ordonnez qu'on garde mot pour mot
> Vos derniers règlements d'y parler par escot;
> Et qu'en son privé nom, tout reçu nouvelliste
> Repondra des faux pas que fera son copiste ;
> Qu'on ne recevra pas d'acte sur le bureau
> Qui ne soit paraffé du docteur Sim......,
> Sous peine de tomber dans d'estranges bevues,
> Comptant trop sur la foy de cent badauds des rües.
> Que l'on fera serment, enregistrant son nom,
> D'avoir toujours en bouche un soigneux : Que dit-on ?
> Et de ne débiter jamais le doux sans l'aigre,
> Mais, comme le chapon, le gras avec le maigre;
> Qu'on bannira du cercle un tas de ces grimaux
> Dont le but n'est jamais que d'en conter à faux.
> Qu'on mettra tous ses soins à purger l'assemblée
> De cent donneurs d'avis faits sous la cheminée ;
> Que chaque nouvelliste aura soin à son tour
> De parcourir Paris et fureter la cour.....

Je vous ai dit le nom du greffier du Cercle ; j'ignore celui du président, mais ce que je sais, c'est que l'individu qui, en 1728, surveilloit la transcription et la rédaction des *Nouvelles à la main* se nommoit Dubreuil, qu'il logeoit rue Taranne, et que l'abonnement à son journal manuscrit étoit par mois de 6 livres si l'on ne vouloit que 4 pages in-4, et de 12 livres si l'on désiroit le double de pages. Plus tard, le grand bureau fut chez madame Doublet, aux Filles-Saint-Thomas. « Sur une table, deux grands registres étoient ouverts qui recevoient de chaque survenant, l'un le positif, et l'autre le douteux; l'un la vérité absolue, et l'autre la vérité relative. » Et voilà le berceau de ces *Nouvelles à la main...*, ébauche des *Mémoires secrets*, que Bachaumont annonce ainsi dès 1740 : « Un écrivain connu propose de donner chaque semaine une feuille de nouvelles manuscrites. Ce ne sera point un recueil de petits faits secs et peu intéressans, comme les feuilles qui se débitent depuis quelques années. Avec les évènements publics que fournit ce qu'on appelle le cours des affaires, on se propose de rapporter toutes les nouvelles journalières de Paris et des capitales de l'Europe, et d'y joindre quelques réflexions sans malignité, néanmoins sans partialité, dans le seul dessein d'instruire et de plaire, par un récit où la vérité paroîtra toujours avec quelque agrément. Un recueil suivi de ces feuilles formera proprement l'histoire de notre temps.... A chaque ordinaire,.... elle (la feuille) sera payée sur le champ par le portier, afin qu'on aye la liberté de l'abandonner quand on n'en sera pas satisfait. » (Edmond et Jules de Goncourt, *Portraits intimes du 18e siècle* (Bachaumont), Paris, Dentu, 1857, in-18, p. 33-34.) — A la fin de 1752, parut aussi l'*Avis d'une feuille manuscrite intitulée le* COURRIER DE PARIS. On vouloit là encore faire mieux que ces nouvelles à la main « rejetées sur les provinces par las atiété de Paris. ». Quelques numéros que possède M. Albert de la Fizelière prouvent qu'on ne fît ni mieux ni plus mal. La police sévissoit souvent contre cette sorte de publicité : de là, ses disparitions et ses transformations si fréquentes ; de là aussi la rareté des copies qui en sont restées. V. notre article de l'*Encyclopédie* déjà cité, et le *Journal* de Barbier (1744), 1re édit., t. 2, p. 451.

Le Feu de joye de Mme Mathurine[1], *où est contenu la grande et merveilleuse jouissance faicte sur le retour de M. Guillaume, revenu de l'autre monde.*

A Paris, nouvellement imprimé.

1609.

O trois et quatre fois heureuse madame Mathurine, levez les yeux au ciel, porte le zèle de ton cœur par dessus les planchers plus relevez de l'Olympe; d'un genouil flechy, remercie le ciel; ne sois ingrate, et luy rends

---

1. Nous avons donné plusieurs pièces publiées sous le nom du fou maître Guillaume; il étoit bon d'en publier une au moins de sa bonne amie la folle Mathurine. Comme elles sont toutes assez insignifiantes, nous avons choisi la plus courte. On y trouvera d'ailleurs sur cette folle en *titre d'office*, dont nous avons déjà longuement parlé (*Caquets de l'accouchée*, p. 168, note), et la seule que nous connoissions, quelques faits qui ne se rencontrent point ailleurs. On voit par le titre que cette pièce est le complément d'une autre, prêtée à maître Guillaume, et qui ne doit pas être autre chose que le petit livret publié en cette même année 1609 :

graces pour le bien heureux retour de ton cher favori M. Guillaume. Rends luy preuve qu'il n'a point logé une ame ingrate et que le bien quy t'est faict ne tombe point en une terre sterile.

Discours fait par maître Guillaume. Suite des rencontres de maître Guillaume dans l'autre monde.

L'on me fait mort,
Mais c'est à tort,
Car ma folie
Demeure en vie.

Quand Henri IV eut été assassiné, on lui donna maître Guillaume pour compagnon d'outre-tombe. Un nouveau pasquil fut publié, qui racontoit ses nouvelles pérégrinations infernales : *Le Voyage de maître Guillaume en l'autre monde, vers Henry-le-Grand.*

Le monde n'est que pure folie,
Où chacun rit suivant sa passion.
Ne blâmez donc pas ma libre affection
Qui prend plaisir à si pure manie.

1612, in-8. — Cette fois, il n'y eut pas, que je sache, pour le retour du maître fou, de feu de joie et réjouissance de la part de Mathurine. Ce n'étoit pas qu'elle fût morte, ni qu'on eût cessé de mettre sous son nom les petits livrets qu'on vouloit répandre. Bien longtemps après sa mort, à l'époque de Mazarin, on recouroit encore à ce patronage de folie. Peu s'en fallut même qu'on ne fît endosser à la reine Christine, dans une satire, le nom de notre vieille folle de cour. Le pseudonyme, tout étrange qu'il fût, n'eût pas manqué de transparence. Il n'eût pas fallu gratter beaucoup pour trouver dessous une extravagante, et de bien pire espèce que la pauvre Mathurine. Christine, en effet, venoit alors de faire assassiner Monaldeschi; c'est même pour populariser la nouvelle de son crime, et pour la forcer à partir de Paris, dans le cas où elle n'auroit pas

Mais quoy? qu'ay je besoing de telz advertissementz? Suis-je pas ceste Mathurine quy ay renversé les escadres des plus animez de la ligue, quy ay tousjours monstré que j'estois une autre Pallas, que d'une main je portois la lance et l'estoc[1] et de

craint d'y venir, que ce pasquil avoit été préparé sous les auspices mêmes de Mazarin. Un voyageur hollandois qui se trouvoit alors à Paris, et dont les *Mémoires*, conservés manuscrits à la Bibliothèque de La Haye, ont fourni quelques extraits fort intéressants à M. Achille Jubinal, dans ses *Lettres à M. de Salvandy*, etc., Paris, 1846, in-8, p. 116, parle ainsi de ce fait si curieux, et dont nulle part ailleurs nous n'avons trouvé de trace : « Le 5e (décembre 1657) nous apprismes que l'on avoit préparé icy un joly escrit pour en régaler la reine Christine, si elle y fust venue; il devoit porter pour titre : *la Métempsycose de la reine Christine.* On y eust vu quantité de jolies choses, et entr'autres belles ames qu'elle avoit eues, on luy donnoit celle de Sémiramis, qui se travestissoit si bien, et qui, tantost homme, tantost femme, jouoit toujours des siennes, et surtout lors que, faisant appeler jusques à de simples soldats pour coucher avec elle, elle les faisoit poignarder au relevé, de peur qu'ils ne s'en vantassent. La dernière ame qu'on lui donne est celle de Mathurine, cette gentille folle de la vieille cour. Mais à présent qu'elle ne viendra point, cet escrit est supprimé, Monseigneur le cardinal ayant fait dire à l'autheur de la laisser en paix. Si elle fust venue, on l'auroit publié pour l'obliger à quitter un lieu où on la dépeignoit de ses plus vives couleurs. » Elle vint pourtant, mais resta si peu qu'on ne crut pas devoir reprendre l'idée du pasquil.

1. Pour comprendre ceci, il faut savoir ce que pas un des biographes de Mathurine, ni Dreux du Radier, ni M. de Reiffemberg, dans leur histoire des fous de Cour, n'ont eu

l'autre l'olive? Arrière donc tout conseil fors que le mien ; car quel est le simple ruisselet quy peut ac-

soin de faire connoître : c'est que la pauvre folle couroit par les rues armée de pied en cap. Dans une pièce en strophes dont elle est aussi l'héroïne, *La Sagesse approuvée de Madame Mathurine*, 1608, in-8, nous lisons aux strophes 12 et 13 :

> Quelque ignorant dira : Mais cela n'est pas beau,
> Contre l'ordre commun, voir porter un chapeau,
> Une épée, un pourpoint ; fi, le fait est infâme ! »
> Las ! s'il sçavoit sonder la vertu aux efforts,
> Il verroit que d'un homme elle tient tout le corps,
> Fors le bas seulement, qu'elle tient d'une femme.
>
> Elle porte un chapeau comme une sage done ;
> Elle porte un tranchant comme une autre Amazone,
> Signal très assuré d'un esprit courageux.
> Pentasilée estoit au premier Alexandre ;
> Mathurine au dernier sacrifie sa cendre.
> Juge, lecteur, qui est la plus digne des deux.

Ces façons d'Amazone donnoient à Mathurine un trait de ressemblance de plus avec Christine, et c'est peut-être ce qui avoit fait naître l'idée de la métamorphose mentionnée il y a un instant. Le voyageur hollandois nous peint ainsi la reine de Suède dans son costume de *virago* : « Elle n'avoit plus son habit de femme, auquel elle s'estoit accommodée pendant son séjour en cette cour ; elle avoit repris un juste-au-corps de velours noir garni partout de rubans, avec un *drotte* (qui est une espèce de cravate à la moresque) qui estoit lié d'un ruban de couleur de feu ; elle portoit une toque de velours avec des plumes noires ; elle estoit coiffée de ses propres cheveux, qui sont fort blonds, mais assez courts et couppés comme ceux des hommes ; sa juppe estoit d'une moire bleue avec une belle et grande broderie de soie guippée, blanche et aurore. » Quoique le reste du portrait soit de hors d'œuvre ici, nous nous recuser la rivière de manquer d'eau, ou quelle est la rivière quy peut faire reproche à la mer ? Partant

procherions de ne pas le donner : « Elle est de petite taille, assez ramassée ; elle a le visage parsemé de quelques grains de petite vérole, mais qui ne paroissent que de fort près ; son teint est fort frais, sur lequel on voit un peu de rouge meslé qui semble d'en vouloir relever l'éclat ; elle a le front large et les yeux grands et étincellants ; elle a un nez aquilin qui, estant proportionné au visage, ne lui sied pas mal ; elle a la bouche assez bien faite, les lèvres vermeilles, et les dents toutes gastées ; le menton lui descend un peu en poincte et achève de lui former le visage en ovale. Nous ne pusmes remarquer qu'elle ait le corps si mal basti qu'on le dit. Il est bien vrai qu'elle a l'espaulle droite un peu plus haute que la gauche ; mais si on ne le sçavoit pas, on auroit de la peine à s'en apercevoir. Aussi tasche-t-elle de couvrir ce défaut le mieux qu'elle peut ; car, pour trouver l'esgalité de ses espaules, elle advance toujours le pied droit, met la main gauche au costé, et la droite sur son derrière. Quand elle parle à quelqu'un, elle le regarde fixement d'un œil si ouvert qu'il faut être bien hardi pour soutenir longtemps sa veûe ; elle ne fait pas de longs discours, et parut ce jour là tout à fait inquiète ; elle ne faisoit que courir de costé et d'aultre dans sa chambre, et dans un moment on la voyoit au delà du balustre de son lict, auprès de sa cheminée, au coin du paravant et aux vitres d'une fenestre, dire un mot à l'un, tirer l'aultre à part, et faire paroistre une humeur dereiglée ; elle parle fort bon françois, en possède tout à fait l'accent, et dit parfois de belles choses, mais d'un ton de voix qui approche plus de celui d'un homme que d'une femme. Quand quelqu'un luy vient faire la révérence, elle luy en rend une de sa façon, qui est de moitié homme, moitié femme ; et, quand elle marche, elle fait de certains pas en tournant qu'on peut nommer des passades en demi-volte ou des coupés de maistre à danser. »

encore une fois, arrière tous ceux quy se veulent avancer de conseiller celle quy ne doit recevoir de conseil que d'elle. Bref, vous, fuseaux de la Destinée, je vous rends grâces de ce qu'il vous a pleu ramener mon bien aymé M. Guillaume sain, sauf, et tot, en ce monde, autant comme il estoit allé en l'autre; de ce qu'il vous a pleu luy donner passage parmy tant de sentiers incogneuz, en un pays où les plus gens de bien sont en grand hazard et courent grand risque de leur equipage et laissent le moulle du pourpoint. Comptes sont fort dificiles à rendre; y pense quy voudra; si vous l'avez faict pour l'amour de moy, je vous en ay de l'obligation. Or donc, si j'ay dy vray, je m'en dedy et suis contente de m'en desdire maintenant, et pour satisfaction sacrifier aux Deïtez infernales tous les ans, à la my-aoust en avril, trente et dix-sept bales de nazardes, à la charge que messieurs les laquais de l'autre monde en auront leur bonne part, et cinquante et treize royaumes en painture pour suppléer à l'ambition de ceux quy envient la grandeur et le repos de monsieur mon bon amy; cent vingt et onze chasteaux en Espagne pour la gloutonnie avarice du cronologie transmarin, à la charge qu'il laissera Genebrard[1] en repos, ne pillera plus les escriptz de ceux quy en ont parlé en vrays clercs.

[1]. Gabriel Genebrard, docteur de Sorbonne, archevêque d'Aix, mort en 1597. On fait allusion ici à quelque livre, fait en Angleterre ou autre pays *transmarin*, contre sa *Chronologie sacrée*. Genebrard avoit été un furieux ligueur; le siége d'Aix, qu'il occupa quelque temps, lui avoit été donné par Mayenne. Mathurine, en ennemie jurée de la Li-

Eh bien! c'est assez pour le present, me voilà quitte de mes grands remercîmentz ; je n'en suis pas plus pauvre pour avoir promis, ny eux plus riches pour s'estre contentez de ma promesse.

Venons maintenant aux comparaisons, tous desmentiés à part, d'autant que mon espée commence à tenir au fourreau depuis la paix; toutes fois, s'il se faut bastre, le Soldat François le fera pour moy[1]. Les secrettes faveurs qu'il a receües de moy l'obligent à ceste corvée. Et mon M. Guillaume l'en remerciera plus amplement, estant venu brave, leste, galand; et moy, plus heureuse que Venus pour son Adonis, ou Clyméne pour son Phaeston, ay fleschy les Parques et Pluton. Et bien! qu'en dites-vous? ne voilà pas assez de quoy faire un feu de joye de chene-

---

gue, comme elle l'a dit tout à l'heure, se met donc volontiers du côté des adversaires de Genebrard. Elle étoit fidèle servante du Roi, nous l'avons déjà dit, *Caquets de l'Accouchée*, p. 168, note. Un fait qui nous avoit jusqu'ici échappé prouve qu'elle ne se contentoit pas seulement de l'amuser, mais qu'elle pouvoit encore, aussi bien qu'une personne du meilleur sens, lui rendre service. C'est à elle qu'on dut l'arrestation de Jean Châtel. Au moment où le roi se sentit blessé à la lèvre, « regardant, dit l'Estoille, ceux qui estoient autour de luy, et ayant advisé Mathurine la folle, commença à dire : « Au diable soit la folle! elle « m'a blessé. » Mais elle, le niant, courust tout aussitost fermer la porte, et fut cause que ce petit assassin n'eschappat. » (L'Estoille, édit. Champollion, t. 2, p. 252.)

1. *Le Soldat François*, s. l., 1605, in-8, livret qui fit grand bruit alors, et qui donna lieu à une foule de réponses dont on peut voir la liste dans le *Catalogue La Jarrie*, 1854, in-8, 2ᵉ partie, p. 64, nº 5082.

votes? Or allez un peu comparer la fleur de l'une et les arbres de l'autre avec mon fruict? Ce seroit le songe avec la realité, le souhait avec l'accomplissement. Le diable n'emporte pas le plus consciencieux de la compagnie quy n'aymeroit mieux avoir bien à point et à profit de menage saboure l'infante de Fricandouille que d'avoir songé que Laïs ou Flora luy promettoit leur pucelage. Pour moy, par la volonté de M. Guillaume de Glasco, qu'il a devotement jurée à tous les bourdels de reputation, lorsqu'avec sa sottane ou sultane il les fait fredonner au bal de la rue des Pommiers[1], et outre plus jurera de n'estre à l'advenir comme il a esté cy devant, j'aymeroys mieux 50 mille escus que 50 saccades realement par l'Albanois du seigneur Turlupin et du seigneur Don Diego d'Ocagna, que 100 et onze fantastiquement par le seigneur Cocodrille ou Sophy de Perce. Or, puisque j'ay reçu ce grand bien du ciel, j'en vay rechercher la jouissance avec mon bien aymé M. Guillaume et sçavoir si les courtisannes de l'autre monde l'ont si bien estranqué et courthaleiné qu'il ne puisse courir la pretentaine joyeusement, gaillardement, quelques couples de douzaines de postes, avec sa chère et bien aymée.

1. Je ne sache pas qu'il y ait jamais eu à Paris une rue de ce nom.

Fin.

Conference d'Antitus, Panurge et Gueridon [1].

S. L. N. D. IN-8.

NT. En bonne foy, nous voylà bien. Si la guerre dure encore quelque sepmaine, nous sommes tous à la besasse, voire à la faim, et pour cela il n'en faut pas aler au devin. On ne faisoit que se remettre un peu des

1. Cette pièce, qui a trait à quelques événements politiques de l'année 1614, est la première d'une sorte de trilogie facétieuse dont nous avons déjà parlé, t. 1, p. 194, note, et qui, en outre d'elle, se compose ainsi : *Les Grands jours d'Antitus, Panurge, Guéridon et autres*, s. l. n. d., pet. in-8 ; *Continuation des Grands jours interrompus d'Antitus, Panurge et Guéridon*, s. l. n. d., in-8. Si nous donnons celle-ci de préférence, ce n'est point parce qu'elle est la plus courte des trois : elles sont toutes assez curieuses pour qu'on n'y regrette point la longueur ; c'est tout simplement parce qu'il s'y trouve beaucoup moins de baragouin que dans les autres. Ici, Guéridon seul parle dans son patois, et, bien qu'assez inintelligible par instant, ce patois est presque toujours suffisamment accessible, et ne manque pas d'ailleurs de comique. Dans les pièces suivantes, au contraire, le texte se bigarre de trop de langages différents. Chacun

maux et desolations qu'avoient aporté les guerres civiles, et nous voilà pis que jamais. Toute ma ferme a esté raflée. Les veaux, les moutons, les aigneaux de mon fermier, son blé, son vin, en ont

y parle le sien. D'abord c'est Guéridon, puis un autre paysan nommé Arnauton, puis le capitaine Guiraud, qui parle un gascon encore plus accentué que celui du baron de Fæneste; puis le capitaine Diego, qui s'explique en mauvais patois espagnol; enfin le capitaine Stephanello, dont le jargon italien ne vaut guère mieux. Bref, c'est à n'y rien comprendre, pour les lecteurs qui ne veulent pas qu'une lecture soit un casse-tête de traduction. Voilà pourquoi, encore un coup, nous n'avons, sur les trois pièces, choisi que celle-ci, et pourquoi nous ne donnerons qu'elle. — Toutes les trois sont fort rares. M. de La Vallière possédoit de chacune un exemplaire, qui passa depuis chez Méon, et qui se trouvoit, en dernier lieu, chez M. Pressac, de Poitiers. (V. *Catal. de sa Bibliothèque*, 1857, in-8, p. 109.) M. Leber ne possédoit que deux des trois pièces; *Les Grands jours d'Antitus*, etc., lui manquoient. Il ne faudroit pas, pour les connoître, s'en fier à son *Catalogue*. Il dit qu'elles sont eu vers; or, les trois sont, comme celle-ci, en prose entremêlée de ci de là de distiques ou de quatrains. Un exemplaire complet passa, en 1846, dans la vente de M. M... (V. le *Catalogue*, Potier, 1846, in-8, p. 5, n° 27) : il ne fut pas poussé au delà de 11 fr.; aujourd'hui ce prix seroit au moins quintuplé. — Parlons maintenant des personnages de cette *Conférence* en dialogue. On connoît *Panurge;* nous n'en dirons donc rien, quoiqu'il ne soit plus ici le sublime gamin créé par Rabelais, et qu'il tende à devenir plutôt un raisonneur assez bonhomme. *Antitus* est de la même famille, puisqu'il nous vient aussi du *Pantagruel*. C'est le bon Antitus des Cressonnières, « licentié maître en toute lourderie », avec qui Rabelais nous

paty. Par S. Jean le bon S., ces mangeurs de cul de poule ont fait gorge chaude de tout. O! qu'on dit bien vray que les chevaux qui labourent l'avoine ne la mangent pas! C'estoit tout le vaillant de mon

a fait faire connoissance en son livre 2, ch. 11. Comme Panurge, il est un peu défiguré, mais il gagne à l'être. L'un remplace sa malice par du simple bon sens ; l'autre fait de même pour sa bêtise. Le profit le plus réel est donc pour lui. *Guéridon* est de plus fraîche date ; il ne remonte pas plus loin que l'époque où l'on nous le met ici en scène. D'où vient-il? je ne sais. Le patois qu'on lui fait parler nous donneroit à penser qu'il est du Poitou, ou plutôt encore de la Marche, d'autant que son nom pourroit bien être un dérivé de celui de *Guéret*, principale ville de cette pauvre province. Il est bien entendu que je n'avance cela qu'avec toute réserve et parce que je ne vois rien de plus probable à supposer. Sous Louis XIII, Guéridon est partout : d'abord, c'est, comme ici, un villageois parlant par sentences et par distiques ; puis il devient un héros de chansons, et son nom, mis au refrain, y ramène naturellement le *don don* traditionnel. Voici, par exemple, un des couplets où il intervient ainsi. On devinera sans peine qu'il est dirigé contre Marie de Médicis et le maréchal d'Ancre. Nous l'avons trouvé dans le *Recueil Maurepas*, t. 1. p. 5 :

> Si la Reine alloit avoir
> Un enfant dans le ventre,
> Il seroit bien noir,
> Car il seroit d'*encre*.
> O Guéridon des Guéridons !
>   Don, daine,
> O Guéridon des Guéridons !
>   Don, don.

L'air sur lequel se chantoit cette chanson étoit, on le voit par une note du même volume (p. 333), l'air du *Toureloure*,

fermier, et sa femme trouvoit par son calcul que par ce moyen il pouvoit s'avancer pour estre quelque jour un gentil homme de son vilage. En ce temps de rumeurs et de confusion que tout le monde s'a-

et il devoit venir, comme Guéridon lui-même, du pays de ces Auvergnats ou de ces Marchois qui nous chantent encore avec tant de plaisir les chansons où se trouve le *tourelourela* natal. Pendant quelque temps le mot *guéridon* fut pris dans le sens de *vaudeville* et le remplaça. Ainsi nous trouvons, sous la date de 1616, et toujours dans le *Recueil Maurepas*, t. 1, p. 323, *Le grand Guéridon italien et espagnol, venu nouvellement en France, aux hypocrites du temps présent.* Tallemant, dans l'historiette de Bois-Robert (édit. in-12, t. 3, p. 140), a parlé d'un homme qui avoit mis toute la Bible « en vaudeville qu'on appelle *guéridons* ». Pour que rien ne manquât à son individualité gaillarde, des chansons on l'avoit fait passer dans les danses. Guéridon étoit aussi alors un personnage de ballet : il figura dans celui des *Argonautes*, dansé au Louvre le 3 janvier 1614. Cinquante ans après, il joue encore son personnage dans l'arlequinade *le Régal des Dames*, comme on le voit par ce passage de la *Gazette* de Du Lorens (5 mai 1668) :

> Par de nouvelles gentillesses
> Et divertissantes souplesses,
> On voit deux *Guéridons* danser...

Dans les *branles* qui se dansoient à la fin des bals du monde, il tenoit aussi un rôle, et c'étoit, il faut en convenir, le plus piteux de tous. Ainsi, dans le *Branle de la Torche*, déjà si fameux au temps d'Olivier de La Mancha et à l'époque de Henry Estienne, on donnoit, du moins sous Louis XIII, le nom de *Guéridon* au personnage qui, pendant que les autres tournoient en rond et s'embrassoient autour de lui, étoit condamné à avoir en main un flambeau, ou, si vous aimez mieux, *à tenir la chandelle*, pour me servir d'une locution

PANURGE ET GUERIDON.

vance aux honneurs, hé ! pouvoit-il pas bien espérer ce grade? Voicy le compère Panurge. Et bon jour !

Pan. Monsieur mon amy, vous ne sçavés pas les grosses nouvelles et malheureuses. Toute ma ferme a esté gaulée, on n'y a rien laissé jusques à une poule. Tout fut empieté en ma presence et mangé par ces epicuriens zelateurs transcendans de la picorée[1].

Ant. Je vous en dis de mesme, tout fut pris et emmené; ils dirent à mon fermier Nicolas qu'ils le contenteroient jusques à une maille à la premiere monstre de messieurs les reformateurs. J'ay opinion que ce sera en monoye de singe[2]. Patience,

qui doit certainement venir de là. Mme Pilou, déjà fort vieille, dansoit encore la *Branle de la Torche*. Comme le flambeau lui revenoit souvent, elle se plaignoit en riant de jouer toujours le rôle de *Guéridon*. (Tallemant, in-12, t. 6, p. 69.) Quand l'usage des petits meubles à trois pieds destinés à soutenir les flambeaux s'introduisit dans les appartements, on les appela *guéridons*, comme le pauvre patient dont c'étoit l'emploi dans le fameux branle. Jusqu'ici personne, que je sache, n'avoit trouvé l'étymologie de ce mot ; je pense qu'après ce que je viens de dire il n'y aura plus besoin de la chercher.

1. Comme le capitaine Picotin, dont nous avons déjà parlé (t. 6, p. 279), et dont le nom étoit un souvenir de cette bonne dame *Picorée* qui l'avoit fait vivre si longtemps.

2. Cette locution vient de ce que les péagers des ponts laissoient passer *gratis* tout jongleur qui faisoit danser devant eux son singe ou qui chantoit une chanson. « Li jongleurs sont quitte por un ver de chancon », lit-on dans '*Establissement des metiers de Paris*, par Estieune Boileau.

cela ne durera pas, à ce que m'a dit le compere Guéridon, qui vient de la grande ville. Vous sçavez qu'il a nouvelles à commendement, et des bonnes.

Pan. Vous a-il pas dit d'où procède ceste meschante guerre de trousse-vache et de mange-veaux? Je voudrois et tous ceux de nostre vilage que ceux qui en sont la cause principale eussent quelques dragmes du feu S. Anthoine dans le perinée[1] aussi bien qu'ils font manger nos poules.

Ant. Vous avez dit là un mot latin, vous l'entendez donc?

Pan. Je n'en sçai gueres, et si me coute bon, car ce fut l'année du cher latin. Mais voicy venir Guéridon en chantant. Quoy qu'il ait, il est tousjours gay.

Guer.

> Tous lous habitans de nos bonnes villes
> Disant qu'estiant sous de guerres civiles.

Pan. Ceux qui sont aux champs en sont bien en-

MM. Le Roux de Lincy (*Chants historiques*, t. 1, p. 31) et Quitard (*Dictionnaire des Proverbes*, p. 646) ont avec raison donné crédit à cette étymologie, que Boursault avoit d'ailleurs soupçonnée bien longtemps avant eux. V. ses *Lettres*, 1722, in-8, t. 1, p. 214-215.

1. Ce mot, qu'Antitus va prendre pour un mot latin, désigne l'espace qui se trouve entre l'anus et les parties génitales. C'est d'une fistule en cet endroit que mourut le vainqueur de Marignan; M. Cullerier, chirurgien de l'hôpital du Midi, l'a démontré dans sa curieuse brochure: *De quelle maladie est mort François I*er*?* Paris, 1856, in-8. Nous avions déjà avancé qu'il n'étoit pas mort du mal vénérien. (V. *l'Esprit dans l'histoire*, p. 99.) Cette nouvelle autorité nous donne pleinement raison.

core plus souls et plus las (Guér., mon amy), car ils n'ont ny murailles ny fossés pour se garentir, et faut avoir recours aux bourgeois des villes, qui vendent bien chère leur courtoisie, ou bien aux gentils hommes voisins, qui les tondent quelque fois ras à l'espagnolle, et encore les appellent vilains.

Ant. La belle chose d'estre sous son toict en toute seureté, sous l'authorité de son prince souverain ! Mais voicy le plus eveillé Guéridon que je vis de cest an. Dictes-moy, je vous prie, faut-il dire Guéridon ou Guérindon[1] ?

Guer. I n'en sé per la cordiène ren.

Pan. Voyez l'humeur des François ! ils se prenoient au poil l'autre jour (des gens d'esprit) par ce que les uns opiniatroient qu'il faloit dire Guerindon, les autres Gueridon. Ils s'atachent tousjours à des choses de neant.

Guer. Olet vré iqu. I me souvien que lous elgercs disiant qui quets Gregeois (qu'is apeliant) donniriant de grousses et sanglantes batailles per ine voyele[2]. Agarés sis nestiant pas ben de lesi, et lous Françez fesiant lou mesme. Is se batiant per iquet honour qu'is ne cognoissiant mie. Cré ben qu'is ariant grand

---

1. On disoit, en effet, l'un et l'autre. « Je m'en vas, lisons-nous dans une pièce du temps, chanter avec ma cornemuse vos louanges, sur le chant de *Guérindon*. » (*La Suitte très plaisante et Masquarades veue en l'autre monde par le capitaine Ramonneau*, 1619, in-12, p. 15.) Dans le *Ballet des Argonautes* on l'appelle même *Guélindon*.

2. Sur ce fait et quelques autres du même genre, V. t. 2, p. 286.

besoin d'être in poy trapanez. O let in grous cas diquets cerveas.

Ant. Laissons tout cela et dites nous encore quelque guéridon, compère, mon amy.

Guer. I vous en diré in tout nouvea :

> Les Walons estiant venus à la guerre,
> S'en retournirant ben tost à louer terre.

Olet per vray. Is lour promeliant grousses richesses per lou sac d'ine bonne ville. Quand is s'aprochirant is lour vouliant donné deux escus per tête, is s'en retournirant tous gromelous, hormis quauques uns agarés les gens diquelle nouvele reformation. Iqu me fai souveni des gens d'in prince dau tans passé. Les femmes disiant : Ique les gens diquet Seignour nous travaillant ben, mais ne nous donant ren.

Ant. Il sçait tout, le compagnon, et n'espargne personne, entre dans les lieux secrets et souterrains comme un chien d'Artois et dit sa ratelée du monde. Je te prie, mon Bedon, dy nous des nouvelles.

Guer. Vous otres en sçavez plus que mé. I me sens la téte rompue de questions. Iquets qui hantiant la cour ne demandant que nouvelles fresches portées par lous chassemarée. Et qui ato de neuf? Que dit on de nouvea? Que vous en semblge de la paix, de la guerre? Tousjours sur iquele demarche, mais qu'est igu? I vous voy tous meshaignés [1] et tristes ; lous affaires vont elles pas ben?

---

1. Chagrins, morfondus de tristesse. Quelquefois même ce mot se prenoit pour *blessé, estropié*. V. Cl. Fauchet,

PANURGE ET GUERIDON.

Ant. Non, certes, on nous mange; et si nous ne sommes pas bien venés, nos fermiers ont tout perdu.

Guer. I vous en dis lou mesme, iquets gendarmeas me mangirant tout, jusques à ine belle oie; olelet plgene de gravité espagneule, et sembglet ine grosse espousée de vilage, la povre oye! Olet ine grousse perte, elle fut engoulée avec les otres, et cré qu'is la mangirant plgume et tout tant is estiant afamez.

Pan. Tu l'as donc perdue?

Guer. Voire, da! et aguis ine bele pour iquele journée. Vous otres avés ouy dire et avés veu que d'otre tans lous gendarmeas se couvriant d'acié, de lames treluisantes qui esclatiant au soleil; mai olet ben in otre tans. I rencontris l'otre mardy diquets reformatours qui vouliant faire ine otre France, ô qu'is estiant afrous! lous uns chargés d'ine pèce de terre, otres montés sur daus mouleins à vent, plusieurs sur mouleins d'eue, otres jambe deçà, jambe de la sur ine pièce de vigne; otres sur des fiefs en parchemin. Is estiant tous suans et poudrous.

Ant. Voilà de belles gens, et fort ambitieux! Nous cognoissons tous ces vaillans guerriers. O les bonnes lames!

Pan. Messieurs de la Vigne, du Pré, du Moulin[1], des fiefs en parchemin fort nouveau qui se fait

Recueil de l'origine de la langue et poésie françoise, 1581, in-4, p. 141.

1. Il a déjà été parlé de ces paysans qui s'ennoblissoient de leur propre autorité et se faisoient appeler, soit, comme ici, *M. du Pré*, soit *M. du Buisson*, *M. de la Planche*. V. t. 6, p. 332, une citation du *Paysan françois* à ce propos.

baroniser; c'est un gentil fredaine[1] mirelaridaine. Ces gens là sont tous aliés. Ce compagnon du parchemin en fief nouveau avoit un gros vignier de père qui fut capitaine durant les guerres civiles. J'en fis ce gueridon :

> Il n'en est de tel de Paris à Rome,
> Car il est baron et point gentil-homme.

Guer. Ha! ha! vela pas ine gaillarde noblgesse? Mais hau! compère, me voudriés vous ben oté mon metié?

Pan. Que vous semble de monsieur du Pré?

Guer. Olet in benet. Car qui point n'a pré, point de foin, *ergo* point de chevos, so ne sont dique le race de Pacolet[2]. Pour iquet moulein à vent, ha! ha! ô merite ben d'estre habillé en moulein à vent et vivre de vent[3] et d'air come iquets lesardeas (que lous clgercs apeliant cameleons) et non de poules

---

1. Le mot *fredaine*, d'après ce passage, n'auroit-il d'abord été, comme le mot qui suit, qu'une sorte d'onomatopée chansonnière? Du refrain gaillard il seroit passé dans la langue courante, pour désigner la chose qu'il a servi à chanter. Je pourrois citer plus d'un exemple de ces mots de fantaisie créés par les refrains, et à qui l'usage finit par donner un sens.

2. Sur *Pacolet*, V. plus haut, p. 38.

3. Tabarin se moqua, sur son théâtre, de ces pauvres paysans habillés de toîle, comme les ailes d'un moulin. Il se montra lui-même dans cet accoutrement, et c'est ce qui donna lieu à la facétie : *Le Procez, plainte et informations d'un moulin à vent de la porte Sainct-Antoine contre le sieur Tabarin, touchant leur habillement de toile neufve.* 1622, in-8. « Quand il a veu, dit-il, le pauvre moulin, que j'avois mes habits des dimanches, il m'est venu des-

PANURGE ET GUERIDON.

et poulets. Olet in grous cas de porté in moulein à la guerre : lou vent (i cré ben) emporteroit ique le vaillance ; olienat qui deveniant d'evesques mouinés et olet devenu de mounié gendarmea.

PAN. Voicy venir M, Jean, le savetir de nostre vilage, qui ne fait qu'arriver de la grande ville, où il a demeuré longtemps ; il chante le *Te Deum* et jargone des affaires d'estat.

GUER. Is disiant quo lest opiniatre comme in mule ; mais dites-mé, que vous semble encore de tous iquets lous gendarmeas nouvellement creés ?

PAN. Je dis qu'ils auront tous un pié de nais quand ils verront que la guerre s'en retournera au premier passage de rivière ; et puis il n'y a ny foin ny avoine de ceste année.

GUER. Je vis l'otre matein l'aine dau compère Estienne, is le vouliant faire passé au pont de Satein, is ne puguirant jamais. Olavét pour, ayant passé, de ne trouvé ren à petre. O faudrét doné l'anguillade[1] à tous iquets picourours si serré que lour peu ne vosit ren après à faire vèzes[2] ou cornemouses, comme disiant iquets courtisans.

pouiller une de mes aisles, c'estoit la plus belle jacquette que j'avois jamais eue. »

1. Les pédagogues romains fouettoient leurs écoliers avec une peau d'anguille. (Pline, liv. 9, ch. 23.) L'usage étoit resté, et le mot ici employé en étoit venu. Il se trouve plusieurs fois dans Rabelais (liv. 2, ch. 30 ; liv. 5, ch. 16). Je lis aussi dans Regnier, sat. 8, v. 155-156 :

Ce beau valet, à qui ce beau maistre parla,
M'eust donné l'*anguillade* et puis m'eust laissé là.

2. La *vèze* étoit une sorte de cornemuse plus particuliè-

Ant. Celuy qui a vendu le bois tortu est un sot homme ; vous diriés qu'il est bien amy des armes, mais il est indigne de jamais avaler du piot, et que Bachus luy pardonne.

Guer. Olet per vrè in nigaut.

O vaudret ben meux estre en la cuisine
Pre se rejoui que vendre sa vigne.

Pan. Maistre Jean s'est arresté, mais il viendra à nous. C'est un grand fat ; comment il tranche du politique ! Nous sommes en un temps qu'il n'y a petit pelé de secretaire de S. Innocent, clerc, pedant, magister croté, artisan, qui ne se mele d'escrire et de parler des affaires d'estat ; ils sont fricassés sur les pons et par les rues, que c'est pitié. Tu verras tantost que ce maistre savetier enfilera les affaires comme grains benits[1].

rement en usage dans le Poitou, selon La Monnoye, dans son *Glossaire* des noëls bourguignons. La *vèze* étoit la partie par laquelle on souffloit ; l'outre s'appeloit *bille*, et des deux mots on avoit fait celui de *bille-vezée* pour *balle soufflée*, et au figuré pour toutes les sornettes d'où il ne sortoit que du bruit et du vent.

1. Ce n'étoit qu'un cri dans toute la noblesse et la bourgeoisie contre les gens de métier qui se mêloient de pérorer sur les affaires publiques. « Aujourd'hui, écrivoit Mornay un peu auparavant, il n'y a boutique de factoureau, ouvroir d'artisan ni comptoir de clergeau, qui ne soit un cabinet de prince et un conseil ordinaire d'Etat ; il n'y a aujourd'hui si chetif et miserable pedant qui, comme un grenouillon au frais de la rosée, ne s'emouve et ne s'esbatte sur cette cognoissance. » (Cité par Mayer, *Galerie philosophique du XVIe siècle*, t. 2, p. 271.) Je lis encore dans

Ant. Il faut bien qu'il y en ayt tousjours qui parlent, qui escrivent et qui donnent suject de rire. Vous sçavés comment Pasquin et Marforio en font à Rome.

Guer. Mais olet in grous fait quin chacun se mele dans affaires. J ne vis jamés tant de conseillers diquet estat. I cré ben quiquet Pierre du Pui[1] (quis apeliant) demanderat de letre. I pense qu'en fein on

un pasquil du même temps, *les Entretiens du diable boiteux*, p. 26 : « Quand le savetier a gagné, par son travail du matin, de quoi se donner un oignon pour le reste du jour, il prend sa longue epée, sa petite cottille, son grand manteau noir, et s'en va sur la place décider des interets de l'Etat. » De même que Picard, cordonnier de la rue de la Huchette, qui fut pour une si grande part dans les soulèvements populaires contre le maréchal d'Ancre, tous les gens de ce métier, et le savetier maître Jean, que vous allez voir paroître, en est un exemple, se croyoient alors de grands clercs en politique; ils avoient mis à honneur de se ranger des premiers parmi les mécontents. Ils n'y gagnèrent rien que les quolibets des bourgeois de bon sens et les épigrammes des faiseurs de *pasquils*. Picard, toutefois, fit bien ses affaires; sa réputation de factieux achalanda sa boutique, et, à partir de ce moment, il eut le bon esprit de n'en plus sortir. Il se mit en état de lancer son fils dans les grandes affaires. Ce fils devint, non pas procureur au Parlement, comme dit Amelot de la Houssaye (*Mémoires historiques*, t. 2, p. 399), mais trésorier des parties casuelles et marquis de Dampierre. V. le *Catalogue des Partisans*, dans le *Choix des mazarinades* de M. C. Moreau, t. 1, p. 117-118. Il mourut au mois d'avril 1660 (*Lettres choisies de Gui Patin*, 1707, in-8, t, 2, p. 15).

1. Sur ce pauvre fou, qui couroit les rues, et à qui,

en fairat lou mulet de quauque president. Per vré olet in grousse pitié. I fis inc rimaille lotre matein sur iqu:

> De l'Estat on parle entre nous,
> In chasqu'un sur icu caquete;
> Is s'en vouliant melé tretous;
> Jusques au fis de la jaquete.

Pan. Le voicy venir, ce maistre discoureur, qui nous resoudra sur toutes questions d'estat : car il est grand politique en plusieurs poins. Vous soyés le bien rencontré, maistre Jean, et le bien revenu.

Me Jean. Et à vous, messieurs et amis. J'ay ouy dire que vous autres avés fait des pertes : ce n'est rien, il faut bien que les gendarmes vivent. Par S. Crespin, je leur eusse faict bonne chere s'ils fussent venus chés moy, et sans pleurer.

Pan. Par ma barbe, c'est bien rentré pour un courtisan à la grande forme. Il faudra donc que les bons François nourrissent les mauvais de poules, de poulets et de veaux?

Me Jean. Agà, je sçay bien que j'ay travaillé pour des grans seigneurs de la cour, et que j'ay oüy dire à plus de quatre savetiers de bonne mémoire que cest esloignement de monsieur le Prince n'estoit à autre fin que pour racoutrer l'estat[1].

Ant. A! maistre Jean, il est bien aisé à dire, mais on ne racoutre pas l'estat comme une paire de botes

---

comme à maître Guillaume, on faisoit endosser toutes sortes de petits livrets, V. t. 2, p. 273.

1. Le prince de Condé avoit quitté Paris le 6 janvier 1614, pour se mettre à la tête des mécontents.

PANURGE ET GUERIDON. 293

ou de souliers. Il y a bien à tirer au chevrotin et des bouts à metre.

PAN. Mon grand ayeul maternel m'a conté souvent que du temps de Loys douziesme, père du peuple, il y avoit en son vilage une bonne et sage dame s'il en fust oncques; mais les vilageois ne la peurent soufrir, et firent les chevaux eschapés parce qu'ils estoient trop à leur aise. Elle fut contraincte de les quiter là, et un sien parent vint qui les assomoit tous de coups, leur prenoit leur bien par belle force, les rançonoit, deshonnoroit femmes et filles. On s'ennuye souvent de manger du pain blanc.

M⁰ JEAN. Sur mon honneur, je pense que ces grans Princes ne songent qu'au bien public.

GUER. Oyés in poi iquet juron d'aleine. Is aviant donc de l'onour, lous savetiés? Je ne disons mie quiquets seignours nous pensiant qua lour profit particulié et ne tiriant qu'à iquet Papegaut, maistre nigaud.

M⁰ JEAN. Aga, mes amis, ils sont bonnes gens et veulent soulager le povre peuple de tailles, desirent que tout aille par ordre, que les bons soient reconnus, les meschans chassés et punis, et que les estats ne se vendent plus.

GUER. Agarês ce goguelu [1], coment ol en contet et quolet ben avant en hote mer. I sè ben qu'en ma paresse oliat trois ans que j'avons eu soulagement de plgus de deux cens francs de tailles, et oüy dire à des gens de ben, qui queles gens qui gouver-

1. V., sur ce mot et sur sa curieuse étymologie, une note excellente de M. Ch. d'Héricault dans son édit. des Œuvres de Coquillart, t. 2, p. 287-288.

niant aviant ostè plgus de quinze cens mille escus de tailles et otres subsides depus iquet tans. O faut tousjours trouvé in mantea pré couvry lou mau, mais olet ben malaisé astoure que lou monde n'est plus nigaud. I fus ine fois à ine maison toute rompue, ò ny avèt que des peas de vea pendues en inc qui serviant de tapisserie. Ol y avet en escrit, au bas diqueles peas.: *O les gros veas!* Is vouliant dire que c'estet à des veas de croire qui queles ruines aguissiant esté faites durant les guerres pré lou ben publgic.

PAN. Ce maistre ligneul [1] n'est Parisien, encore qu'il die aga [2] : car les Parisiens sont fort sages et affectionnés au service du Roy, tesmoin monsieur le Prevost des marchands [3], qui offrit ces jours passés

1. C'est le fil *poissé* dont se servent les cordonniers.

2. Cette interjection populaire est une apocope de *agardez*, regardez. Théodore de Bèze (*De Franc. linguæ recta pronunctatione*, p. 84) est de cet avis, ainsi que La Monnoye (*OEuvres choisies*, 1770, in-8, t. 3, p. 334). On trouve maintes fois ce mot dans nos anciens auteurs, notamment dans les *Contes* de Des Périers, édit. elzevir., t. 2, p. 204. Nulle part, comme on le dit ici, il n'étoit plus employé que dans le peuple de Paris. C'étoit pour ce populaire une exclamation partout de mise. Saint-Julien, en ses *Courriers de la Fronde* ne lui en fait pas pousser d'autre. Ainsi, dans le 1er (édit. Moreau, t. 1, p. 12, 107), il dit:

> Monsieur de Mesme harangua,
> D'un style qui fit dire : Aga !

3. Le prévôt des marchands étoit alors Robert Miron, seigneur du Tremblay, conseiller d'Etat et président des requêtes du Palais.

à leurs Majestés cent mile hommes armés qui s'entretiendroient six sepmeines à leurs despens. Alés moy dire que ces nouveaux refondeurs d'estat en trouvent autant.

Guer. Si lours Majestés vouliant, cordiene, is lous metriant tous à sac; mais iquets bons Princes ne vouliant ja lour ruine. Lou compère Panurge parle de refondre. I me trouvis l'otre mardy qu'is refondiant ine cgloche, oliat ben de lengin à iquelle besongne. Is demeuriant beacoup de tans, is estiant tous suans et tous mehaignés. I pensés en mê meme : oliaret ben à faire de refondre ine si grousse cgloche qui quele d'in tel estat.

M⁰ Jeh. Aga, mes amis, ce bons Princes et messieurs ses associés ont force gens, Anglois, Flamans, Alemans, et argent prou.

Guer. Olet in mantour iquet ravodour : car is n'aviant ja diquets estrangers sô n'est comme de l'arche de Noé, de chacun in paire. L'otre matein in bachelié de mon village en parlèt ben et disèt qui quet Rey d'Angleterre, qui est in gran Rey, desire faire lou mariage de son fils avec ine des sours de nostre bon Rey[1], que Dieu maintienne, et que lous fers en estiant ben avant dans lou feu. Pré lous otres, is ny songeant mie. Quand à l'argent, nut farlorum[2] ; et, saincte Dame, d'où lou tireriant is?

---

1. Le mariage du fils de Jacques I⁰ʳ avec Henriette de France, sœur de Louis XIII, étoit en effet déjà projeté; mais il n'eut lieu que bien plus tard, le 11 mai 1625. V. t. 1, p. 39.

2. *Perdu*, du mot allemand *verloren*, qui, importé par les Suisses et les Lansquenets, étoit devenu le mot *frelore* em-

Pan. A tout le moins ces nouveaux soldats ne trouvent rien à brouter à la campaigne ; on a tout serré dans les villes. Ils ressemblent les compaignons d'Ulysse, ils ont esté jeté sur le roc de bon apetit et n'ont faute que de mengeaille.

Guer. Is voudriant ben trouvé parmy tous champs de bons logis come iquele Pome du pein[1], Cormié[2] et la Croix blganche[3] ; ô qu'is aimeriant la guerre ! I cré ben qu'is en serant pglustot sous que de fozes[4] de gelines.

M° Jeh. Par S. Crespin, je gageray que ces princes ne demandent que l'ordre.

Pan. Comment est-ce, maistre benet, que l'ordre peut estre mis par le plus grand desordre[5] du monde, qui est la guerre civile ? Nous en voyons des exemples à l'entour de la grande ville, où les gen-

---

ployé dans le Pathelin (édit. G. Chateau, p. 50) et par Rabelais, liv. 4, chap. 18. Il se trouve aussi dans la chanson de la bataille de Marignan par Cl. Jennequin.

1. La *Pomme-de-Pin*, cabaret trop célèbre pour que j'aie besoin d'en parler ici. V. d'ailleurs notre *Histoire des hôtelleries et cabarets*, t. 2, p. 304-305.

2. Fameux cabaretier dont la taverne se trouvoit près de Saint-Eustache. V. *Caquets de l'Accouchée*, p. 268, note ; *Saint-Amant*, édit. Livet, t. 1, p. 143.

3. Cabaret chéri de Chapelle, qui se trouvoit près de la place Saint-Jean, auprès de la ruelle, aujourd'hui disparue, qui lui devoit son nom. V. t. 3, p. 318, et t. 4, p. 50.

4. *Foze*, renard, vient de l'allemand *fuchs*, qui a le même sens.

5. Voilà le système de M. Caussidière en 1848 condamné, et même avec sa propre expression, *faire de l'ordre avec du désordre.*

darmes mesmes du Roy font chere lie et puis batent leurs hostes : tesmoing le jardinier de M. Du Harlay, jadis premier president de la Cour des Pairs.

Guer. Ine compaignie de carabins faira plus de mau en in jour que toute iquele reformation ne scaurét aporté de ben en in an. Is aviant desja mangé la Champaigne, la Bourgoigne et la Brie, is ne sçariant jamés reparé lou tort qu'is fesiant au Rey nostre seignour, et à ses sujets, non pervré.

Ant. Ces reformateurs me font souvenir d'un voisin que j'avois, qui avoit une fort belle maison percée et ouverte en quelques endroits. Il fut si fin que pour la racommoder il la fit abatre un beau matin jusques aux fondemens.

Guer. Agarés iqui in bea mesnage. O ly avét de méme in homme au vilage de ma mere grand, la grousse Jaquete, ô metit lou feu dans sa maison pré chassé lous rats et les souris. I me trouvés ine fois avec ine femme quo n'avét qu'ine robe un poi dechirée, et n'en pouvet aver d'otre ; o ne fut jamés possibgle de ly faire entendre quo se pouvet racoutré. O la metit en pieces et fausit qu'alit en chemise toute rompue, et si bien quo monstrét lou darré. Olet in gran fait d'in opiniatre.

Me Jeh. Vous dirés ce qu'il vous plairra, mais ces Princes ont bien avancé la besongne.

Pan. Voir dà ! bien advancé ; ils ont mis de leur bon argent, et la plus part de oeux qui l'ont pris ont fait voile. Ils ont alarmé le royaume, attiré sur eux l'imprecation des peuples, et puis c'est tout.

Guer. Mais vous ne sçavès pas come is disiant qu'is estiant magnifiques en iquele seance de lours estats de la nouvelle impression? In secretaire d'in des gros monsieurs m'a tout conté. Ha! ha! Oly en at per rire. O m'assurét qu'à in mesme banc de monsieur lou Prince et des otres Princes et Seignours estiant assis i ne sé queles gens qui teniant la plgace de lours maistres, en qualité (come a disét iquet secretaire) de deputés presumptis. I n'enten ja iquet parlange; que vous en sembgle, diquele nouvele espousée?

Pan. Ceste piece n'est pas de bonne mise.

Me Jeh. Par S. Crepin, si est, et monsieur le Prince n'est-il pas lieutenant-general pour le Roy ès terres et pays de son obeissance, et protecteur de l'estat?

Guer. Hô! maistre Goguelu, vous estes ine bete de dire iqu. I cré ben que lou grand Prince n'y a songé maille. Lou curé de nos vilage disét l'autre matein quo ne songe mie à toutes iqueles fredaines.

Pan. Guéridon, mon amy, il y en a qui disent qu'il met ce tiltre là dans les commissions qu'on tient qu'il a envoyées en Poictou et Guyene. Je n'en sçay rien que par le bon homme Ouy-dire, qui va partout.

Guer. S'ol étet vrè iqu, ol yarét ben que dire, mais i ne le cré ja: car o se rendret coupabgle. Olet vré qu'iquets hanicrochemens apartenant aux clgercs. I n'enten ja lou latein.

Me Jeh. Il ne sçauroit mal faire en quoy que ce soit, par S. Crespin, et je vous en pleuvis; il est certain qu'à Nevers [1] l'argent ne manque non plus que l'eaue de la fontaine ; qu'il a près de luy huit cens gentils hommes ; que tout le Languedoq et la Guyene sont à sa devotion, avec huit mile gentis hommes, tous des parles.

PAN. Vous mantés, inposteur ; vous aurés dronos [2] sur ce beq de corbin. Je ne pouvois plus tenir mon eau. Je luy ay fait manger ses parolles.

GUER. Estrille, estrille le, Panurge, iquet marroufgle. I m'en vais li faire ine Guéridon.

> Ce crassous savetié, infantour de miseres,
> Come inpaerturbatour en soit mis os galeres.

Ainsi tous les factions y puissant allé per ecrire di quele longue plgume; coment olat fait gile, iquet vilein ! I dis sur iqu : malhour à qui prendrat les armes, so nest pre lou service do Rey.

PAN. Il faudroit punir ces discoureurs et conteurs de balivernes. Il y en a qui parlent si advantageusement de ceux qui troublent l'estat et qui nous mangent, que c'est une honte. Je veux coiffer le premier qne je rencontreray ; qu'il s'en souviendra trois jours après la feste.

ANT. Mes bons amis, vous voyés en la personne

1. L'un des quartiers généraux des mécontents. V. plus haut, p. 237.

2. Expression toute rabelaisienne (*Gargantua*, liv. 1, ch. 27 ; *Pantagruel*, liv. 2, ch. 14). Elle paroît venir du langage toulousain, dont Le Duchat invoque à ce propos le dictionnaire. Claude Odde, de Triors, dans les *Joyeuses recherches de la langue tolosaine*, dont M. G. Brunet a donné une nouvelle édition (1847, in-8), n'en a toutefois pas parlé. Elle se prend pour *tape, horion*.

de ce maistre savetier une vive image et naïfve representation de la populace et des esprits foibles qui courent à la nouveauté sans sçavoir pourquoy. Ils ayment et hayssent, louent et blasment une mesme chose. Ainsi les anciens ont dit que le peuple estoit une beste à plusieurs testes, aveugle, ignorant, et par consequent opiniastre et inconstant.

Guer. O l'et come la girouete din chatea qui se viret à tous vens. Agarés ben la lune, i cré quo serét malaisé de li faire ine robe per tous lous jours.

Ant. Cependant, comme dit Panurge, il faudroit punir ces charlatans qui contre toute justice exaltent ainsi les perturbateurs du repos publiq : car posé qu'ils fussent bien fondés, les moyens et procedures ne sont pas justes.

Guer. Ol en est come des antes [1] dau compère

---

1. Ce mot se prenoit pour branche, comme dans ces vers de François Habert, dans sa fable du *Coq et du Renard* :

> Le coq, de grand peur qu'il a
> S'envola,
> Sur une *ente* haute et belle.

Il se disoit aussi pour un jeune arbre nouvellement enté. C'est dans ce sens qu'il est pris ici. Alors il ne faisoit pas double emploi avec le mot arbre et pouvoit se trouver près de lui, comme dans ces vers du poëme du *Rossignol*, par Gilles Corrozet :

> Le jour esleu, aussy l'heure assignée,
> S'en vint l'amant, la fresche matinée,
> En un jardin, paré d'arbres et *entes*,
> D'arbres et fleurs très odoriférantes.

Michea, qui estiant des beles diquele terre ; o les emundit hors de tans : cordiené, li mourirant toutes une nuit.

Ant. A Dieu, Panurge ; à Dieu, Guéridon ; mes amis, le ciel nous conserve en paix. O que c'est une bonne chose ! et souvenés vous que jamais personne ne s'ataque à son Prince souverain qu'il n'en paye les pots cassés tost ou tart.

Fin.

Arrest du très haut Conseil des Dix contre Georges Corner, fils du duc de Venise, et autres siens complices, publié sur les degrez de Saint Marc et de Rialtes, avec pouvoir que quyconque pourra prendre ledict Georges Corner vif ou mort, il aura de rescompence dix mille ducatz de la Seigneurerie de Venise. Traduit de l'italien en françois. A Lyon, par Claude Armand, dit Alphonse.

MDCXXVIII. — *Avec permission*[1].

L'an 1628, le 7 janvier, en Conseil des Dix.

Que Georges Corner, fils du serenissime prince, cité à cri public et non comparant;
  Pour cause qu'iceluy ayant conceu une haine mortelle contre N. H. sieur Renier Zen,

---

1. Jean Cornaro ou Corner étoit doge depuis 1625, et son autorité, qui devoit durer jusqu'en 1630, n'avoit pas

chevalier, pour les très injustes et indignes raisons
quy se voyent au procez, et resolu totalement de
luy ravir la vie, estoit pour peser et machiener le
moyen d'executer ce sien diabolique et scelerat dessein, par aguet et preparatifs d'armes, et atitrement

rencontré d'opposition plus persistante que de la part de
Reiner Zeno, l'un des trois chefs du Conseil des Dix. Zeno
ne manquoit jamais l'occasion de censurer les actes du
doge, surtout lorsqu'il s'agissoit de faveurs accordées par
celui-ci à ses enfants. Quand l'un d'eux, Frédéric Cornaro, avoit été fait cardinal par le saint-père, Zeno avoit
crié bien haut que la loi de Venise interdisoit à tout fils
de doge d'accepter les bienfaits de Rome; il ne fut pas
écouté. Sa malveillance eut plus de succès dans une autre
occasion. Jean Cornaro prétendoit faire admettre ses trois
fils dans le sénat; Zeno s'y opposa, et fit si bien que Georges, le plus jeune, ne fut pas reçu sénateur. De là la haine
de celui-ci contre Zeno, de la sa vengeance. Un soir d'hiver, la nuit étant déjà noire, il l'attendit avec quelques
bravi « sous le portique même de la cour du palais »; et,
peu d'instants après, Zeno, sortant du Conseil, tomba
percé de neuf coups de poignard, dont heureusement pas un
ne fut mortel. Le lendemain, les vêtements ensanglantés
de Zeno, une hache trouvée sur le lieu de l'assassinat, furent portés au milieu de la place Saint-Marc; mais le
peuple de Venise étoit trop accoutumé à ces sortes de spectacles pour s'étonner de celui-là. Georges avoit pu s'enfuir. Il fut condamné par contumace, ses biens furent con-
fisqués, son nom rayé du livre d'or, et un marbre fut placé
à l'endroit où le crime avoit été commis. C'est à Ferrare
qu'il s'étoit réfugié. Il n'en revint pas; peu de temps après,
il fut tué dans une dispute qu'il eut avec un autre banni.
— La pièce que nous reproduisons est la traduction de
l'*arrêt* rendu contre Georges par le Conseil des Dix, *arrêt*

de meurtriers et assassins, pour s'en servir au dict succez.

Et à cest effect auroit donné rendez vous à quelques uns des dicts meurtriers par luy nommèment et par deliberations choisis à cest acte atroce[1], pour

qui se trouve aux Archives générales de Venise, dans les *Bandi, proclame e sentenze*, L, n° 1, ainsi que nous l'apprend M. A. Baschet dans sa très intéressante publication, *les Archives de la sérénissime république de Venise*, 1857, in-8, p 102. Il s'en trouve aussi à la Bibliothèque Impériale, n° 5901, in-fol., n° 3, une copie, envoyée sans doute de Venise à l'époque même de l'événement, et dans la pensée que Georges Corner s'étoit réfugié en France. Le sénat de Venise poursuivoit partout ceux qui avoient échappé à sa justice. Il ne s'en tint même pas à l'avis officiel qu'il donnoit ainsi au gouvernement françois; pour s'adresser à un plus grand nombre et avoir par conséquent plus de chance de tenter un dénonciateur par l'appât de la récompense promise à quiconque livreroit le coupable, il fit publier à Lyon et répandre partout le livret ici reproduit.

1. C'étoient de ces *bravi* contre lesquels le sénat de Venise, qu'on accuse à tort d'avoir protégé cette sorte de sicaires, avoit rendu un décret le 18 août 1600. D'ordinaire ils étoient étrangers, comme on l'apprend par la teneur même du décret : « Des meurtres et des assassinats, y est-il dit, ont été commis en grand nombre, depuis quelque temps, sur divers points de notre Etat. Il a été reconnu que les coupables ont été le plus souvent des sicaires étrangers, hommes sanguinaires, qui s'engagent comme *bravi* au service des particuliers, chez lesquels ils trouvent nourriture, entretien, et d'où ils tirent beaucoup d'autres avantages. » Ce décret se trouve à la p. 28 de la curieuse publication de M. A. Baschet citée tout à l'heure. Le fils du Titien, Cesare Vecellio, dans son livre si intéressant,

se trouver, le 30 du mois de decembre passé, au dict lieu, la petite descente de sa senerité, et les auroient fait arrester à desseïn et en embusche dans le propre palais ducal, attendant que le dict chevalier Zen sortît du Conseil des Dix, duquel il est à present, et iceluy estant descendu par l'escalier, environ les cinq heures de la nuit dudict 30 decembre, sans se douter de rien, et se tenant asseuré, tant pour la qualité du lieu d'où il sortoit que d'iceluy auquel il se trouvoit, se pourmenant soubz le porche de la cour du palais, près de l'escalier des Geans, quy est autant à dire que le sein propre

---

Degli habiti, etc., 1590, in-8, parle beaucoup de ces *bravi* (p. 165), de leurs brillants costumes, qui avoient fait que le mot *brave* étoit devenu synonyme de bien vêtu ; il n'oublie rien de leurs mœurs, et elles sont tout à fait ce que nous pensions qu'elles devoient être : « Ces gens, dit-il, s'habillent fort bien... Ils se coiffent d'une berette en velours ou en autre étoffe de soie ; sa forme est élevée et entourée d'un voile qui se noue en rosette sur le devant. Ils ont au cou des collerettes ou fraises ; leur manteau est de chevreau ou de chamois ; pour vêtement de dessous ils ont un juste-au-corps avec manches de toile de Flandre ; leurs culottes sont de soie, larges, et descendent jusqu'aux genoux ; leurs chaussettes sont de cuir. Les bravi portent sans cesse l'épée et le poignard, et ne parlent que de duels et de querelles. Les garnitures de leurs vêtements sont de passementerie, soie, etc., etc. Comme tout le monde, ils changent souvent leur costume ; souvent aussi ils portent la cuirasse et les cuissards de mailles, retenus en arrière par une ceinture. Le plus ordinairement, enfin, ils sont les favoris des filles de joie, qui s'en servent contre ceux qui eur veulent faire tort. »

de la Republique, lequel, par les sacrées loix d'icelle, doit estre reveré, respecté et très asseuré à tous[1], iceluy Georges mettant en oubly toute reverence et craincte de Dieu et de la justice, et tout esgard à la très griefve offence qu'il faisoit à sa patrie, auroit faict assaillir iceluy Zen d'une façon inhumaine, barbare et inouïe, et blesser et malmener à coups de hachette[2] et de poignard, en intention de luy oster totalement la vie ; lesdicts meurtriers n'ayant cessé de le meurtrir et blesser qu'ils n'eussent assouvy leur cruauté et felonie, le croyant mort ; après quoy, s'estant retirez et sauvez au dedans la porte quy va au palais et à la descente de sa serenité, et l'ayant fermée pour n'estre suivis de sergents et d'autres gens accourus à un delict si atroce et si execrable, se seroient acheminez au lieu dict Car-ane[3], là où le dict Georges faisoit tenir une gondole toute preste à cest effect, par le moyen de

---

[1]. Voici le texte même de ce passage, si remarquable de fierté : « Passeggiando sotto il Portico della Corte del Palazzo, vicino alla Scala de' Giganti, che vuol dire nel proprio sena della Republica, che per le sacrosante leggi di essa, deve esser riverito, riguardato e securissimo a tutti. »

[2]. Nous avons dit plus haut qu'une hache avoit été trouvée sur le lieu du crime.

[3]. C'est sans doute une altération des mots *ca-grande*, qui sont eux-mêmes une altération de *canale-grande*. Les Corner avoient en effet leur palais sur le grand canal. Il existe toujours, et c'est un des plus élégants de Venise. J. Sansovino, qui en fut l'architecte, n'en a pas bâti de plus magnifique. On l'appelle encore *palazzo Corner della ca-grande*.

laquelle il auroit eu commodité de s'enfuir de ceste ville, accompagné de quatre des susditcts assassins, ayant pour rameurs en icelle Olive Poppier, son maistre gondolier, et Jean, fils de feu Dominique Tavan, rameur du milieu et neveu du susdict Olive, ses barcarols, et un autre dont la justice n'a pu jusqu'à present avoir la cognoissance, sur laquelle gondole ils seroient tous passez sur le Po ès estatz de prince estranger [1].

Pour ces causes, ledict sieur Corner soit et s'entende deschu et privé de nostre noblesse, ensemble tous ses descendants à perpetuité, et rayé des registres de l'*Avogaria*.

En outre, soit et s'entende banny et proscript de ceste ville de Venise et de son duché, et de toutes les autres villes, terres et lieux de nostre estat, terrestres et maritimes, navires armez et desarmez, et ce à perpetuité.

En cas advenant qu'il soit pris, qu'il soit amené en ceste ville, et, à l'heure accoustumée, entre les deux colonnes de Sainct Marc, il ait la teste tranchée sur un hault eschaufaulx, en sorte qu'elle soit séparée du corps et qu'il meure.

Avec tailles à quy le prendra ou tuera dans nos estatz, après avoir faict suffisante foy de l'occision, de six mille duzats, et en terres estrangères de dix mille, lesquels seront tout promptement et sans deslay desbourcez et comtez, du coffre de ce conseil, à ceux quy l'auront pris ou tué, ou à leurs le-

---

1. Nous avons déjà dit que c'est à Ferrare que Georges se réfugia.

gitimes procureurs ou commis, ou quy auront cause
d'eux, sans contredit, nonobstant surannation ou
autre chose au contraire; avec pouvoir à celuy
qui l'aura pris ou tué, ou à son commis ou charge
ayant, de percevoir à son bon plaisir et sans difficulté quelconque la susdite taille de toutes sortes de
deniers, nonobstant chose quelconque au contraire,
de telle chambre de nos estats qu'il aymera mieux,
pour son plus grand et entier contentement[1].

1. A propos de cette mise à prix de la tête de Georges
Corner, il nous faut conter une singulière anecdote. Un
certain Pantalon Resitani avoit volé, dans l'île de Scio, la
tête de saint Isidore, et, revenu à Venise, il l'avoit con-
fiée à deux marchands de sa connoissance, puis avoit repris
ses courses. Au retour, il réclama le vénéré chef; on lui
nia le dépôt et un procès s'ensuivit. L'un des deux marchands, voyant bien qu'il n'auroit pas gain de cause, avisa
fort adroitement à se défaire de la relique, devenue em-
barrassante, et, qui plus est, à en tirer profit du même
coup. Il l'offrit à l'église de Venise, qui avoit saint Isidore
pour patron. C'étoit un don tout gratuit, mais en le faisant
notre marchand avoit clairement entrevoir qu'une
petite récompense lui étoit bien due, et que surtout elle lui
seroit fort agréable. Falloit-il la lui accorder? Etoit-il séant
de payer une offrande qui, après tout, faisoit du sanc-
tuaire un lieu de recel? Plusieurs disoient non, beaucoup
disoient oui, et Zen étoit du nombre. Quoiqu'il ne fût pas
encore complétement remis de ses blessures, il délibéroit
déjà, et, tout à son idée fixe, il soutenoit, faisant allusion
à Georges Corner, que, puisqu'on payoit la tête des proscrits, on pouvoit bien payer aussi le chef d'un saint patron. Ce raisonnement tragi-comique l'emporta. En vain
un parent de Georges, le *procuratore* Cornaro, alléguoit
que saint Isidore avoit toujours passé pour être très com-

Et outre la susdite taillé, il obtiendra pouveoir de delivrer un banny relegué ou confiné pour quelque estat du cas et condition que ce soit, sans exception ; quant mesme le dict banny seroit chargé de plusieurs bannissemens et condamnations de ce conseil ou d'autres ayant charge et deleguez d'iceluy ; nonobstant condition de temps, d'astriction de balottes en nombre complet[1] et autres imaginables, lecture de procez, etc., mesme pour cause d'estat.

Et, de plus, quy le livrera en vie aux mains de la justice, outre les susdictes tailles et benefices, aura pouvoir de delivrer un autre banny, relegué ou confiné, pour quelque cas que ce soit, comme

---

plet dans sa châsse, et que cette tête qui lui arrivoit de l'île de Scio feroit certainement double emploi ; c'est à l'avis de Zen qu'on se rangea. La relique volée fut acceptée et payée. Quand Zen fut tout à fait guéri, ses premières dévotions furent pour le saint qui lui devoit cette tête nouvelle et inattendue. L'anecdote, déjà sommairement contée par Daru, au t. 4, p. 428, de son *Histoire de Venise* (1853, in-8), se trouve dans un curieux manuscrit des *Archives des affaires étrangères*, tout entier relatif à l'assassinat de Zeno : *Memorie intorno alle acceduto per il consiglio di Dieci*, 1628. V., sur ce Mémoire, Daru, t. 7, p. 319.

1. C'est-à-dire malgré une condamnation à l'unanimité des voix. Richelet dit, au mot *Balotte*, « petite chose dont on se sert pour donner sa voix aux délibérations. » Montaigne, parlant du procès fait à Epaminondas et de la confusion dans laquelle ses fières réponses jetèrent le peuple qui l'accusoit, a dit (*Essais*, liv. 1, ch. 1) : « Il (le peuple) n'eut pas seulement le cœur de prendre les *balottes* en main. » Le mot *ballottage*, encore employé dans les élections, est venu de là.

dessus, en tout et par tout, comme bien mesme il n'auroit les qualités requises par les loix, hormis seullement en matiere d'estat.

Et s'il advenoit qu'en telle capture ou occision le preneur ou le tueur demeurast mort, les legitimes heritiez d'iceluy auront et percevront tous les susdits benefices et tailles, sans aucune diminution; à la reelle concession desquelles suffira la moitié des ballottes de ce conseil; nonobstant tout reiglement ou arrest, tant general que particulier, en fait de bannis ou d'autre sorte, tant faicts qu'à faire ou jà expirez, auxquels, en ce cas, et en tout et partout derogé.

Qu'iceluy Georges Corner ne puisse jamais, par aucun pouvoir qu'aucun ait ou puisse avoir, en aucun temps, tant en vertu d'arrest generaux en fait de bannis que par voie d'advis ou de delations mesme concernant matiere d'estat, ne luy mesme par la capture ou occision d'autres bannis, d'esgale ou mesme superieure qualité à la sienne, ny en aucun nombre, temps ou qualité que ce soit, estre delivré de ce present bannissement, ne luy estre faict grace de aucune suspension, alteration, remission, compensation, levation d'astriction ou autre imaginable destruction d'arrest present; ou despence du nombre complet des dix sept ballottes, non pas mesme par voie de revision de procez, ne de sauf-conduict sous pretexte de porter les armes pour le service du public, ne pour instances ne gratifications de princes, ne pour autre cause quelconque, publique ou particulière; non pas mesme, en temps de guerre, par aucun lieutenant ou representant de terre ou de mer à quy eust esté donné plein pouvoir, ne par magistrat esleu par authorité, quel quelle soit, delivrer bannis, si ce n'est par arrest passé par toutes les neuf ballottes unanimes et conformes de tous les six conseillers et des trois chefs; et puis de toutes celles du Conseil, reduit au nombre complet de dix sept, et, en tout cas, après avoir au prealable leu audict Conseil entierement tout ledict procez, lequel, en aucun cas ne temps, ne pourra estre tiré hors du coffre et mesme ne pourra estre arresté ne deliberé, si ce n'est qu'il soit leu et par arrest passé en la forme que dessus; et ce après la lecture du present arrest, avec toutes les charges et imputations; sur peine de mille ducats à quy proposera, au contraire, tant à l'esgard de la susdite extraction dudict procez hors du coffre que des autres habilitations; laquelle amende sera exigée d'iceluy par quy que ce soit des conseillers, chefs et advogadours du commun, sans obligation de leurs serments; et, nonobstant tout cela, tout autre arrest passé contre la disposition de ce present sera et s'entendra annuler et d'aucune valeur, et iceluy Georges Corner soumis à toutes les peines de bannissement et autres clauses portées par le present arrest, et pourra estre pris ou tué impunement; voire mesme avec les benefices et tailles cy devant desclarées en ce present arrest, lequel doit demeurer ferme et inviolable à perpetuité.

Tous les biens d'iceluy, meubles, immeubles, presens et à venir, quy luy appartiennent à present, en quelque manière que ce soit, et pourroient en aucun temps luy appartenir ou escheoir, mesme la legitime, seront et demeureront confisquez et saisis par nos avogadours du commun et appliquez au coffre de ce conseil. Pareillement luy seront confisquez, pendant sa vie, les biens tenuz en fideicommis quy luy pourroient, en aucun temps ou pour cause quelconque, appartenir ou escheoir.

Et les biens quy, dès à present, luy peuvent appartenir par voie legitime ou autre quelconque, seront vendus, ainsi que les immeubles, et le produict d'iceux mis au coffre du conseil, à condition que les ventes en soient approuvées et ratifiées par les deux tiers des balottes du dict conseil; et, en cas que, pour n'estre vendus à leur juste prix, les dictes ventes ne soient approuvées par le dict conseil, que des ditz biens ce quy consistera en batimens et structures soit demoly, et le provenu des materiaux porté au coffre du conseil, et ce quy consistera en terres labourables soit reduit en vains paturages à l'usage des communautez voisines. Tout promptement seront esleuz trois inquisiteurs du corps actuel de ce conseil, quy seront obligez de rechercher et enquerir par toutes voies, mesme par billets secrets, tout ce quy, en quelque façon, peut appartenir au dict Georges Corner[1].

[1]. Ces dénonciations par billet secret entroient dans le vaste système de délation établi à Venise. « On sait, dit M. A. Baschet, que certaines magistratures de la République de Venise admettoient en principe la dénonciation et l'encourageoient ouvertement : des cassettes, publiques à l'extérieur, mystérieuses à l'intérieur, dites *cassette alla denuncia...*, étoient pratiquées dans la muraille de l'un des

Et sera publié et fait savoir que toute personne, de quelque degré et condition qu'elle soit, quy aura biens, deniers ou argent, joyaux, ou saura où et par devers quy sont credits ou escritures, ou documens et droicts, de quelque somme que ce soit à luy appartenant, ou bien aura de quelqu'un quy luy sera debiteur, pour quelque cause que ce soit, ait à le notifier reallement et distinctement aux susdits inquisiteurs dans le terme de huict jours prochainement venans; à defaut de quoy il encorera la peine d'estre contrainct au payement du double et d'estre banny de ceste ville de Venise et de son ressort, et de toutes autres villes, terres et lieux quy sont entre les rivières de Menzo[1] et du Quarner[2], pour le temps et terme de vingt ans consecutifs, avec taille de six cents livres de petits à prendre sur ses biens, s'il en a; à leur defaut, les deniers du coffre de ce conseil destinez aux tailles; et qu'en cas qu'il contrevienne à son ban, estant apprehendé, qu'il ait à tenir prison estroicte par l'espace de cinq ans consecutifs, et puis retourner à son ban, quy commencera alors tout de nouveau, et ce toutefois et quantes; et la susdicte taille s'entendra devoir estre baillée aux delateurs ou accusateurs, quy seront tenuz très secretz.

tribunaux qui jouissoient de ce triste privilége. » (*Les Archives de la sérénissime République de Venise*, p. 98.)

1. Le Mincio, qui étoit la limite des états vénitiens du côté du Mantouan et du Véronois.

2. C'est le *Quarnero* ou *Guarnero*, qui n'est pas une rivière, mais un golfe de l'Adriatique, entre l'Istrie et la almatie.

Il est aussy dit et declaré que tous contrats que le dict Corner pourroit avoir faits dès un mois en çà doivent estre et s'entendent cassez et annulez, et que chacun sera obligé à les venir notifier dans le terme de huict jours prochainement venans, et tout ce quy en sera retiré sera confisqué comme tous les autres biens, comme dessus.

Il est bien aussy expressement arresté que tout ce quy proviendra des dits biens et sera rapporté au coffre du dict conseil sera gardé en iceluy et conservé pour le payement des tailles sus desclarées, lesquelles, en tout evenement et totalement, seront payées et debourcées sans deslay, comme dessus, et de quelques deniers que ce soit.

Si aucuns gentilhommes ou citadins de nos subjets ou autres, ayans des biens dans nos Estats, de quelque condition ou degré qu'ils puissent estre, sans en excepter aucun, non pas mesme quand ils seroient conjoints avec le dict Corner en degré quelconque de parentage, jamais, en aucun temps, en ceste ville ou en quelque lieu de nos Estats ou hors iceux, luy donnera aucune faveur, adresse, denier ou commodité quelconque, le recevra en sa maison, voyagera avec luy, luy escrira, luy donnera advis, luy prestera aide ou confort en quelque façon que ce soit, ou tiendra aucune pratique ou intelligence avec luy, quand mesme ce ne seroit que de simple devis, encoure la peine, estant gentilhomme ou citadin, de confiscation de tous ses biens, de quelque sorte et qualité qu'il soit, et, estant apprehendé, de prison estroicte ès prison des chefs de ce conseil nouvellement construicte, quy sont tournées

au jour, pour le temps et terme de dix ans; et
n'estant apprehendé, de bannissement de cette ville
de Venise et de son duché et de tous nos Estats de
terre et de mer, navires armez et non armez, à
perpetuité, sous la mesme peine que dessus en
cas de rupture de ban ; et n'estant le delinquant
gentilhomme ne citadin, outre la confiscation des
biens, soit condamné à servir de forçat à la rame,
les fers aux pieds et conformement à tous les rei-
glemens et astrictions de la chambre de l'arme-
ment, en une galère de condamnez, pour le temps
et terme de dix ans consecutifs; et, en cas qu'il ne
soit habile à tel service, tiendra prison estroicte ès
sus dicte prison pour le mesme temps.

Et quy accusera un tel à la justice, ou mesme
par billet secret et sans souscription le deferrera
aux chefs de ce conseil, lesquelz même seront tenus proceder en cecy par voie d'inquisition, sera
tenu très secret, et, coulpable estant convaincu et
puny, obtiendra pour sa delation le tiers des biens
confisquez et cinq cents ducats de tailles, lesquels
sans difficulté luy seront promptement payez dès
l'heure qu'il aura faict apparoir que c'est luy quy a
esté l'accusateur[1].

Et si, dedans ceste ville ou hors d'icelle, se trouvoit aucune statue, effigie ou monument public du
dict susdict Georges Corner, qu'elle soit totalement

---

1. On peut lire, sur l'organisation de la délation à Venise et sur la façon de procéder des inquisiteurs d'Etat, la
Storia documentata di Venezia de M. Romanin, t. 3, p.
59, etc.

ostée; et, pour cest effet, sera escrit par les chefs de conseil à Zara, et donné ordre semblable ès autres lieux qu'il appartiendra, selon qu'ils en auront notice.

Au mesme endroict auquel fut commis le deslict sera erigé et placardé une pierre vive de marbre, quy y demeurera pendant toute la vie du dict Georges Corner, et en icelle seront inscrites les tailles, benefices et recompences que doivent recepvoir ceux quy le tueront ou le livreront en vie, comme il est convenu cy dessus; ce quy sera tout promtement executé par les chefs de ce conseil.

Le present arrest sera publié au grand conseil et sur les degrez de Sainct-Marc et de Rialte, et tous les premiers dimanches de caresme, pendant la vie d'iceluy, par l'organe de l'avogadour du commun en iceluy grand conseil, et sera en outre imprimé et envoyé à tous nos gouverneurs et lieutenans de terre et de mer et à tous les chefs de mer, à ce qu'ils le facent publier pour en donner cognoissance à tous; pareillement à tous les ambassadeurs et secretaires residans ès cours des princes à nos conseils, afin qu'il soit notoire partout.

Et, en ce cas où on vienne à savoir où Georges Corner sera, les chefs de ce conseil seront tenuz eux-mesmes de venir au conseil pour le demander à quelque prince que ce soit, et pour faire faire tout le possible pour s'emparer de sa personne.

Et soit faicte de temps en temps perquisition diligente du lieu où il pourra estre, recevant mesme à cest effect delation et billets secrets.

Du 7 janvier 1628, en conseil des Dix.

Que Bernard Pucci, Romain ou Romagnol, lequel par cy-devant souloit hanter et demeurer en la maison de Georges Corner, et Louis Remet, autrefois gouverneur du dace de la douane du vin de mer[1], soient bannis de ceste ville de Venise et de son duché, et de toutes les autres villes, terres et lieux de nos Estats terrestres et maritimes, navires armez ou non armez, à perpetuité; et, rompant leur ban et estans apprehendez, à chacun d'eux soit au propre lieu du delict coupée la plus aisée et valide main par l'executeur de la justice, en sorte qu'elle soit separée du bras, et icelle attachée au col, et puis à queue de cheval chacun d'eux soit mis dans un bateau plat sur un eschaufaut, et conduict à Saincte-Croix, là où, par le mesme executeur de la justice, luy sera coupée l'autre main, et semblablement attachée au col, sera trainé jusqu'à entre les deux colonnes de Sainct-Marc, là où, sur un echafaut, il aura la teste coupée par l'executeur de la haute justice, en sorte qu'elle soit separée du corps et qu'il meure, et que le corps soit mis en quatre parties pour estre attaché et pendu ès lieux accoustumez, jusqu'à ce qu'il soit consommé;

Avec tailles pour quyconque les prendra ou les

---

[1]. C'est-à-dire directeur du bureau de perception pour la taxe du vin venant à Venise par mer. *Dace*, comme on sait, se dit longtemps pour *taxe*.

tuera dedans nos terres, après avoir faict suffisamment apparoir de l'occision, de mille ducats pour chacun des dessus dicts, et de deux mille en terres estrangères, lesquelles sommes seront toutes promptement desbourcées du coffre ou des chambres, ainsy qu'il est plus à plein contenu dans l'arrest contre le principal, et avec le benefice de ces mesmes tailles au profict des heritiers, selon la teneur du susdict arrest;

Que tous et chacun des biens des susdicts, presens et à venir, soient et s'entendent confisquez;

Que jamais ils ne puissent estre delivrez du present ban par aucun suffrage ou pouvoir que aucun ait ou puisse avoir, sinon en cas que l'un d'eux tue l'autre, ou tue George Corner, ou le livre entre les mains de la justice, mesme obtenir aucune grace d'aucune sorte, non pas mesme revision de procez, et que le procez ne puisse estre tiré hors du coffre, si ce n'est qu'au prealable lecture ait esté faite du procez, et par arrest passé par tous les neuf ballotes des conseillers et chefs, et puis partout le 17ᵉ du conseil reduict à son nombre complet. Et sera le present arrest publié et imprimé comme l'autre.

Du 7 janvier 1628, en conseil des Dix.

Qu'Olive Poppier, gondolier de Georges Corner, et Jean, fils de Dominique Tavan, rameur du milieu de la dicte gondole, et nepveu du susdit Olive, soient bannis à perpetuité de ceste ville de Venise et de toutes les autres villes, terres et lieux de nos Estats terrestres ou maritimes, navires armez ou desarmez; rompant leur ban, chacun d'eux soit conduict en ceste ville, là ou ailleurs accoustumé, entre les deux colonnes de S.-Marc, par l'executeur de la justice; il sera pendu par son col sur une haute potence; avec tailles à ceux quy les tueront ou prendront, de 4000 livres en terres estrangères, et 2000 dans nos terres, à prendre des deniers du coffre de ce conseil. Que si toutefois, dans le terme d'un mois prochainement venant, aucun d'eux envoiera, par quelque moyen que ce soit, offrir de se representer dans le dict terme pour se deferer quelqu'un dont la justice n'ait encore cognoissance, quy ait su, ou aidé, ou conseillé le fait dont est question, et specialement revelera quy sont ceux quy estoient assis avec Georges Corner dans la barque lors de sa fuite et evasion, ou quy ait presté aucune aide, faveur, comfort et assistance à la perpetration du très atroce delict des blessures donnez à Nob. Hon. Sr Regnier Zen, chevalier, et justifiera la verité. Après que le delinquant, ou les delinquans, aura esté pris, convaincu et puny comme dessus, chacun des prenommez Olive et Jean obtiendront la liberation d'eux-mesmes du present ban.

Et sera le present arrest publié sur les desgrez du Rialte, afin que tous en ayent cognoissance.

Ce 10 janvier 1628. Publié sur les degrés de Sainct-Marc et de Rialte[1].

1. On a pu remarquer que, dans cette proclamation contre le condamné, la formule ordinaire en pareil cas : *Le sérénissime prince fait savoir...* n'a pas été employée. On n'a pas voulu que le nom du doge lui-même, Jean Cornaro, fût invoqué pour la condamnation de son fils : « C'étoit, dit M. Daru, un hommage rendu à la nature » (t. 4, p. 427).

Fin.

Règlement arresté au conseil tenu au Palais d'Orléans pour pourvoir aux vivres de la Ville [1], et les miracles de la paille.

A Paris, chez Jacques Le Gentil, rue de l'Escosse, à l'enseigne de Saint-Jérôme, près Saint-Hilaire.

M.DC.LII, in-4.

onsieur le duc d'Orléans, prenant un soin particulier non seulement de tout ce qu peut contribuer au restablissement general de l'estat, par l'extermination du Mazarin et de son party, mais encore de pourvoir au besoin particulier de cette ville, qu'il voyoit aucunement incommodée faute d'ordre, pour y faire venir les pains, bleds, farines et autres denrées necessaires pour la subsistance des habitans [2], convoqua

---

1. Le conseil où fut rendu ce règlement est du 5 août, selon M. Moreau, *Bibliogr. des Mazarinades*, t. 3, p. 35.
2. La disette avoit été telle que, suivant une pièce de la même époque, *Le Franc-Bourgeois montrant les veritables causes et marques de la destruction de la ville de Paris*, plusieurs milliers de pauvres étoient morts de faim. Ce qu'on

assemblée en son palais d'Orleans l'aprésdinée du cinquiesme de ce mois, où se trouvèrent Mademoiselle, monsieur le prince de Condé, le duc de Beaufort[1], à présent gouverneur de cette ville, et plusieurs autres seigneurs de marque, conseillers de la cour et bourgeois affectionnez au bon party, lesquels ayant donné leur advis, il fut conclu qu'on envoyeroit des commissaires, tant du costé d'Orleans, Chartres, Melun, qu'autres lieux, pour achepter et faire venir en cette ville les bleds, farines, bœufs, moutons et autres choses necessaires pour la subsistance de la ville ; que, pour la seureté des convois, il y auroit des compagnies tirées des trouppes de Sa dite Altesse Royale qui leur serviroient d'escorte ; et que, pour la distribution desdits bleds et farine, elle se feroit en divers quartiers de la ville, sur le pied du prix de l'achapt, pour empescher le desordre qu'apportent ceux qui, voulans profiter de la misère publique, mettent un prix excessif au pain et auxdits bleds et farine[2].

De cet ordre on reconnoist la prudence et l'affec-

avoit vu en 1649 n'étoit rien auprès de ce qu'on voyoit alors.

1. Il y avoit peu de jours qu'il avoit tué en duel le duc de Nemours.

2. La pièce citée tout à l'heure, le Franc-Bourgeois, n'épargne pas les reproches aux meuniers et aux boulangers qui s'engraissoient de la disette publique, à ce point qu'on vit des meuniers demander huit et dix livres tournois pour la mouture d'un setier de blé. Il propose des moyens pour remédier à ces abus ; mais ces moyens, qu'on voulut mettre en pratique, échouèrent. (*Bibliogr. des Mazarinades*, t. 1, p. 411-412.)

tion de son Altesse royale, de messieurs les princes et de l'Union, puisque, par ce moyen, non seulement les pauvres tireront un grand soulagement dans leur disette, mais encore les mieux accommodez se trouveront en seureté et hors de la crainte du pillage et de l'emotion que la necessité auroit pû exciter faute de vivres.

Les Louanges de la paille[1].

a foy, je ne m'estonne guiere
Que froment soit graine si chiere,
Si la paille a tant de vertu.
Quoy! le plus Mazarin du monde
Est à l'abry des coups de fronde,
S'il est à l'abry d'un festu!

1. Depuis les premiers jours de juillet 1652, un brin de paille mis au chapeau étoit le signe de ralliement des Frondeurs. *Ce jour*, dit Loret dans sa *Gazette* du 7 juillet 1652,

    Ce jour, par étrange manie,
    De Paris la tourbe infinie,
    Suivant un ordre tout nouveau,
    Mit de la paille à son chapeau.
    Si sans paille on voyoit un homme,
    Chacun crioit : « Que l'on l'assomme,
    » Car c'est un chien de Mazarin. »
    Mais, avec seulement un brin,
    Eut-on quelque bourse coupée,
    Eut-on tiré cent fois l'épée,

Quelle merveille que la paille,
Qui passe pour un rien qui vaille,
Ait tant d'effet sur le chapeau !
Le plus vaillant de tous les hommes
(Prodige en ce temps où nous sommes)
Sans elle tremble dans sa peau.

Sans elle passez par la rue,
Chacun vous chifle, befle, hue,
Et vous fait bien pis quelquefois ;
D'espingle la fesse on vous larde,
On vous applique la nazarde,
Et vostre dos porte le bois.

Sans elle, quand bien vos pensées
A Dieu seul seroient addressées,
Vous haïssez le commun bien ;
Disiez vous vostre patenostre,

   Eut-on donné cent coups mortels,
   Eut-on pillé deux mille autels,
   Eut-on forcé cinquante grilles,
   Et violé quatre cent filles,
   On pouvoit avec sûreté
   Marcher par toute la cité,
   En laquelle, vaille que vaille,
   Tous étoient lors des gens de paille.

Plusieurs pièces parurent au sujet de cette paille : *Le Bouquet de Mademoiselle*, *Apothéose de la paille*, *Triomphe de la paille sur le papier*, *Grand dialogue de la paille et du papier*. Une des premières fois qu'on l'arbora, ce fut à la place Dauphine, le jour de l'échauffourée de l'Hôtel-de-Ville, dont il sera parlé tout à l'heure. (*Mémoires* de Retz, 1719, in-8, t. 3, p. 175.)

Fussiez vous plus saint qu'un apostre,
Sans elle vous ne vallez rien.

Sans elle vous avez la mine
D'estre cause de la famine
Et des maux que fait le soldat;
Le Mazarin est vostre maistre.
Sans elle vous passez pour traistre
Et pour ennemy de l'Estat.

Sans elle contre la Bastille
(Non contre la Maison de Ville [1])
Vous machinez quelques desseins;
Vous y voulez loger Turenne,
Pour par la porte Saint Antoine
Introduire ses assassins.

Sans elle vous avez envie
Que la faim finisse la vie
De ceux qui veulent l'Union,
Cette Union si necessaire

---

1. Ce sont en effet les Frondeurs, décorés de la paille, qui avoient peu auparavant failli mettre le feu à l'Hôtel-de-Ville, et qui y avoient fait un grand massacre. On accusoit Condé de tout cela, ce qui fait dire à Loret :

> En mémoire de l'incendie
> Arrivé tout nouvellement,
> Condé veut, quoi que l'on en die,
> Porter la paille incessamment.
> Ma foi, Bourgeois, ce n'est pas jeu;
> Craignez une fin malheureuse,
> Car la paille est fort dangereuse
> Entre les mains d'un boute-feu.

Pour livrer un lâche corsaire
Entre les griffes du lion [1].

Mais en portez-vous sur la teste,
Chacun vous rit et vous fait feste,
Tout le monde vous fait beau beau ;
Estes-vous dans quelque bagarre ;
Pour vous en tirer on dit : « Garre !
Il a de la paille au chapeau ! »

Si toutefois, dans l'assemblée,
Vostre opinion mal reglée
Vient à dementir le bouchon,
On vous recoigne, on vous houspaille,
Et l'on employe vostre paille
Pour vous rostir comme un cochon.

Peuple qui par là veux connoistre
Le bon François d'avec le traistre,
Prens bien garde à ce que tu fais,
Et crains que ta paille allumée
Se dissipe toute en fumée
Sans faire ny guerre ny paix.

Use de cette noble marque
Comme l'oncle de ton monarque [2],
Comme un Condé, comme un Beaufort :
Ils s'en servent, mais avec elle

---

1. C'est en demandant l'union de la Ville et des Princes que les factieux avoient tenté l'attaque dont je viens de parler. (*Mémoires* de Retz, t. 3, p. 176.)

2. Gaston, duc d'Orléans.

Ils vuident aussi l'escarcelle
Et vont sans pallir à la mort[1].

Cette merveille de nostre âge
Qui fait des leçons de courage
Aux plus braves de nos guerriers
T'enseigne aussi de quelle sorte
Un vray frondeur la paille porte
Pour changer ses brins en lauriers.

1. Allusion au combat de la porte Saint-Antoine, soutenu peu de temps auparavant par Condé contre l'armée du roi.

Fin.

La notable rencontre nouvellement faicte par les carrabins et chevaux legers de Monsieur le duc d'Epernon, aux environs de La Rochelle, avec tout ce qui s'est passé en icelle, ensemble la prise et deffaicte de quatre trouppes de volleurs, par les prevost des mareschaux de Poictou, Angoulesme, Xaintes, Limosin, et autres lieux.

A Paris, sur la coppie imprimée à Fontenay-le-Conte par Pierre Petit-Jean, imprimeur du Roy en ladite ville.

Avec permission. — DC.XXII, in-8.

Se peut-il rien voir de plus auguste et de plus triomphant, rien de plus magnanime que nostre prince, la terreur du monde, qui porte l'obeissance et l'amour par tout où ses volontés et ses affections le conduisent? Il esbranle et estonne les courages les plus resolus, et asseure, et bannit la peur des esprits les plus craintifs; chasse et dissipe par sa presence, comme un autre soleil, tous les nuages espais qui pourroient ternir le lustre et l'esclat de sa brillante lumière et royauté.

Ce sont les effects que produisent à tous momens ses actions toutes genereuses ; ainsi suivent les vrays et legitimes moyens dont un grand prince doibt user, d'un soin et d'une vigilance particulière en ses affaires, d'une prudence ordinaire en ses desseins, et use d'une authorité souveraine en toutes ses resolutions, qui nous font remarquer un juge solide, orné des plus rares vertus dont le ciel pouvoit jamais enrichir un grand prince.

Lisez dans sa vie, dans ses actions, vous n'y remarquerez que vertu, que justice, que bonté, qu'amour envers Dieu et envers ses subjects, et un desir de les maintenir eternellement dans la douceur du repos, et de les faire jouyr d'une paix perpetuelle.

Dieu est autheur et tout ensemble amateur de paix. Puis que c'est le seul dessein de nostre roy de l'asseurer parmy ses subjects, asseurement Dieu benira et favorisera ses justes intentions, et fera reussir ses entreprises glorieuses dans la perfection d'une fin très heureuse, puisqu'un si noble subject anime ses dessins et authorise ses courses et ses voyages, encores qu'ils ne prennent loy que d'eux mesmes, qui font fleurir la pieté et la religion catholique dans l'estendue de son estat, et principalement ès lieux où il y a des rebelles et des subjects qui refusent le joug de sa puissance et de son authorité royale, sans se servir du pretexte de la religion, afin que, par ce moyen, les dicts rebelles ne peussent authoriser leurs armes, et que leurs entreprinses fussent sans aucune apparence parmy les gens de bien de son royaume, et les estrangers encores moins, qui peuvent faire leur profit de ce qui se passe en France.

Sur tout, on jugera que le sieur de Mortenière (nepveu et heritier de mauvaises volontez et cruelles passions de son oncle Guillery)[1] et ses factions communiquées à une troupe nouvelle de desesperez, en nombre de sept à huit cens, laquelle, depuis quelque temps en çà, prend plaisir à courir par tout le Poictou, et y commet mille et mille cruautez et meschancetez, dont la moindre merite de perdre la vie, ne peuvent servir à Sa Majesté que d'un moyen propre pour eslever sa gloire et se faire craindre en les punissant, non selon leur demerite, qui n'est que très grand, offençant un roy, mais humainement et selon la clemence de Sa Majesté, qui n'ayme le sang et le carnage.

Monsieur le duc d'Espernon[2], ayant eu advis qu'une partie de ces gens rodoyent aux environs de

1. Ce successeur du fameux brigand dont nous avons déjà tant de fois parlé (t. 5, p. 215; t. 6, p. 324; t. 7, p. 71) est tout à fait inconnu.

2. Les services qu'il avoit rendus à la reine-mère lui avoient fait perdre du crédit. Rentré en grâce depuis quelque temps, il avoit donné des gages par son activité contre les réformés, dans le Béarn, au siége de Saint-Jean-d'Angely, et enfin, comme on le voit ici, aux environs de La Rochelle, dont le blocus lui avoit été confié. (*Collect. Petitot*, t. 22, p. 143.) En cela, s'il servoit bien le roi, il obéissoit aussi au sentiment de sa haine contre ceux de la religion.

La Rochelle (pensant y estre à couvert des dicts prevots des mareschaux, principalement de celuy de Poictiers, Angoulesme, Xaintes et Cyvray, qui les avoient jà courus, et mesme en avoient fait prendre quelque vingt ou trente), auroit commandé à une partie de ses carrabins et chevaux legers, qui depuis ces troubles ont esté mises en garnison à Surgère, Croy-Chappeau, Nouaille, Cou-de-la-Vache et autres lieux[1], de faire un corps de sept à huict cens hommes pour courir dessus, à celle fin de tascher à les prendre et deffaire.

Ce commandement estant executé, les dits carrabins et chevaux legers ayants faict un gros de six cens ou environ, donnant vers La Rochelle, firent rencontre de quelques cent ou six vingts de desesperez, près le village de la Font, distant de La Rochelle d'une grande lieue et demye; lesquelz, après avoir esté recognus par les dicts carrabins et chevaux legers, furent tellement chargez qu'il n'en est pas resté une trentaine que le tout n'ayt esté mis en pièce, et les autres bien blessez emmenez pour en estre faict punition exemplaire.

En cette rencontre et deffaicte a esté pris deux chariots chargez de bagage, comme linges, vaisselles, licts et autres hardes, qu'ils avoient prins et desrobez en divers lieux; le tout a esté partagé parmy eux, à celle fin de leur donner plus de courage à courir dessus les ennemis.

1. M. d'Epernon, pour surveiller ceux de La Rochelle, avoit en effet mis garnison dâns tous ces lieux-là, notamment à Surgères et Tonnay-Charente. (*Collect. Petitot*, 2ᵉ série, 21 *bis*, p. 348.)

Peu auparavant cette rencontre, cette trouppe de volleurs avoit commis mille outrages dans le pays de Limoges, notamment vers Mommorillon et Bellac, ayant fait toutes sortes de malversations près du bourg de la Verchère, ayant mesme pensé brusler tout le dict bourg, en vindicte de ce que les habitans d'iceluy leurs en avoient empesché l'entrée, en ayant tué vingt et deux sur la place, et bien autant et plus de blessez, ce qui anima tant ces volleurs que douze jours durant ils le bloquèrent d'une telle sorte que les dicts habitans n'osèrent faire mener leur bestial paistre, et ny eux-mesmes sortir sans courir le risque d'estre mal traictez.

Près la ville de Mesle en Poictou, vingt quatre de ces voleurs, trouvant un marchand tanneur du bourg de Sainct-Leger, lequel venoit de la ville de Niort, le tuèrent et luy prirent environ cinq mille francs qu'il rapportoit de marchandise ; cet homicide ayant esté descouvert, furent poursuivis, et à ce suject se separèrent et divisèrent çà et là ; et trois sepmaines après, sept d'iceux furent recogneus au marché de Couay par le moyen du cheval de ce marchand qu'ils exposoient, aussi par l'un des cousins dudit marchand, qu'il s'informa d'eux combien il y avoit de temps que le cheval estoit en leur possession, et de qui ils l'avoient eu. Par cet interrogatoire l'on les trouva en plusieurs paroles, d'où l'on jugea qu'ils pourroient estre les homicides et autheurs du meurtre duquel le bruit estoit commun presque en tout le pays ; et, sur cet indice, la justice, sur le rapport qui luy fut fait, se saisit d'eux par l'assistance des archers du prevost des mareschaux de Civray, qui les menèrent prisonniers ; et, le fait estant recogneu par leur bouche, ils furent jugez et condamnez, les uns à estre roüez vifs, les autres à estre pendus et estranglez. Voilà la fin de ces gens miserables. Ces exemples serviront et pour les bons et pour les mauvais.

> Oderunt peccare boni virtutis amore.
> Oderunt peccare mali formidine pœnæ.

Pour eux, affin qu'ils recognoissent que la bonté de Dieu est pleine de toute patience et diffère tousjours la punition que la justice pourroit tirer des iniquitez des hommes, et bien à propos, disoit un ancien :

> Si, quoties peccant homines, sua fulmina mittat
> Jupiter, exiguo tempore inermis erit.

Pour les autres, afin qu'ils apprennent que Dieu les attend tousjours à misericorde, et ne les veut chastier selon leurs demerites à toute heure, ains leur donne loisir de se recognoistre ; de sorte qu'ils ne sçauroient accuser ny blasmer la divine Majesté de trop grande severité ; et pour eux, je leur laisse ce mot : *Perditio tua ex te est.*

Fin.

*La Famine, ou les Putains à cul, par le sieur
de La Valise, chevalier de la Treille.*

A Paris, chez Honoré l'Ignoré, à la Fille
qui truye, rue sans bout.

M.DC.XLIX, in-4[1].

Elles sont à cul, les putains;
Il n'y a que les Brigantins,
Les Dupas, les Polichinelles,
Qui font gagner les macquerelles;
Il n'y a que les Spacamons[2]
Qui carillonnent des roignons;
Il n'y a que les Belle-Roses[3]

---

1. Cette Mazarinade est des plus rares, de l'aveu de M.
Moreau (*Bibliographie des Mazarinades*, t. 1, p. 401; n°
1371).

2. Types de la comédie italienne, comme Polichinelle et
Brigantin, nommés tout à l'heure. Ils balançoient le succès de l'hôtel de Bourgogne, et même le surpassoient, selon Sarazin (*OEuvres*, 1696, in-8°, p. 386), et de l'aveu
de Tallemant (édit. in-12, t. 10, p. 50). Quant à Dupas,
je n'en puis rien dire.

3. Pierre Le Messier, dit *Belle-Rose*, acteur de l'hôtel

Var. VIII.

Qui desirent faire ces choses ;
Il n'y a que les Rocantins[1],
Les Jodelets[2], les Picotins,
Qui, mal-gré la grande famine,
Font des farces sur la voisine ;
Enfin, les voleurs, les filoux,
Qui des autres estoient jaloux
Lors que nous n'estions point en guerre,
Avec du pain et de la bière
Ils font ce que par cy-devant
Ils ne pouvoient faute d'argent :
Car, filoutans sur le passage
Quelque pauvre homme de village

de Bourgogne. Il jouoit la farce et la tragédie. Ainsi, c'est lui qui créa le rôle de *Cinna* (*Hist. du Th. franç.* par les fr. Parfaict, t. 5, p. 24). Sur la fin de sa vie, il se fit dévot, céda sa place à Floridor, et se retira (Tallemant, in-12, t. 10, p. 49). Il mourut en 1670 (Robinet, *Gazette* du 25 janvier 1670).

1. Chanteurs des chansons appelées *rocantins*, espèces de vaudevilles satiriques. V. *la Comédie des Chansons*, Ancien théâtre, t. 9, p. 137. Le *rocantin* d'ordinaire n'avoit que quatre vers ; en voici un couplet à l'adresse des *dandys* du temps :

> Ces garçons font mille courses
> Et cinq sols n'auront en bourse
> Bien souvent, pour le certain ;
> C'est l'avis du *Rocantin*.

(*Le Cabinet des Chansons*, 1631, in-12, p. 71.)

2. Autre acteur de l'hôtel de Bourgogne, qui passa ensuite dans la troupe de Molière. V. Tallemant, in-12, t. 4, p. 227, et 10, p. 50.

Qui portoit du pain à Paris,
Ils en ont tant qu'ils en ont pris.
Ces farceurs, en mesmes postures
Que ces vilaines creatures,
Pour ensemble se consoler,
Ils ont voulu s'entre-mesler ;
Ils ont vendu tout leur bagage
Pour un centiesme pucelage,
S'asseurans qu'avecque du pain
Ils plairoient à une putain,

Nichon[1], quelle estrange misère
Vous cause une petite guerre,
Qu'il faille pour un peu de lard
Vous soubsmettre à quelque pendard ?
Que pour un boisseau de farine
Il faille faire bonne mine
A un qui, peu auparavant,
N'auroit pu voir vostre devant,
Ny vous faire quelques bricoles,
Qu'avecque beaucoup de pistoles ?
Chacun est assez bon galand,
Pourveu qu'il ait un pain chaland,
Vous ne regardez plus sa trogne,

1. C'étoit une des plus célèbres parmi celles à qui l'on s'adresse ici. Plusieurs Mazarinades portent son nom : *Lettre de la petite Nichon du Marais à M. le Prince de Condé, à Saint-Germain*, 1649, in-4 ; *Lettre de réplique de la petite Nichon du Marais à M. le Prince de Condé, à Saint-Germain*, 1649, in-4 ; *Le Réveil-matin des curieux touchant les regrets de la petite Nichon, poëme burlesque sur l'emprisonnement des Princes*, 1650, in-4.

S'il est vaillant à la besogne,
S'il a un museau de cochon,
S'il a un plantureux menton,
S'il a le front tout plein de rides,
S'il a le nez en pyramides,
S'il a le visage luisant
Comme la peau d'un elephant,
S'il a des oreillettes d'asne,
S'il a le col en sarbacane,
S'il a une barbe de c..,
Ou s'il a des yeux de lyon,
S'il a la poictrine tortue,
S'il a la panse mal-otrue,
S'il a des membres de fuzeau
Et s'il n'a qu'un petit boyau,
S'il est habillé de village,
S'il porte en teste un beau plumage,
S'il a un chapeau plein de trous,
S'il est bien paré comme vous,
S'il a quelque sale chemise,
S'il a la chevelure grise,
Si son habit et son manteau
Est tout entier ou par lambeau,
Si, pendant toute la journée,
Il a la hure enfarinée ;
S'il a au bout de ses gigots
Des souliers ou bien des sabots,
S'il a pour canons et manchettes
Rien du tout avec des housettes,
Si c'est quelque brave soldat
Ou un crieur de mort au rat,
S'il est crieur du vieil fromage

Ou bien fripier de pucelage,
S'il est crieur de trepassez [1]
Ou solliciteur de procez,
Si c'est un marchand d'allumettes
Ou joueur de marionnettes ;
Enfin, vous estes toute à luy,
Il est vostre meilleur amy,
Et, pour enfler vostre bedeine,
Vous ne vous mettez pas en peine
S'il est honneste homme ou vilain,
Pourveu qu'il vous donne du pain.

N'estes-vous pas bien malheureuse
D'avoir esté si paresseuse
Auparavant ce temps icy,
D'avoir esté de cul rassy ?
Ah ! si, dans la grande abondance,
Vous eussiez eu la prevoyance
Du malheur qui est advenu,
Vous y auriez bien moins perdu,
Car vous auriez, pour vous esbatre,
Pour un coup de cul donné quatre.
Je crois que si, par un bon-heur,
On vouloit vous faire faveur
De vous visiter à toute heure,
Ma belle Nichon, je m'asseure
Que vous n'auriez pour vostre pain
Jamais assez de magazin :
Car, pendant toute la journée,
Vous seriez si bien enfournée

1. C'est ce qu'on appeloit aussi un *semonneur d'enterrement.* V. *Roman bourgeois,* édit. elzevir., p. 225, note.

> Que quatre cens pains pour un jour
> Seroient tirez de vostre four ;
> Mais, Dieu mercy, nostre disette
> Nous a renoué l'aiguillette,
> Et, s'il falloit fournir de pains
> A un million de putains
> Et tant d'autres honnestes filles,
> On affameroit les familles.
> S'il falloit nourrir la Du-Bois,
> La Babeth et la Du-Beffrois,
> La Neveu [1], Toynon, Guillemette,
> La de la Tour, la l'Espinette,
> La Gantière, la Du-Fossé,
> La Chappelle, la Du-Houssé,
> La Desmaison, la Hautemotte,
> La Dufresnois et la Tourotte [2],
> Et mil autres belles putains
> Desquelles les Marais sont pleins [3] ;

1. De toute la liste, il n'y a que celle-ci dont le nom soit resté. Elle est nommée par Boileau dans la 4e *Satire*, v. 33, et nous la retrouvons dans *le Courrier burlesque de la paix de Paris*. (V. *les Courriers de la Fronde*, édit. C. Moreau, t. 2, p. 356.) D'après le vers de Boileau, il paroît qu'elle finit par se marier, et la *note* que Brossette a mise sur ce passage nous apprend que les seigneurs de ce temps-là ne firent nulle part de débauches plus scandaleuses que chez elle.

2. On peut opposer à cette liste, pour le seizième siècle, la pièce ayant pour titre : *Ban de quelques marchands de graines à poil et d'aucunes filles de Paris*, 1570. La nomenclature est beaucoup plus complète, et chaque nom a son adresse.

3. Sur les filles de ce quartier, v. t. 2, p. 348.

Il ne faudroit, pour leur cuisine,
Que mil chariots de farine ;
Outre que tous les maquereaux
Et mil autres vieux bordereaux,
Estans de mesme confrairie
Et en mesme categorie,
Ils voudroient qu'on leur en partist
Pour contenter leur appetit ;
Et, en ce cas, tous les villages
Ne pourroient par mille voyages
Leur ammener assez de pain
Pour oster leur estrange faim.

Quel pays voudroit entreprendre
De contenter maistre Alexandre,
Maistre Thibault et du Moustier,
Maistre Cola le savetier,
Maistre Guibert et la Montagne,
Dufour, la Croupière, Champagne,
La Verdure, Guichet, Petit,
Et autres de hault appetit ?
Outre ces marchans de pucelles,
Il faudroit que les maquerelles
Eussent leur part à ces gasteaux,
Aussi bien que les maquereaux.

Mais puisque, pendant cette guerre,
On ne vous visite plus guère,
Ny celles de vostre mestier
Qui sont dedans vostre quartier,
Nichon, souffrez que je vous die
Quelque moyen qui remedie

Au mal qui vous presse à present ;
C'est de recevoir tout venant,
Riche ou non, vilain ou honneste,
Homme d'esprit ou une beste,
Pourveu qu'il apporte en sa main
Quelque bon gros morceau de pain.
Que si toutesfois la diette
Refroidit si fort la caillette
Que l'on ne vous visite plus
Et que vous demeuriez à culs,
Puisque vous avez par famine
Vendu les meubles de cuisine
Et les pièces de cabinets,
Coiffures, mouchoirs et colets,
Rubans, vertugadins, calotes,
Et puis qu'ayant vendu vos cottes,
Vos jupes et vos cottillons,
Avec tous vos vieux guenillons,
Vous n'avez plus que la chemise,
D'une chose je vous advise,
De crainte de trop tost l'user,
Que vous la laissiez reposer,
La mettant dans une cassette,
Afin que, la paix estant faite,
En couvrant vostre nudité,
On ayme moins vostre beauté :
Car si, dans la grande abondance,
Nous suivions la concupiscence
Que nous causeroit vostre cas,
La chemise n'y estant pas,
Ma foy, il n'y auroit personne
Qui voulust, tant fust-elle bonne,

Ne point vous donner le couvert.
Mais dites-moy à quoy vous sert
De vous cacher dans la famine ?
Pour moy, Nichon, je m'imagine
Que vous feriez mille fois mieu
De nous monstrer vostre milieu,
Parce qu'il n'y auroit personne
Qui ne vinst mettre son aumosne
Dedans tous les troncs des putains,
Qui leur seroient des gaigne-pains ;
Au lieu que si, par couardise,
Elles se couvrent de chemise,
Je cognois bien, par mon calcul,
Qu'elles demeureront à cul.

Fin.

Le Pasquil touchant les affaires de ce temps.

M.DC.XXIV, in-8.

Tremblez, tremblez, la Vieville[1],
Bardin, aussi Beaumarchais[2]!
Je prie Dieu que l'aze vous quille,
    Vive la foy!
Et aussi tous vos amis.
    Vive Louys!

Que disiez-vous, la Vieville,
Lors que le charivary
Trotoit par toute la ville?
    Vive la foy!

1. Surintendant des finances, contre lequel il y eut alors tant de plaintes et de satires. V. notamment le Recueil A-Z, E, p. 178, 210; F. 46; Tallemant, éd. P. Paris, t. 2, p. 11, 238.
2. Trésorier de l'Epargne, beau-père de la Vieuville et du maréchal de Vitry. Il tomba avec le premier. Bardin étoit son commis; il partagea sa disgrâce. V. Recueil A-Z, E, 237, 241; *Mémoires* de l'abbé d'Artigny, t. 6, p. 56-57.

Vous estiez bien esbahis,
  Vive Louys!

Vous fermastes vos fenestres
Et tuastes vos flambeaux,
Et vous n'osastes paroistre,
  Vive la foy!
De peur d'en estre assaillis.
  Vive Louys!

Mommorency, d'Angoulesme,
Longueville et d'Alets,
En estoient en fort grand peine,
  Vive la foy!
Et en estoient fort marris.
  Vive Louys!

Mais demain on recommence
De plus belle que jamais.
Vous verrez une dance,
  Vive la foy!
Dont vous serez bien marris,
  Vive Louys!

Joyeuse et la Bretonnière,
Gran-pré[1] et aussi du Bec[2],
Passeront tous la carrière,
  Vive la foy!

1. Jean-Armand de Joyeuse, comte de Grandpré.
2. Le marquis du Bec, qui fit plus tard une si triste mine lorsqu'il s'agit de défendre la Capelle, dont il étoit gouverneur.

Et son nepveu du Plessis.
 Vive Louys!

Bellegarde et Bassompierre,
Tillière et monsieur Delleboeuf,
Leur jetteront à tous des pierres;
 Vive la foy!
Aussi feront tous leurs amis.
 Vive Louys!

Monsieur et monsieur le Comté,
Et monsieur le Colonel,
Leur feront à tous si grande honte
 Vive la foy!
Qu'ils en mourront de despit.
 Vive Louys!

TABLE DES PIÈCES

CONTENUES DANS CE VOLUME.

Pages.
1. L'interrogatoire et deposition de Jean de Poltrot sur la mort de M. de Guyse. 5
2. Le faict du procez de Baïf contre Frontenay et Montguibert 31
3. Fragmens de Mémoires sur la vie de Mme de Maintenon. 53
4. La surprinse et fustigation d'Angoulevent. . . . 81
5. Le musicien renversé. 93
6. Histoire admirable d'un faux et supposé mari. 99
7. Lettres de Vineuil sur la conspiration de Cinq-Mars. 119
8. L'Evantail satyrique, par le nouveau Theophile. 131
9. Consolation aux dames sur la réformation des passemens et habits. 140
10. La vie genereuse des Mercelots, Gueuz et Boesmiens, par Pechon de Ruby, avec un Dictionnaire en langage blesquin. 147
11. Le *Salve regina* des prisonniers. 193
12. Le Purgatoire des prisonniers. 201
13. L'emprisonnement D. C. D. 211
14. Sur les Dragonnages en Dauphiné 217

15. Brevet d'apprentissage d'une fille de modes à
 Amatonte 223
16. Requête d'un poëte à M. de Vattan, pour être
 exempté de la capitation. 231
17. Les advis de Charlot à Colin sur le temps présent. 237
18. L'Entrée de la Reyne et de Messieurs les Enfans
 de France à Bourdeaulx. 247
19. Nouveau règlement general pour les Nouvellistes 261
20. Le feu de joye de Mme Mathurine sur le retour
 de M. Guillaume de l'autre monde. 271
21. Conference d'Antitus, Panurge et Gueridon. . 279
22. Arrest du Conseil des Dix contre Georges Corner 303
23. Reglement pour pourvoir aux vivres de la ville
 d'Orléans 323
24. Les Louanges de la paille. 325
25. La rencontre des carrabins de M. le duc d'Espernon aux environs de La Rochelle, ensemble la
 prise de quatre trouppes de voleurs. 331
26. La Famine, par le sieur de La Valise. 337
27. Le Pasquil touchant les affaires de ce temps. . 347

www.ingramcontent.com/pod-product-compliance
Lightning Source LLC
Chambersburg PA
CBHW060058190426
43202CB00030B/2686